빅데이터가 알려주는
성공
창업의비밀

빅데이터가 알려주는
성공 창업의비밀

초판 1쇄 인쇄 | 2017년 12월 15일
초판 1쇄 발행 | 2017년 12월 22일

지은이 | 이형석
펴낸이 | 박영욱
펴낸곳 | 북오션

편 집 | 허현자 · 김상진
마케팅 | 최석진
디자인 | 서정희 · 민영선

주 소 | 서울시 마포구 월드컵로 14길 62
이메일 | bookrose@naver.com
네이버포스트 | m.post.naver.com('북오션' 검색)
전 화 | 편집문의: 02-325-9172   영업문의: 02-322-6709
팩 스 | 02-3143-3964

출판신고번호 | 제313-2007-000197호

ISBN 978-89-6799-341-2 (03320)

이 도서의 국립중앙도서관 출판예정도서목록(CIP)은 서지정보유통지원시스템
홈페이지(http://seoji.nl.go.kr)와 국가자료공동목록시스템
(http://www.nl.go.kr/kolisnet)에서 이용하실 수 있습니다.
(CIP제어번호: CIP2017028677)

빅데이터가 알려주는

성공
창업의비밀

이형석 지음

북오션

생각을 바꾸게 한 네 가지 질문

지금은 뭐하냐?

20대에 서울 광화문 피어선빌딩에서 '번역 · 통역서비스업'을 하고 있을 때였다. 잊을 만하면 찾아오던 한 친구가 어느 날 만나자마자 불쑥 한마디를 던졌다.

"지금은 뭐하냐?"

순간 가슴이 멎을 듯한 전율을 느꼈다.

'그래, 바로 이거였어. 지금까지 나를 대표할 만한 캐릭터가 없었던 거야.'

그 친구는 나를 만날 때마다 새로운 사업을 하고 있는 내가 그저 궁금해서 한마디한 것일 테지만, 그 질문은 지금까지 풀지 못했던 문제를 한 방에 깨닫게 해주었다.

돌이켜보면 그 친구를 만날 때마다 나는 늘 다른 사업을 하고 있었다. 국내 최초로 창업한 심부름센터를 시작으로 토플 교육업, 크림소다 오퍼상 등 여섯 가지 업종으로 두루 창업했지만 모두 실패했다. 그 친구를 만날 당시에는 일곱 번째 사업을 하고 있었다.

그때까지 해온 업종이 각기 다른 시장이었다. 때문에 실패하고 나면 매듭지어져 연계된 흔적조차 찾을 수 없었다. 이는 내 인생의 데이터베이스가 없었다는 점을 보여준다. 이제부터는 실패하더라도 노하우가 한 방향으로 쌓이는 일을 해야겠다고 생각한 때가 이즈음이다.

한 방향으로 집중하지 못한다는 것은 제대로 선택하지 못했다는 것이고, 제대로 선택하지 못했다는 건 판단에 자신이 없었다는 것이며, 판단에 자신이 없었다는 건 나를 알지 못했다는 것이고, 나를 알지 못했다는 건 나에게 질문하지 않았다는 것이다. 보이지 않는 것을 보이게 만들어준 바로 그 질문을 그가 해줬던 것이다.

혈액형이 뭐예요?

30대에 과로로 세브란스병원에 입원했을 때 간호사가 물었던 첫마디는 "혈액형이 뭐예요?"였다. 나는 즉각 O형이라고 답해줬다. 중학교 때 O형으로 들었기 때문이다. 그런데 몇 분이 채 지나지 않아 돌아온 간호사가 "B형인데요!"라고 말했다. 그럴 리가 없다고 계속 우기자 간호사는 분명히 B형이라며 내 눈앞에서 혈액형 감별 과정을 시연했다. 틀림없는 B형이었다.

퇴원 후 혈액형별 성격을 찾아봤다. '감수성이 풍부하고, 관심 있는 일에는 몰입하는 스타일이며 마음 가는 대로 행동하는…….' 나는 딱 B형의 전형이었다. 어쩌면 남자는 B형보다 O형이어야 멋있다는 관념 때문에 B형이 아니기를 바라는 마음이지 않았나 하는 생각이 들지만 어쨌든 그 간호사의 질문 덕분에 '내가 몰랐던 나'를 돌아보는 계기가 됐다.

잊고 살았던 일인데 아주 어렸을 때 느꼈던 흥분이 문득 떠올랐다. 난생 처음 버스를 탔다. 50리 너머에 사는 시집 간 누나의 집을 가기 위해 탄 버스에서 바깥 풍경을 보니 늘 고정되어 있던 나무가 뒤로 쏜살같이 움직이고 있는 게 아닌가. 버스에서 내려 나무를 흔들어 봤다. 꼼짝도 하지 않았다. 때마침 지나가는 버스를 보고서야 비로소 한 가지 사실을 발견했다. 중심을 어디에 두느냐에 따라 세상도 바꿀 수 있다는 사실 말이다.

'나는 누구이며, 현재 어디에 있고, 어디로 가고 있는가?'

지금도 매일 습관처럼 되뇌는 질문이 됐다. 내게 좋아하는 단어 세 개만 고르라고 하면 망설임 없이 '밤과 비, 고독'을 꼽는다. 심리학에서는 어떻게 해석할지 모르지만 나 스스로는 '게으르고 우수에 젖은 내향형의 이방인' 타입으로 정의한다. 이런 성향을 군이 고치기보다 오히려 살려서 잘할 수 있는 일을 하는 것이 옳은 방향이라는 걸 깨달았기 때문이다. 그 덕분에 시간과 공간에 구애받지 않는 일을 지금도 하고 있다.

돈은 벌었어요?

창업 상담이 줄을 잇던 1993년 어느 날, 나이가 지긋한 상담자

(Counselee) 한 분이 뜬금없이 질문을 해왔다.

"돈은 벌었어요?"

이렇게 매일 '돈 버는 방법을 알려주는 전문가라면 돈도 많이 벌어야 자격을 갖춘 게 아니냐?'는 다소 공격적인 질문이었다. 그 상황에서 딱히 어떤 대답을 내놓기 어려워서 쓴웃음으로 대신하고 말았지만, 일리 있는 질문이었다. 남에게 도움을 주는 일이고, 내 특성에도 잘 맞아서 사명감으로 재미있게 일했을 뿐이었기에 돈을 벌어야 한다는 생각은 다소 뒷전이었기 때문이다.

언뜻 책상 한편에 치워 두었던 제안서 하나가 눈에 들어왔다. 당시 PC통신사인 데이콤에서 정보 제공을 해달라는 요청서였다. 나는 정보가 유출될 것이라는 두려움으로 거부하고 있었다. 그 상담자의 질문은 정보 제공 계약서에 서명하는 계기가 됐고 PC통신 3사에서 열독률이 가장 높은 인기 데이터베이스에 올라 정보통신부가 주는 최고의 데이터베이스상을 받기도 했다. 물론 돈도 많이 벌었고······.

사실 그 상담자가 질문한 요지는 '여러 유망 업종 중에 직접 창업해서 벌 수 있는 기회가 많을 텐데 실제로 해봤느냐?'는 것이었겠지만 앞선 두 질문에서 이미 정답을 얻었기 때문에 내 인생의 데이터베이스를 통해 수익 모델을 만들었던 것이다. 익히 알려졌지만 노래방, PC방, 도서대여점 등 내가 개발해서 소개한 업종이 많지만 직접 뛰어들지 않은 이유도 바로 여기에 있다. 골드러시 시대에 청바지 장사가 가장 안전하고 오래간 것처럼···.

은퇴 시기는 같은 거 아니야?

50대를 바라보는 어느 날, 은행 지점장인 친구에게 상담을 해주게 됐다. 얘기 끝에 그 친구는 대뜸 "자네나 나나 은퇴 시기는 같은 거 아니야?"라고 물어왔다. 오직 자신의 우울한 은퇴 후 얘기만 해주는 내가 다소 불편해서였겠지만 콕 집어 얘기하면 질투심에서 나온 질문임을 안다. 하지만 그 순간, 질문 의도와는 무관하게 나는 죽음을 떠올렸다.

'그래, 죽음은 때가 되면 누구에게나 오는 건데, 노후에 나는 어떤 모습으로 살아야 후회하지 않을까?'

몇 가지 자료를 구해봤다. 웰다잉과 뇌과학을 비롯해서 심지어 일본에서 금서로 지정된 《완전자살매뉴얼》까지 일본 친구에게 부탁해 헌책방에서 구해 보기도 했다. 뇌과학 논문을 뒤적이다 한 가지 눈에 확 들어오는 구절이 있었다. 풀어보면 나이가 들수록 기록되는 양이 많아서 주름이 늘어나고, 주름이 늘어난 만큼 아카이브 간격이 짧아져서 영역 간 융합이 젊은 뇌보다 빠르다는 거였다.

결론은 이렇게 마무리했다. 때가 되면 그동안 쌓아온 데이터베이스를 필요한 사람들과 나누는 '동행의 가치'를 모토로 삼아야겠다고……. 그때부터 무료 창업 멘토링을 국내 최초로 시작했다. 2012년 이창모(이형석과 창업을 준비하는 여성 모임)를 시작으로 부산, 청주, 광주, 제주 등 전국으로 확대해갔다. 그 결과 대부분의 멘티가 지금은 각기 정향을 찾아 보람 있는 일을 하고 있다. 이런 사실이 알려지자 KBS, 〈조선일보〉 등 다양한 매체에서 멘토링 성공 사례로 보도되기도 했다.

이제 우리는 나 자신에게 질문해야 할 차례다. 어느 쪽이 내가 가야 할 방향이며 인생의 핵심 가치는 무엇으로 삼을 것인지, 그리고 어떤 방법으로 실현할 것인지 생각해볼 일이다. 그 정답을 얻기 위해서는 스스로 질문해볼 필요가 있다. 질문을 계속 하다 보면 "유레카!"를 외칠 때가 반드시 오리라 확신한다. 같은 물상을 보고 손으로 그리면 그림이 되고 소리로 내면 노래가 되며 머리로 그리면 사상이 된다. 그래서 따라 하기보다 나만의 길을 찾아 어울리는 데이터베이스가 쌓일 수 있는 업종으로 창업하는 지혜가 필요하다.

재미있는 것에는 기록이 있다. 재미를 찾아가다 보면 기록이 생기고, 기록이 곧 자산이 된다. 돈보다 기록을 찾아 즐길 수 있다면 금상첨화다. 그런 의미에서 책을 받아든 순간 제6장에서 '나의 길은 내가 정하는 정향(定向)의 기술'을 먼저 읽고, 제1장으로 되돌아올 것을 권한다. 빅데이터는 주제에 따라 2015년부터 2017년까지 추출시점이 다르므로 이 점을 감안하되, 제3장 '업종별 완정정복'은 가장 최근인 2017년 7월까지의 데이터를 분석하였으므로 향후 창업에 직접적인 도움이 될 것이다.

나는 나 자신을 실험할 수 있는 권한을 가지고 태어났으며 대한민국에는 성공할 자유가 있다. 이 책은 바로 그 방법과 해법을 제시해줄 것이다. 책을 받아 든 순간 다음 질문부터 해보자.

"나는 누구이며 어디로 가고 있는가?"

목차

chapter 03 빅데이터로 해석한 인기 업종 완전정복

chapter 06 빅데이터를 통해 본 창업자 특성에 따른 추천업종

부록 미리 보는 문재인정부의 창업 지원정책

1장에서는 어떤 업종을 창업하더라도 공통적으로 알아야 할 창업가의 핵심지식을 담았다. 건축에서 설계도나 바둑의 정석과 같은 것이다. 그 첫걸음은 자신이 가지고 있는 아이디어에 대한 가치제안에서 시작된다. 가치제안은 고객모델링으로 이어지고, 올바른 고객모델링은 타깃 마케팅을 저비용으로 수행할 수 있으며 나아가 창업의 종착지점인 '브랜드'를 만들어준다.

chapter 01

창업가의 핵심 자산

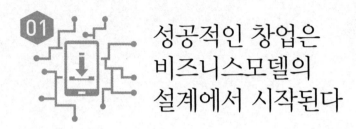

성공적인 창업은 비즈니스모델의 설계에서 시작된다

비즈니스모델 설계는 창업가에게 절대적으로 필요한 첫 작업이다. 설계도면 없이 집을 지을 수 없듯이 창업할 때 비즈니스모델이 없으면 사업목적이 없는 것과 마찬가지다.

비즈니스모델을 종합적으로 정의하면 '사업하기 위해 필요한 요소들의 상관관계를 정형화한 모델'이다. 사실 비즈니스모델이란 용어는 1990년대 중반 인터넷 기반 비즈니스가 시작될 즈음, 벤처기업들이 사용한 말이다. 그 전에는 아이디어 혹은 아이디어를 체계화한 아이템 등으로 표현했다.

비즈니스모델은 업태에 따라서 정의를 다소 다르게 내릴 수 있다. 제조업이나 소상공 업종에서는 '구분이 가능한 최소 산업단위를 정형화한 모형', 예컨대 치킨·커피 전문점과 같이 하나의 업종을 말한다. 반면에

벤처나 사회적기업에서는 '하나의 조직이 가치를 포착·창조·전파하는 방법의 논리적 설명을 모형화한 틀'로 설명할 수 있다. 전자는 이미 정형화되었거나 눈에 보이는 상품이라 비교적 쉽게 설명되는 데 반해 후자는 주로 보이지 않는 아이디어를 기술로 표현해야 하기 때문에 다소 어렵게 느껴질 수 있다.

본격적으로 이야기하기에 앞서 한 가지 더 이해가 필요하다. 일반적으로 비즈니스모델과 실행계획, 사업계획서 그리고 수익모델 등을 혼동하는 경우가 있다. 비즈니스모델은 가치제안과 경쟁우위전략이 포함된 개념이고, '실행계획(Action plan)'은 단순히 사내 영업전략을 설명한 조직의 영업전개 계획이다.

또 '수익모델'은 기업이 어떻게 수익을 창출할 것인가에 대한 설명이며, 여기에는 비용구조, 수익원천 등이 포함된다. 예를 들면 교육서비스업의 경우 교육서비스 자체는 비즈니스모델이지만, 수익모델은 수강료, 인력매칭 수수료, 보수교육비 등으로 다양하게 나올 수 있다. 물론 사업계획서는 언급한 내용이 모두 포함된 기업의 전체적인 경영계획서라고 보면 된다. 따라서 크기로 보면 사업계획서>비즈니스모델>수익모델의 순서가 될 것이다.

일반적으로 비즈니스모델은 '캔버스'라는 도구로 모형화한다. 비즈니스모델캔버스는 사업모델을 구성하는 데 꼭 필요한 항목을 아홉 가지로 구분해 종이 한 장으로 설명이 가능하도록 한 모형이다. 이 아홉 가지 항목은 다음의 그림처럼 경영역량, 가치교환, 재무회계 영역 등 세

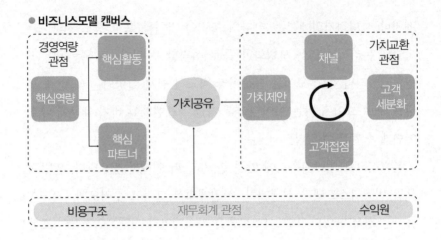

● 비즈니스모델 캔버스

가지로 압축할 수 있다. *

　경영역량 관점은 창업가가 가지고 있는 핵심역량과 도움을 받을 수 있는 파트너 등 자체역량을 점검하는 것을 말하며, 가치교환 관점은 대상 고객들이 기대하는 가치를 우리 상품이 어떤 서비스로 제공할 것인가, 즉 고객모델링 과정을 말한다.

　재무회계 관점은 이러한 사업을 영위하는 데 필요한 자금을 확보할 계획과 영업수익을 미리 산출해보는 과정으로 이해하면 된다. 여기서 가치제안이 핵심인데, 이 내용은 다소 복잡하므로 다음 장(23쪽 〈고객을 움직이게 하는 가치제안의 기술〉 참조)에서 자세하게 설명하기로 하고, 빠른 이해를 돕기 위해서 사례를 중심으로 살펴보자.

　언급한 바와 같이 비즈니스모델이라는 용어를 사용하지 않았을 뿐 과거에도 다양한 비즈니스모델이 존재했다. 다소 진부한 얘기지만

1600년대에는 '찾아오는 서비스'나 '정가 판매' 등이 대표적인 비즈니스 모델이었다. 1900년대 중반 들어 본체는 싸게 파는 대신 소모품을 수익 원으로 하는 비즈니스모델이 생겼는데, 질레트가 선도했다. 요즘으로 치면 정수기렌탈과 같은 모형이다. 당시 또 다른 비즈니스모델로는 미국 CBS가 도입한 '광고를 통한 수익모델' 제록스의 '종량제 과금모형', 케논의 '유지보수 모형' 등이 있다. 이후 나타난 비즈니스모델로는 익히 알려진 구글의 '키워드 광고', 이베이의 'P2P 수수료', 월마트의 '창고형 아웃렛', 맥도널드의 '프랜차이즈 시스템', 프라이스라인의 '역경매', 아마존의 '원클릭서비스' 등이 대표적이다.

여기까지 읽었다면 비즈니스모델을 아이디어로 정형화하면 됐지 왜 '비즈니스모델 캔버스'에 나타난 아홉 가지 요소가 필요할까 궁금할 수도 있을 것이다. 비즈니스모델을 성공적으로 전개하기 위해서는 내부 역량뿐 아니라 고객모델링이 조화롭게 매칭되어야 하기 때문이다. 물론 누구에게나 캔버스가 필수적이지는 않다. 상황에 따라 가감해서 적용하면 된다.

다시 사례로 돌아가보자. 애플은 '앱스토어 플랫폼'이 핵심 비즈니스 모델이다. 이전에는 스마트폰 사용자들을 단지 소비의 주체로만 생각 했다. 하지만 애플은 이들이 소비자이면서 동시에 생산자, 즉 프로슈머 역할을 할 수 있는 대상이라는 것을 간파했다.

여기에 탑재한 수많은 앱들은 대부분 앱스토어를 통해 전파하며, 사용자가 많아질수록 앱 서비스업체들은 이를 통해 다양한 수익모델을 창출한다. 각각의 앱(App)은 '비즈니스모델'이며 앱스토어는 '채널 (Channel)', 앱을 다운로드한 사람들은 '대상고객'이다.

카카오도 카카오톡, 보이스톡, 카카오스토리 등을 합친 '모바일 SNS 플랫폼'을 통해 새로운 비즈니스모델을 구축하고 다양한 수익을 창출하고 있다. 이처럼 우리는 일상에서 알게 모르게 업체와 소비자를 연결하는 다양한 중개서비스 비즈니스모델을 접하고 있다.

그렇다면 이러한 비즈니스모델 아이디어는 어떻게 얻을 수 있을까? 일상에서 소소하게 느끼는 불편한 점들은 모두 비즈니스모델로 만들수 있다. 가장 간단한 방법은 기존의 비즈니스모델 특허를 검토해서 보다 고도화하면 된다. 이러한 방법을 '회피설계'라 한다.

우선 삼성과 애플 사이에 벌어진 특허전쟁을 예로 들어보자. 처음에 스마트폰의 잠금장치는 번호를 눌러 푸는 방법으로 이용되었다. 그런데 이 문제로 애플이 소송을 걸자 삼성은 '밀어서 푸는 잠금장치'로 피해 갔고, 이후 '패턴을 이용한 잠금장치'로 고도화했다. 연필도 처음에는 둥근 스틱으로 개발됐다. 하지만 책상에서 쉽게 굴러 떨어져서 불편했다. 그래서 나온 회피설계가 바로 사각형 지우개를 단다거나 스틱을 각지게 만든 형태다.

또 다른 제품, 기능성 신발 '크록스(Crocs)'를 보자. 창업자 핸슨 (Hanson)은 신발 원료로 사용하는 밀폐기포 합성수지 '폼 크리에이션'을 개발해 물에 젖지 않으면서 가볍고 착용감이 뛰어난 신발을 만들었다. 이 신발을 딸에게 사준 한 주부는 어느 날 해변가에서 크록스 신발

구멍에다 머리핀을 넣고 노는 아이를 보고 착안해 '지비츠(Jibb-itz)' 특허를 냈다. 그녀의 이름은 슈멜처(Schmelzer)인데 나중에 원조 크록스에 2,000만 달러에 팔았다.

2000년대 인기를 끌었던 DDR을 돌아보자. 원래 DDR은 일본 기업 코나미가 개발한 리듬액션게임이다. 처음 이 게임기를 수입한 김용환 대표는 DDR의 족보가 한계점에 다다르자 4개의 'ㅁ'자 발판에다 가운데 하나를 더 넣어서 'X'자로 특허를 회피해서 '펌프잇업'이라는 새 제품을 출시해 공전의 히트를 기록했다. 개발 당시 나를 찾아온 김 대표는 "중간에 발판 하나를 추가하면 족보가 배 이상 늘어나 감각이 빠른 젊은이들을 붙들어놓을 수 있지 않을까?"라며 회피설계의 필요성을 강조했던 기억이 새롭다.

1962년 샘 월튼(Sam Walton)이 아칸소 주에 1호점을 낸 최초 아웃렛(Outlet) 비즈니스모델 월마트는 이전에 도·소매점으로 분리된 유통업, 소매업을 통합해서 창고형 모델을 개발해서 소도시 중심으로 공략해 성공했다. 아웃렛의 초기 전략은 대량구매가 필요한 소비자들에게 샘플 하나를 보여주고 박스로 구매하되 세금계산서를 끊게 했지만, 해외 현지화 과정에서 지금처럼 낱개판매도 가능하게 진화됐다.

1955년에 레이크 록(Ray Kroc)이 개발한 맥도널드는 프랜차이즈 비즈니스모델로 직영점이나 대리점 중심이던 식품점을 독립 채산제인 가맹점으로 전환함으로써 성장에 날개를 달았다. 이를 위해 서비스 표준화와 물류시스템 등을 채용했다.

유니클로는 일본 긴자에 플래그십 스토어(flagship store)를 차려서 성공했다. 이것을 보고 사카모토는 프랑스 음식점인 '마이프렌치(my French)'를 역시 긴자에 오픈해서 크게 성공했다. 서서 먹는 저렴한 명품요리다. 업종은 다르지만 콘셉트를 벤치마킹 해서 성공한 것이다.

국내 치킨 프랜차이즈 선도 브랜드인 BBQ는 기존의 치킨호프점을 분리해 치킨배달로 특화해서 성공한 비즈니스모델이다. 마치 가라오케에서 노래방만 떼 온 케이스와 같은 맥락이다. 이 덕에 1급지 중심으로 전개되던 치킨호프점을 탈피해 주택가를 공략함으로써 최대 가맹점 2,000여 개 이상 개설할 수 있었다.

이처럼 비즈니스모델은 기능을 추가하는 통합(Integration)이나, 기능을 통합하는 수렴(Convergence) 혹은 여러 기능을 섞어 새로운 기능을 만들어 내는 융합(Mashup)방식을 통해 다양한 비즈니스모델을 만들어낼 수 있다.

정리하자면 비즈니스모델은 '아이디어를 기술 기반으로 체계화해서 경제적 성과와 연결하는 프레임워크(Framework)'인데, 무엇보다 중요한 점은 아이디어의 모형이 기술 기반으로 설계되어야 한다는 점이다. 또한 가지 중요한 점은 설계의 핵심은 '상품과 고객 간의 가치공유'에 있다는 점이다. 즉 제공하고자 하는 상품과 고객이 원하는 가치가 동일(equal)해야 한다는 점을 꼭 기억해야 한다. 그리고 비즈니스모델도 새로운 아이디어를 창조하는 것도 좋지만 현존하는 특허를 검토한 다음 회피설계를 통해 다양하게 고도화해낼 수 있다는 점도 기억해두면 좋다.

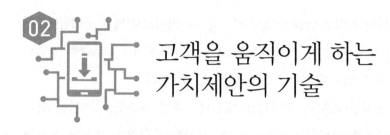

고객을 움직이게 하는
가치제안의 기술

'가치제안(value proposition)'이라는 용어가 조금 낯설게 느껴지는 독자가 많을 것이다. 간단하게 정의하면 '기업이 대상고객에게 제공하려는 제품 및 서비스를 맞춤형으로 제공하기 위해 고객의 생각을 읽어내기 위한 과정'이라고 할 수 있다.

우리는 업종을 불문하고 비즈니스모델을 설계하거나 상품을 만들 때 대상시장에 '가치제안(value proposition)'을 하게 된다. 가치제안은 전체 조직 또는 그 일부나 대상고객, 제품 또는 서비스에 모두 혹은 부분적으로 적용될 수 있다. 과거에는 가성비를 따지는 '경제적 가치'와 구매 후 즐거움을 가져다주는 '쾌락적 가치'가 상품개발의 주요 전략이었으나 최근에는 구매 후 심리적 반응단계인 '사회적 가치'의 비중이 높아지고 있다. 고객의 작은 욕구를 찾아내 이를 고객이 예상했던 수준을 뛰어넘는 가치로 만들어 제공하는 것, 즉 '마이크로 밸류 마케팅(micro value marketing)'이 뜨는 이유도 고객이 원하는 가치를 독특한 방법으로 지속적으로 제공해야 하는 시대이기 때문이다.

대상시장(고객)을 조직으로 대입해본다면 성과창출 촉진을 위한 유인책, 즉 인센티브(Incentive)가 과거에는 금전적 보상인 성과급(compensation)이 주종을 이루었으나 금전적 보상의 한계 효용에 대한 문제점이 대두되면서 비금전적 보상인 인정(recognition)이 부각되고 있는 것과 같은 맥락이다. 즉 조직에서의 '인정'과 대상시장에서의 '사회적 가치'는 용어는 다르지만 동격인 셈이다. 다만 여기서는 대상시장, 고객에 대한 가치제안을 중심으로 설명해보고자 한다. 종래에는 고객에게 제안하는 가치가 품질대비 성능, 즉 경제적 가치인 '가성비'였다면 지금은 여기에 덧붙여 사회적 가치인 '인정'을 받고 싶어 하는 경향이 뚜렷하다. 비용은 내가 지불하는 대가이고, 편익은 내가 얻게 되는 만족도다. 비용은 일정하고 누구에게나 동등하지만 편익은 누구에게나 같은 값을 갖지 않는다. 지금의 소비자는 '가격대비 성능'을 넘어 편익을 포함한 사회적 가치로 관심이 이동 중이다.

그 배경에는 크게 세 가지가 있다.

첫째, 소비자들의 의식수준이 높아졌다는 점이다. 단지 상품을 구매해서 그 기능을 활용하려는 기본 목적을 넘어서, 그 상품을 구매함으로써 얻을 수 있는 자존감과 사회적 기여도 등에 관심을 갖게 됐다는 의미다. 마치 일반 커피보다 공정무역을 통한 커피를 사 먹는 것은 열악한 노동환경에서 일하는 커피농장 어린이들에게 다소나마 도움이 주고자 하는 마음이 그것이다.

둘째, 사회적 요구다. 배금주의로 인해 사회적 격차가 심해졌는데, 이를 해소하기 위해 기업이 사회적 역할을 해줘야 한다고 생각하기 때문이다. 이러한 흐름을 파악한 일부 기업들은 사회공헌(CSR) 활동을 넘어 사회적 가치창출(CSV)로 소비자의 기대에 부응하고 있다. 기부나 후원과 같은 단순한 역할을 넘어서 취약계층을 참여시켜 실질적 후생에 관심을 가져달라는 요구다. 사회공헌을 가치로 내건 사회적기업을 후원하거나 참여시키고 있는 SK가 지원하고 있는 '행복나래'가 좋은 모델이다.

셋째, 평판(Reputation)경제 시대의 도래다. 자신의 건강과 안위를 염려하는 소비행태인 '웰빙(wellbeing)'을 넘어, 더불어 이로운 소비문화인 로하스(LOHAS, Lifestyle Of Health And Sustainability)로 진화한 것이 좋은 예다. 즉 구매를 하되 이웃에게 보탬이 되는 소비에 참여함으로써 대외적 평판을 제고하려는 의도도 숨어 있다.

기업의 CSV를 강조한 필립 코틀러(Philip Kotler)의 주장을 들여다보면 가치제안의 의미를 좀 더 깊게 이해할 수 있다. 그는 "소비자의 이성에 호소하던 1.0의 시대와 감성·공감에 호소하던 2.0의 시대에서, 소비자의 영혼에 호소하는 3.0의 시대가 도래하였다"며 미래시장의 경영전략을 제안했다.

철학자 막스 셸러(Max Scheler)도 쾌락적 가치보다 생명가치가, 생명가치보다는 정신가치가 높다는 소위 가치서열(序列)을 주장했고, 칸트는 사람의 인간성은 무엇으로도 바꿀 수 없는 내적이며 절대적인 가치를 갖는다고 하여 이 가치를 '존엄(尊嚴)'이라 하고, 도덕적 가치를 최고의 가치로 꼽았다.

카플란과 노턴(Kaplan and Norton)도 "전략은 차별화된 고객 가치 제안에 기반을 두고 있으며, 고객 만족은 지속가능한 가치 창출의 원천"이라고 정의한다. 카플란은 기업의 현재 활동과 장기목표를 연결하는 도구인 균형성과표(Balanced Scorecard)를 개발한 하버드 비즈니스 스쿨 교수다.

이러한 여러 정의를 종합하면 가치제안은 물질을 넘어 생각과 정신으로 옮겨 가고 있고, "조직이 고객 혹은 잠재고객 및 조직과 함께 하는 여러 네트워크 그룹에 제공할 수 있는 이익 및 사회적 가치에 대한 분석과정을 의미한다"고 하겠다.

그렇다면 가치제안은 왜 해야 하는 것일까? 대상고객을 특정하기 위해서 필히 해야 한다. 다시 말하면 고객모델링을 위해서 절대 필요하다. 조직이 추구하는 가치와 대상고객이 얻고자 하는 가치가 동일해야 성과를 극대화할 수 있기 때문이다.

따라서 절차상으로 보면 가치제안→고객세분화→시장세분화→채널 조정의 순이다. 가치제안 설계를 통해 대상고객을 특정하고 이들과 만날 수 있는 물리적 시장을 세분화해야 하며, 이러한 일련의 가정을 통해 나온 결과를 가지고 대상고객과의 채널, 즉 유통경로를 특정해야 하는 것이다. ●

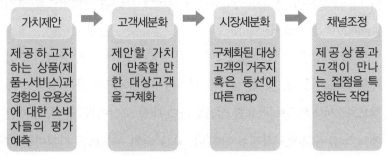

● 가치제안에서 채널조절까지의 과정

가치제안	고객세분화	시장세분화	채널조정
제공하고자 하는 상품(제품+서비스)과 경험의 유용성에 대한 소비자들의 평가 예측	제안할 가치에 만족할 만한 대상고객을 구체화	구체화된 대상 고객의 거주지 혹은 동선에 따른 map	제공상품과 고객이 만나는 접점을 특정하는 작업

이렇게 본다면 가치제안은 그동안 마케팅 전략의 도구로 쓰였던 STP(Segmentation, Targeting, Positioning)전략과 맥을 같이한다고 볼 수 있다. 그러나 STP전략이 물질적 가치를 설계하는 과정이라면 여기에 심리적 가치, 즉 사회적 가치를 포함한 새로운 개념의 마케팅 전략이 '가치제안'인 것이다.

가치제안은 어느 시점에 어떤 내용으로 설계해야 할까? 가치제안의 타이밍은 두 가지 관점에서 접근이 가능하다. 신설조직의 경우는 상품을 개발하기 전에 해야 한다. 즉 제공할 상품이 고객에게 전달됐을 경우 나타날 수 있는 반응을 미리 조사해야 하기 때문에 개발과정에서 시장조사가 선행돼야 한다. 고객이 요구하고 원하는 상품을 제공해야 하기 때문이다.

다른 하나는 기존조직일 경우 새로운 상품을 출시하기 전에 설계해야 한다. 이 방법은 신설조직과 다르게 대부분 대상시장이 일정하기 때문에 전혀 다른 상품을 출시하지 않는 한 이전 빅데이터를 분석해서 산출해내면 된다. 주방세제를 판매하는 기업은 세탁세제를 출시하려고 할 때 두 제품의 대상고객이 겹치기 때문에 기존 고객데이터를 마이닝(mining)해서 얻을 수 있다.

두 가지 방법 모두 대상고객이 원하는 가치를 네 가지 관점으로 접근해볼 필요가 있다. 첫째, 상황적 가치다. 제공하고자 하는 상품이 계절적으로, 시대적으로 필요한 상품인가에 대한 고찰이다. 둘째, 구매단계에서 느낄 수 있는 '경제적 가치'다. 요즘 즐겨 사용되는 가성비를 말한다. 셋째, 구매단계에서 갖게 될 쾌락적 가치다. 상품의 본래 기능 외에도 감성을 자극하거나 의외의 재미를 줄 수 있는 가치를 말한다. 마지막으로 사회적 가치다. 소비자의 구매행동이 자신의 만족은 물론 주변 사람에게 어떻게 보일 것인지에 대한 인센티브다.

대상고객의 가치는 어느 시점에 형성될까? 소비자 행동을 세분화해보면 그 답을 얻을 수 있다. 소비자들이 실구매로 이어지는 과정을 보면 먼저 필요(Needs)를 느낀 후 욕구(Wants)로 이어지며, 다음으로는 요구(Demands)를 하게 된다. 이러한 과정을 거쳐 주문(Offering)을 하게 되고, 사용 결과 피드백(Feedback)이 나오는데 바로 이 단계가 가치제안인 것이다.

어떤 사람이 배가 고파서 뭔가 먹고 싶다(need)는 생각이 들면 그다음에 좋아하는 음식, 예컨대 '치킨'을 떠올릴 것이다(Want). 그다음에는 어느 브랜드의 치킨을 주문할 것인가를 결정하게 된다(Demand). 비록 짧은 시간이지만 이런 세 단계를 거쳐 비로소 주문을 한다(Offering). 이렇게 해서 받은 치킨을 먹고 난 후의 여러 반응이 바로 가치제안에 필요한 속성이다.

이제 한 가지가 더 남았다. 가체제안 설계 후속과정으로 고객모델링이 필요하다. 여기서 고객모델링이란 '기존상품과 다른 시장을 찾아 체계화하기 위한 작업'인데 크게 다섯 가지의 차별화 요소가 필요하다. 첫째, 기존제품과 어떤 점에서 다른가. 둘째, 어떤 방법으로 차별화된 서비스를 제공할 것인가. 셋째, 어떤 방법으로 특정한 잠재고객을 실제고객으로 끌어들일 것인가. 넷째, 대상고객과 어떤 경로를 통해 만나고 교환할 것인가. 그리고 마지막으로 대상고객에게 어떤 이미지를 줄 것인가 등이다. 미국의 여성란제리 소매점인 '빅토리아 시크릿'은 지역과 계절에 따라 브래지어의 크기와 색상의 욕구가 다르다는 것을 고객데이터 분석을 통해 확인하고, 지역맞춤형 브래지어를 출시한 결과 매출이 30%나 급등했다.

언급한 소비자행동으로 다시 넘어가보자. 만일 치킨을 먹고 나서 기대했던 만족감을 얻었다면 그 사람은 그 치킨을 신뢰하게 되고, 신뢰는 좋은 평판을 부르며, 좋은 평판은 곧 브랜드로 구축된다. 언급할 필요도 없이 브랜드가 완성되면 고객은 브랜드 기업이 제시하는 새로운 상품은 구매해보지 않고도 믿고 주문하게 된다. '켄터키 치킨'에 만족했다면 '양념치킨'은 경험하지 않고도 주문으로 연결된다. 따라서 가치제안은 고객모델링을 넘어 평판으로 이어지고 결국 브랜딩의 초석이 되는 것이다.

브랜드는 로열티라는 말이 있듯이 일단 브랜드 가치가 높아지면 자연스럽게 얻게 되는 효과는 상당하다. 우선 경쟁우위제품으로 인식하여 구매가 고정되기 때문에 반복구매로 이어지며, 가격경쟁에서 제외되므로 광고비가 절감될 뿐 아니라 프리미엄 가격을 유지할 수 있다. 나아가 충성고객들의 로열화를 견인하게 되어 고객이 느끼는 가치를 한층 끌어올릴 수 있는 등의 여러 장점이 있다.

이렇게 형성된 충성고객은 유사제품을 보면 가장 먼저 대상 브랜드를 떠올리게 되는데, 예컨대 김치냉장고는 '딤채', 생활협동조합은 '한살림', 김밥은 '김가네'처럼 제1순위로 마음속에 새겨진다. 반면 브랜딩에 실패하면 출혈경쟁을 해야 하고, 언제나 타 제품과 비교대상으로 남기 때문에 오직 최저가로 승부할 수밖에 없다. 기업이나 창업가가 가치제안 설계를 소홀히 할 수 없는 이유가 바로 여기에 있다.

가치제안은 경제학의 이론조차 무력화시키는 힘이 있다. 경제학에서 수요공급곡선(demand-supply curve)은 '가격이 오르면 수요량은 감소하고 공급량은 증가하며, 가격이 내리면 반대의 현상이 일어난다'는 이론인데 그 이론을 FANG[1]이 파괴하고 있다.

즉 미국 전자상거래업체 아마존이 상품가격을 내리면 물가상승률이 낮아져 미국 금리인상에 변수로 작용한다. 수요가 늘어도 가격이 오르지 않고, 공급이 늘어도 가격이 내려가지 않는다. 수요공급곡선 이론과는 전혀 다른 결과로 나타난다는 것이 경제학자들의 견해다. 이러한 현상이 나타나는 이유는 아마존이 가지고 있는 고객 빅데이터를 마이닝

---

1 FANG : 페이스북(Facebook), 아마존(Amazon), 넷플릭스(Netflix), 구글(Google)의 앞 글자를 따서 만든 단어로 미국 증권시장에서 강세를 보인 IT기업 4개사를 가리킨다. 이 기업들은 온라인 플랫폼 사업자로 수익의 대부분을 트래픽을 통해 올린다는 공통점이 있다.

해서 가치제안을 확인하고 욕구를 최적화해서 적정량을 생산하기 때문이다. 가치제안은 이렇듯 제대로, 정확하게만 할 수 있으면 전통경제학 이론조차 무력화시키는 힘이 있다.

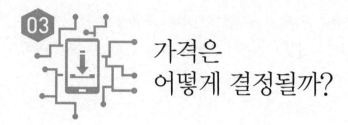

가격은
어떻게 결정될까?

기업은 신상품을 출시할 때 가격결정에 어려움을 겪는 경우가 많다. 대기업은 정교한 알고리즘에 의해 결정하지만, 중소기업이나 창업기업들은 경험이 없어서 어떤 기준으로 정해야 할지 난감해한다. 특히 블루오션 상품은 더욱 그러하다.

가격은 시장유형에 따라 여러 명칭을 사용하고 있다. 학교는 등록금, 건물은 임대료, 기차는 요금, 근로자의 일한 대가는 임금 등으로 불리지만 모두 통칭하면 '가격'이라고 한다.

경제에서는 가격을 '상품의 교환가치를 돈으로 환산한 것'을 말하는데, 결론적으로 정의하면 가격이란 고객의 '지불의사(willingness to pay)'.에 따라 결정된다. 그래서 기업의 가격정책은 고객의 지불의사에 기업이 어떻게 대응할 것인지가 핵심 포인트다. 아무리 좋은 제품이라도 고객이 너무 비싸서 안 사겠다고 하면 가격은 떨어지는 것이고, 값이 얼마든 사는 사람이 많으면 가격은 올라가는 것이다.

가격은 크게 세 가지로 구분한다. 시장가격, 독점가격, 통제가격이 그것이다. 시장가격은 기본적으로 수요와 공급이 만나는 지점이며 시장변동에 의해 상하로 움직이는 가격체계를 말한다. 독점가격은 한 종류의 제품을 한 업체가 독점하거나 시장지배력을 가진 소수의 기업이 담합해서 나타나는 과점가격을 말한다. 그리고 통제가격은 정책상 국가에 의해 통제되는 가격으로 공공요금과 대중교통요금 등이 해당된다.

이 가운데 일반기업에게 필요한 '시장가격'에 대해서 조금 더 깊게 접근해보자. 기본적으로 상품가격을 설정하는 방법은 세 가지가 있다. •

첫째, 제품의 제조, 판매 과정에서 소요되는 비용(원가)의 합계에 일정한 마진을 추가하는 소위 '원가 기반 마진 플러스법'인데 여기서 원가란 재료비·노무비·경비 등 세 가지 항목을 합한 금액을 말한다. 이 기법은 수요예측을 정확하게 할 수 없는 상황에서 채용할 수 있는 방법이다. 경쟁사와 고객욕구를 통제하고 오직 기업 내부의 요인만을 고려한 가격정책이어서 시장이 받아들이느냐는 건 별개의 문제다.

둘째, 고객의 욕구나 가치, 즉 고객관계에서 결정하는 방법으로 '고객관계 기반 가격결정법'으로 정의된다. 대상제품에 대해 고객이 어느 정도 가격이면 살 수 있는지 그 수요의 상태를 먼저 알아보는 것이다. 그런 다음 가격을 결정하고 비용을 거기에 맞춰 배분하는 방식이다. 고객의 경제성과 구매 습관에 근거한 가격설정 방법이라고 할 수 있다. 이 방법을 쓰려면 소비자의 구매특성과 가치를 기준으로 가격을 결정하기 때문에 사전에 시장조사가 선행되어야 한다.

셋째, 경쟁업체의 가격동향에 근거해서 설정하는 소위 '경쟁제품 기반 가격결정법'이다. 출시하려는 제품이 경쟁제품에 비해 특별한 차별화가 없다면 일반적으로 이 방법을 쓰는 것이 비교적 안전하다. 다만 상대기업이 또 다른 정책을 펼치면 같이 따라가야 하는 문제가 있을 수 있다. 이마트나 쿠팡처럼 유통업체가 업계 최저가를 표방하고 매일같이 상대기업을 조사해서 그보다 낮게 판매하는 전략을 쓰고 있다면 가격을 따라 내려야 하는 악순환에 말려들 수 있다.

● **시장 가격 결정법**

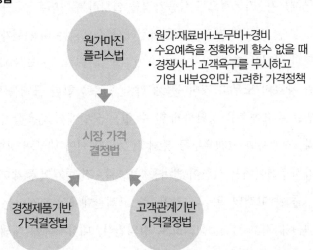

- 원가마진 플러스법
  - 원가:재료비+노무비+경비
  - 수요예측을 정확하게 할수 없을 때
  - 경쟁사나 고객욕구를 무시하고 기업 내부요인만 고려한 가격정책
- 시장 가격 결정법
- 경쟁제품기반 가격결정법
  - 경쟁제품 가격을 참고하여 결정
  - 경쟁상태에 따라 탄력성이 필요
  - 고객가치보다 경쟁사에 휘둘릴 가능성
- 고객관계기반 가격결정법
  - 고객의 지불의사(willingness to pay)
  - 고객의 경제성과 구매습관에 의한 결정
  - 사전에 시장조사가 필수

치킨업계도 한 브랜드가 단가를 내리면 다른 가맹본사들도 덩달아 내린다. 이러한 현상이 여기에 해당하는데, 경쟁상태에 따라 탄력적으로 가격정책을 펴야 한다는 점이 약점이다. 따라서 이 방법은 고객의 구매가치를 수용하기보다 경쟁사에 휘둘릴 가능성이 높은 가격정책이다.

최근 글로벌 경쟁이 심해지고, 품질이 상향평준화되면서 오직 저가 정책으로만 경쟁하는 경우가 대부분이다. 이런 출혈경쟁을 극복하려면 제품의 차별화가 절대적으로 필요하다. 삼겹살 용도의 돼지는 200일 키워서 100킬로그램이 되면 30만 원을 받지만, 무균돼지는 같은 기간 키워서 수억 원을 받는다. 이것이 차별화다.

차별화를 위해서는 융·복합이 전제조건인데, 만일 아이돌 그룹 '워너원'이 가만히 서서 '에너제틱'을 불렀다면 아마 빛도 보지 못했을 것이다. 춤은 물론이고 의상과 헤어스타일에다 중간에 영어까지 섞어 듣고, 보고, 느끼고, 나누는 것까지 했기 때문이다. 이것이 융복합이다.

이렇듯 제품 혁신은 대단히 중요하다. 다시 말하면 기존의 상품 카테고리의 리스트 중에서 자사 제품을 선택하게 하는 것이 아니라 자사 제품이 견인하는 새로운 카테고리를 만들어야 하는 것이다. 시장과 경쟁해서 이기는 가장 확실한 방법은 딱 두 가지다. '최고'가 되든지, 아니면 '최초'가 돼야 한다. 최초의 제품을 만드는 것이 혁신이다. 마치 누군가가 새로운 직업을 만들었다면 그 사람이 그 직업의 중심에 서게 되기 때문에 경쟁을 하지 않아도 이길 수 있는 것과 마찬가지다.

일단 차별화를 통해 제품을 출시한 후에 그 전략이 계속 유지될 것인가도 중요한 문제다. 때문에 기업이 늘 고민하는 것이 바로 지속가능성이다. 처음부터 가격을 제대로 정해야 소비자들의 저항에 부딪히지 않고 그 흐름이 그대로 이어질 수 있는 것이다.

제품의 지속성을 담보하기 위해서는 다음의 세 가지 가치를 담아내야 한다. 첫째 조건은 '탐색가치'인데, 사람들이 만져보거나 눈으로 보면 확인될 수 있는 품질의 가치가 있어야 한다. 둘째는 '경험가치'이다. 사고 난 후에 실제 써보니 기대 이상의 효과가 있다고 수긍하는 가치다. 마지막은 '신용가치'로 경험 없이 구매하는 경우를 말한다. 이때는 기업의 평판이 중요하게 작용한다. 스마트폰의 사전예약이나 세정제의 리필제품 구매 등이 이런 경우에 해당한다. 이처럼 상품의 가격이 매겨지는 과정이나 지속되는 방법이 다양하고 어렵다.

그런데 일반상품에 비해 명품은 대체로 비싸게 책정된다. 그 배경은 무엇일까? 소위 럭셔리 비즈니스에서는 앞서 기술한 가격설정 방법 세 가지를 모두 수용한 정책을 펴고 있는데 그 가운데 특히 '원가 기반 마진플러스법'에 비중이 더 있다. 경험에 의해 시장예측이 가능하기 때문에 이 방법이 유효하다.

"이 제품을 만드는 데 300만 원이 들었고, 여기에 마진 100만 원을 더 붙이겠다"고 해도 소비자들은 이러한 기업의 노력, 즉 장인정신을 인정하고 있다는 점이다. 이것이 바로 브랜드 파워이며, 이는 신뢰에 기반을 둔다.

브랜드는 세계관이나 소재의 품질, 희소가치, 장인의 솜씨와 디자인, 수집 가치 등에 의해 단단해지는데 일단 브랜드파워가 생기면 기업은 매년 컬렉션에 출품된 옷 자체를 파는 것이 아니라 그 시즌의 브랜드 테마와 콘셉트를 파는 것이다. 소비자들은 브랜드제품은 품질이 좋아서 비쌀 것이라고 생각하는 경향이 있다. 이처럼 가격은 품질의 신호로도 작용하기도 한다.

따라서 고객의 마음속에 브랜드를 집어넣을 수 있다면 대체 불가능한 결과를 가져와서 기업이 원하는 프리미엄 가격을 유지할 수 있다. 전략론에서 말하는 차별화 전략의 산출물이 바로 브랜드 파워다.

요즘 통신업계나 프랜차이즈업체 일부 브랜드들에게 원가를 공개하라는 정부의 압력이 있다. 언급한 바와 같이 가격결정 요인은 다양하다. 때문에 독점이나 통제대상 가격이 아닌 한 '시장가격'을 정부가 나서서 통제하는 것은 시장을 위축시킬 수 있어서 신중해야 한다. 가격은 결국 소비자의 '지불의사(willingness to pay)'에 따라 선택되는 것이기 때문이다.

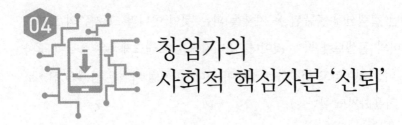

창업가의
사회적 핵심자본 '신뢰'

미국의 신경경제학자 폴 자크(Paul Zak)는 신뢰를 '국가경제를 좌우하는 변수'라고 했다. 그렇게 거창한 표현을 빌리지 않더라도 신뢰는 우리 일상에서는 물론이고 창업이나 기업경영에서 어떠한 역량이나 물리적 자본보다도 그 비중이 크다.

크게는 촛불집회도 정부가 국민의 신뢰를 잃어버린 결과고, 연일 불거지고 있는 중견기업의 위기들도 모두 기업의 과도한 욕심과 '갑질'로 인해 신뢰를 잃어버린 결과다. 소비자의 불매운동으로 이어졌고 몇몇 경영자는 자리에서 물러나기도 했다.

그런데 우리는 눈에 보이는 자본, 즉 물리적 자본에는 관심이 크면서도 보이지 않는 심리자본 '신뢰'에 대해서는 소홀히 하는 경향이 많다. 사회가 선진화되고 연결과 융합이 절대적인 4차산업이 진전될수록 신뢰는 그 어느 자본보다 큰 위력을 발휘하는 사회적 자본이 될 것이다.

사회적 자본이란 '개인이나 조직이 네트워크를 통해 창출하는 자원의 총합'을 말하는데, 자원의 총합은 상호 신뢰를 기반에 두지 않으면 나올 수 없는 산출물이다. 즉 다른 사람들과 공동으로 사용하거나 공유되는 물리적 상품과 심리적 감정을 사회적 자본이라고 한다.

공유 가능한 물리적 자본은 사회적 자본이 확실한데, 신뢰는 물질도 아니고 보이지도 않는데 왜 사회적 자본이라고 할까? 신뢰에는 상대가 있기 때문이다. 상대가 있다는 말은 관계적이라는 것이고, 관계에서는 믿고 의지하는 힘이 평판과 브랜드 가치를 높여 거래를 활발하게 해주는 보이지 않는 힘이 되는 것이다.

유대인 보석상들이 계약서 없이 신뢰를 바탕으로 거래한다는 것은 익히 알려진 사실이다. 2000년대 초반, 투자의 귀재 워런 버핏이 월마트 자회사인 '맥클레인'을 인수할 때 인수가격이 무려 230억 달러나 되었는데도, 2시간의 회의와 악수만으로 인수를 결정한 것도 상호 신뢰가 있었기 때문에 가능했다.

큰 기업의 사례만 있는 게 아니다. 맨해튼의 어느 테이크아웃 음식점은 매번 손님이 길게 늘어서자 거스름돈을 스스로 가져가도록 했더니 매출이 2배로 뛰었고, 심지어 잔돈을 팁으로 두고 가는 일까지 생겼다. 손님을 신뢰한 결과다.

미국 듀크대학 비즈니스스쿨에서 발표한 자료를 보면 소비자가 중요시하고 있는 것으로 저렴한 단가(16.8%)보다 신뢰(18.7%)가 구매결정에 더 영향을 끼친다. 특이한 것은 매년 같은 조사를 하고 있는데 갈수록 신뢰의 비중이 높아지고 있다는 사실이다.

심지어 벤처캐피털들이 스타트업에 투자를 결정할 때 과거에는 비즈니스모델이나 매출증가율 등을 봤지만, 요즘에는 '태도'를 중시하는 경향이 늘고 있다. 여기서 태도는 창업가에 대한 신뢰를 말한다.

잘나가던 기업이 신뢰가 훼손되어 추락한 경우도 있다. 1939년에 창업해서 프린터와 컴퓨터 등 전자제품으로 유명한 IT기업 휴렛팩커드(HP). 이 회사는 한때 "업무에 필요하다면 회사의 무슨 물건이라도 반출해도 좋다"고 해서 사세가 승승장구했다. 그러나 어느 직원이 언론사에 불리한 정보를 유출했다는 이유로 그 사람을 색출하려고 사설탐정까지 고용하는 악수를 둔 결과 지금은 유능한 직원들이 대거 빠져나가고 사세도 기울어지게 됐다. 한때 HP의 직원에 대한 신뢰경영을 'HP Way(HP방식)'라고 해서 미국의 주요 MBA과정에서 토론의 주제가 되기도 했는데, 직원을 신뢰하지 못한 바람에 불신을 초래해서 나타난 결과다.

그렇다면 신뢰란 무엇일까? 신뢰의 사전적 의미는 '굳게 믿고 의지함'이지만 경제적 정의는 '상대 능력이나 의도에 대한 기대'를 말한다. 그럼 상대능력과 의도를 어떻게 평가해서 신뢰를 쌓게 되는지가 핵심인데 바로 상대가 주는 정보가 기반이 된다.

상대가 나에게 주는 정보가 참이고, 그게 반복되면 신뢰가 쌓인다. 반대로 그 정보가 거짓이면 불신으로 이어진다. 상대방을 신뢰할 수 없을 때 우리는 계약서를 작성하게 되는데, 이런 경우를 불확실성을 대체할 조건부 신뢰라 하겠다. 사실 요즘은 계약서도 못 믿어서 공증까지 하게 되는데 이 정도면 거래를 하지 않는 게 좋을 수도 있다.

한 번 신뢰가 깨지면 회복비용은 처음 신뢰를 쌓을 때보다 훨씬 많이 든다. 한 연구에 의하면 떠나간 고객을 다시 단골로 만들려면 신규고객 11명을 유치하는 것만큼 비용이 든다고 한다. 그렇더라도 신규고객 11명을 유치하기보다 신뢰를 회복하는 데 노력해야 기업에게 유리하다.

불신하는 사람의 정보를 전달하는 이유는 크게 두 가지다. 나 아닌 다른 사람에게 그 사실을 전달하여 피해를 피하려는 사회적 심리이고, 다른 하나는 자신이 당한 언짢은 기분을 전달함으로써 스스로 안 좋은 기분에서 벗어나려는 개인적 심리가 깔려 있다. SNS가 상용화되기 이전자료인데, 좋은 정보는 하루 평균 8명에게 전달되고 나쁜 정보는 48명에게 전달된다는 연구도 있다. 특히 여성의 경우, 불량한 사실을 알게 된 후 60%가 그 사실과 무관한 사람에게 전달하였으며, 45%는 그 '사실'을 혼자 안고 가기가 부담스러워서 다른 사람에게 전달한다는 논문도 있다. 고객의 컴플레인을 진정성 있게 해결해야 하는 이유가 바로 여기에 있다.

돌이켜보면 대한항공의 '땅콩회항사건'도 단지 두 사람에게 신뢰를 잃어버려서 되돌리지 못할 국제적 신뢰를 손상당한 사례다. 이 사건에서 보듯 신뢰는 오랫동안 쌓았더라도 불과 한두 명에 의해 순식간에 날아가버린다.

상호 신뢰를 하고 있다가도 고의든 실수든 신뢰가 깨지는 경우도 많다. 손상된 신뢰를 회복하기 위해서는 어떤 노력을 기울여야 할까? 깨진 신뢰를 다시 회복하는 방법은 크게 네 가지다. 진정한 자기반성, 결과에 대한 책임, 과정의 투명성, 정확한 정보제공 등이다.

이 가운데 무엇보다 진정한 자기반성이 중요하다. 잘못했을 경우, 빠른 사과를 해야 한다. 그것도 상대가 "그만하면 됐다"고 할 때까지 계속해야 한다. 가습기 사건이 터진 지 5년 만에 사과한 옥시크린, 운전기사에 대한 폭행과 폭언으로 여론의 질타를 받은 몽고식품 김만식 전 회장과 종근당 이장한 회장, '치즈통행세'와 보복영업 등으로 검찰에 구속된 미스터피자의 정우현 전 회장 등도 진정성 없는 뒤늦은 사과로 기업 이미지에 심각한 손상을 입었다.

최근 불거진 프랜차이즈기업들이 고객의 신뢰를 저버린 행동을 한 후 결과에 대한 책임이라며 회장직 사퇴 정도의 꼼수로 수습하려 한다면 떨어진 30~40%의 매출을 다시 끌어올리기는 어려울 수도 있을 것이다.

사실 1990년대 중반까지만 하더라도 계약서 없이 신뢰를 바탕으로 거래하는 경우가 많았지만 기업 간 분쟁이나 사기사건은 지금보다 적었다. 요즘에는 정보 하나를 주더라도 비밀유지각서까지 받아야 할 만큼 삭막해졌다.

"왜 가난한 나라는 가난하고, 잘사는 나라는 잘사는 것일까?"라는 질문에 대해 MIT의 세사르 이달고(Cesar Hidalgo) 교수와 히브리대의 유발 하라리(Yuval Harari) 교수는 '정보의 교환속도 차이'라고 해석했다. 만일 친구에게 전화를 받았다면 바로 본론으로 들어갈 수 있지만, 모르는 전화를 받는다면 우리는 그가 누구인지, 무엇 때문에 전화를 한 건지, 그리고 그가 말한 정보가 사실인지를 확인한 후 본론에 들어간다. 그 검증시간만큼 판단속도가 느려지고 통화비용이 늘어난다. 정보교환 속도의 차이는 기업의 경우 바로 매출로 이어진다.

한 가지 주의할 점이 있다. 정보교환의 속도가 제 역할을 하기 위해서는 정보교환의 '질서'가 중요하다. 즉 정보를 교환할 가치가 있는 사람과 해야 한다는 뜻이다. 여기서 가치란 상대의 성품과 역량이며 기업에게는 품질과 이미지다.

우리가 도로 1차선을 주행할 때 반대편 운전자를 신뢰하지 못한다면 누군가가 중앙선을 넘어올 수도 있다고 생각할 수 있고, 그로인해 주행 중에 얻을 수 있는 낭만과 여유를 잃어버리게 될 것이다.

우리가 누군가와 거래를 할 때 신뢰하지 않는다면 그 사람이 누군지, 거래가 잘못됐을 때 어떻게 대처해야 하는지 등 상대방을 검증하기 위해 많은 시간을 소비하게 될 것이다. 하지만 신뢰한다면 그런 소비되는 시간만큼 사업에 힘을 쓸 수가 있다. 신뢰는 그만큼 시간과 에너지 낭비를 줄여주고 사업에 전념하게 해주는 힘이 있다. 기업에 대한 신뢰는 브랜드 가치를 높여주고 다음 상품의 매출을 예측하게 해준다. 기업의 지속가능성을 담보해주는 최고의 자본이 신뢰라는 점은 바로 이 때문이다.

'원저효과'라는 것이 있다. 직접 당사자가 아닌 제삼자를 통해 들은 바른 정보가 더 큰 효과를 발휘한다는 개념이다. 이는 '구조적 공백(Structural Hole)' 이론과도 연결된다. 구조적 공백이란 인적네트워크에서 직접 관계하지 않은 제3자와의 관계를 말한다. 소위 '한 다리 건너 아는 사람'인데 흥미롭게도 나를 잘 아는 직접 관계자보다 제3자 관계에 있는 사람이 더 큰 이익을 가져다주는 경우가 많다.

왜 그럴까? 그 이유는 직접 관계자에게 나에 대한 좋은 정보를 전해 들었기 때문이다. 언제 누구와 만나든 바른 정보로 나눠야 하는 이유는 바로 여기에 있다. 의심은 중독성이 있어서 의심하기 시작하면 무엇이든 의심하게 된다. 의심은 도전을 잡아먹고 사는 생물이다. 의심하면 도전할 의욕에 바이러스처럼 퍼져서 결국 도태시킨다. 사람을 신뢰하는 것은 위험하다고들 한다. 그러나 신뢰하지 않는 것이 더욱 위험하다는 것은 신뢰한 사람을 잃고 나서 더 확실하게 알게 된다.

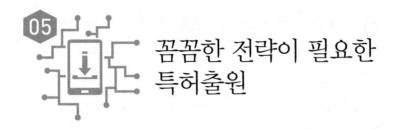

꼼꼼한 전략이 필요한 특허출원

창업가에게 산업재산권 특허는 대단히 중요하다. 다소의 비용이 들더라도 초기에 확보해놓는 것이 필요하다. 이러한 문제를 짚어보기 위해 전문가의 자문을 기반으로 요약해본다(자문해준 분은 KAIST를 나와 로펌 '김앤장'에서 일했던 최영수 변리사다).

산업재산권에는 특허권, 실용신안권, 디자인권, 상표권이 있다. 이 가운데 특허와 실용신안은 기술적인 아이디어를 보호하는 제도다. 특허권의 예로 알렉산더 벨의 전화기나, 구글의 서치엔진, 아일랜드 제약회사 앨러건의 보톡스 특허 등이 대표적이다.

특허와 실용신안은 기술적인 아이디어를 보호한다는 점에서 동일하지만 특허는 생각해내기 어려운 고도의 기술에 적용되고, 실용신안은 상대적으로 덜 어려운 것까지 권리를 갖는다는 점에서 차이가 있다. 그래서 특허는 어렵게 등록한 만큼 권리존속기간이 20년으로 길지만, 실용신안은 10년으로 특허에 비해 짧다.

이번에는 디자인과 상표권을 보자. 디자인권은 순수 창작물에 대한 보호다. 예를 들면 버버리 고유의 체크무늬나 코카콜라의 허리가 잘록하고 위아래로 주름진 병 등이 있다.

이에 비해 상표권은 자기 상품을 타인 상품과 식별하기 위한 권리다. 삼성, 현대, 엘지 등의 로고가 붙은 상표를 아무나 사용할 수 있게 허용하면 그 피해는 고스란히 소비자에게 돌아가게 된다. 이 때문에 상표권은 다른 산업재산권과 달리 상표권자의 이익은 물론이고 소비자의 이익인 공익을 보호하기 위한 측면이 강하다. 그래서 상표침해는 비친고죄로 규정해서 누구나 고발할 수 있다.

최근 디지털시대로 접어들면서 특허의 중요성이 더욱 강조되고 있는데, 특허를 받는 게 왜 중요할까? 특허출원을 하는 이유는 특허권을 취득하면 그 기술에 대해서 독점적, 배타적 사용권한을 갖기 때문이다. 다시 말해서 "이건 내 독점 기술이니까 너는 사용할 수 없어"라고 공표한 것이나 다름없다.

특허권을 잘 활용하면 재산가치도 크다. 보톡스 특허를 예로 들면 실제 보톡스 발명자는 미국의 '앨런 스콧'이라는 안과의사인데, 발명 당시에는 안면근육 치료제로 개발한 것이지, 미용을 위해 이처럼 광범위하게 사용될 것이라는 생각을 하지 못했다. 그런데 이 특허를 아일랜드 제약회사인 앨러건이 450만 달러(약 50억 원)를 줄 테니 팔라고 하니까 웬 떡이냐 싶어서 덥석 팔아버렸다.

사실 제약회사 생각은 다른 데 있었다. 이 보톡스 특허를 갖고 미용약품으로 사업화하려는 것이었다. 그 덕분에 이 회사는 보톡스 특허로 매년 수조 원에 달하는 매출을 올리고 있다. 결과적으로 최초 특허권자는 배 아픈 일이지만 다르게 생각하면 이 제약회사가 없었다면 빛을 보지 못했을 수도 있다. 이런 경우가 특허의 상생효과라고 볼 수 있다.

특허를 받았는데도 서로 다투는 경우가 많다. 사업이 안 될 때는 상관없지만 상품이 잘 팔려서 돈을 벌면 이런 문제가 종종 생기게 된다. 가끔 보도되는 삼성과 애플의 특허소송이 좋은 예다. 워낙 금액이 크기도 하지만, 상대방보다 기술이 앞선다는 이미지를 주기 위해 다투는 것이다.

최근에 불공정거래로 공정거래위원회에서 1조 원이 넘는 과징금을 부과받은 미국의 기업 퀄컴은 특허를 통해 원천기술을 우리나라 스마트폰 업체로부터 최근 7년 동안 38조 원이나 벌어들였다. 이렇게 분쟁을 없애려면 사전에 로열티 계약을 하면 된다. 하지만 특허분쟁은 서로에게 상처를 줄 가능성이 높아 내부적으로 조용하게 처리하는 경우가 훨씬 많다.

이런 사례를 종합해보면 개발한 기술에 대해서는 무조건 특허를 내는 것이 좋다. 하지만 특허를 출원하면 오히려 정보가 샌다고 생각해서 기피하는 기업도 있다. 사실은 어떤가? 특허를 취득하면 독점배타적인 권리를 얻는 대신 해당 기술을 일반 대중에게 공개해야 하는 의무가 따른다. 일반 대중에게 공개함으로써 사회 전반적인 기술수준을 높여 산업발전을 꾀하기 위한 목적이다.

이렇게 공개하지 않으려면 발명자는 특허출원을 하지 않고, 해당기술을 영업비밀로 유지시키면서 비밀이 유지되는 동안 독점권을 누리는 방법을 선택할 수도 있다. 좋은 예가 바로 코카콜라다. 콜라 제조법은 130년 동안 영업비밀로 유지되고 있다. 이 때문에 코카콜라는 여전히 시장에서 독점적인 지위를 누리고 있다. 코카콜라로서는 엄청난 노력을 들여 제조법을 지키는 것이 특허 출원하여 20년 동안만 권리를 부여받는 것보다 낫다고 판단한 것인데, 이것이 맞아 떨어진 것이다.

그렇다면 특허를 가진 사람들은 모두 사업을 하거나 상품을 만들어야 하는가? 혹시 특허만 가지고 있다가 로열티를 받는 방법은 없을까? 이런 의문이 들 수도 있는데 궁극적으로 특허는 상품을 생산해서 이익을 취하는 것이 일반적이지만 사정상 바로 창업하지 못하더라도 보유하는 데에는 아무런 제약이 없다. 그러나 특허 권리를 유지하려면 매년 상당한 금액의 연차료를 납부해야 한다. 때문에 특허를 통한 수익창출이 어렵다고 판단되면 과감히 특허권을 버리는 것도 필요하다.

물론 로열티 수입을 얻기 위해 기술이전을 통한 권리매각을 할 수도 있다. 일례로 개인발명가들에겐 눈이 번쩍 뜨일 사례가 있다. 2010년 KAIST 대학원생이 스마트폰 조작과 관련된 발명을 하여 기술이전에 성공했다. 휴대폰의 카메라를 줌인, 줌아웃을 하려면 두 손가락이 필요한데, 두 손가락을 쓰려면 화면이 가려진다. 이러한 불편에 착안, 한 손가락을 길게 터치하면 화면에 가상손가락이 생성되어 한 손가락만 만으로 조작할 수 있게 하는 아이디어였다 한 휴대폰 제조업체가 5억 원을 주고 샀다.

상표를 보호하려면 어떻게 해야 할까? 창업자들은 '사업이 잘되면 그때 상표등록을 해야지'라고 생각한다. 그러나 내 제품이 유명해지면 유명해질수록 브랜드를 도용당할 가능성이 커진다. 때문에 시장에 알려지기 전에 보호수단을 마련해두는 것이 필요하다.

심각한 문제는 상표권을 선점당하는 경우다. 누군가 내가 쓰는 상표에 대해 상표권을 가지고 있다면 역으로 내가 남의 상표권을 침해하게 되는 것이 된다. 상표권자가 문제를 제기하면 상표문제가 해결될 때까지 어느 날 갑자기 잘 팔리는 제품의 판매를 중단해야 할 수도 있고, 최악의 경우 업체나 상품명을 바꿔서 새로 시작해야 하는 일까지 발생할 수 있다.

이런 일은 특히 중국에서 많이 벌어진다. 애플이 IPAD를 출시하고 중국시장에 진출하려고 보니 IPAD라는 상표는 이미 '심천프로뷰'라는 중국의 디스플레이 업체가 선점한 상태였다. 애플은 선점 업체의 저명성을 믿고 출시를 강행하면서 IPAD 상표 사용에 문제가 없다고 주장했다. 하지만 결국 심천프로뷰에게 상표 사용료로 600억 원을 지급하고서야 중국에서 IPAD를 판매할 수 있게 되었다.

국내에서도 이런 사례는 많다. 소셜커머스라는 개념을 도입한 '티켓몬스터'는 창업 6개월 만에 매출액 100억 원을 돌파하면서 명실상부한 업계 1위로 강력한 브랜드파워를 구축했다. 그런데 초기에 상표관리를 소홀히 해서 다른 소셜커머스 업체인 딜즈온이 티켓몬스터 상표를 선점하게 됐다.

결국 딜즈온이 상표사용금지 소송을 걸면서 치열하게 싸우게 되었다. 해결방법이 보이지 않자 티켓몬스터는 기존의 상표를 버리고 '티구'라는 새로운 브랜드로 서비스를 이어간다고 발표했다. 그 후 결과적으로는 분쟁이 해결되었다면서 기존 상표명을 유지하고 있지만, 상표권 획득을 위해 상당한 지출이 있었을 거라 추정된다.

상표를 상호와 혼동하기 쉬운데, 회사이름을 의미하는 '상호'는 법인등록을 했다면 당연히 보호된다. 개인사업자로 등록하면 행정구역상 '구' 단위에서는 동일한 상호등록이 안 된다는 점에서 보호가 가능하다. 그러나 단순히 행정상 중복을 막는 차원의 아주 제한적인 보호일 뿐이다. 때문에 초기에 확실하게 상표권을 출원해서 확보해놓아야 한다.

특허출원을 직접 하려면 특허청 홈페이지(www.kipo.go.kr)에서 '특허출원 따라 하기'를 참조하면 된다. 특허청에서 출원인코드를 받은 다음, 발명의 내용을 설명한 명세서를 서면이나 전자출원을 해야 한다.

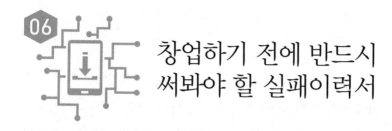

창업하기 전에 반드시 써봐야 할 실패이력서

97-75-71.4-2.8. 인터넷 프로토콜이나 암호가 아니다. 실패와 관련된 숫자들이다. 97은 사람이 새로운 행동을 하면 실패할 확률(%)이고, 75는 미국 벤처기업들이 투자받은 돈을 돌려주지 못하고 망하는 비율(%)이며, 71.4는 자영업에서 창업 후 5년 안에 폐업한 비율(%)이다. 마지막 숫자 2.8은 성공한 사업가들이 창업에 도전한 횟수다.

실패. 듣기만 해도 두려운 단어다. 하지만 실패를 검증해서 독점자산을 쌓은 사람은 성공으로 보상받는다. 과거의 실패를 돌아보지 않으면 루저(Loser)로 전락할 뿐이다. 사자는 배부를 때는 초식동물처럼 느긋하고 여유롭게 행동하지만 배가 고프면 야수의 본성이 깨어난다. 배고파 본 사람이 오히려 참 인생을 맛볼 수 있는 것이다. 나를 실험할 수 있는 권한을 가지고 태어난 사람이 어찌 내 실험을 헛되이 지우려고 하는가.

세계적인 성공 사례를 보자. 지금은 세계적으로 유명인사가 된 중국의 e-커머스 업체 알리바바의 창업자인 마윈 회장. 그는 대학입시에 두 번 낙방하고 사범대 영어강사로 일하며 월수입이 12달러에 불과했던 쓰린 과거가 있다. 1994년에 처음 창업한 통번역회사는 얼마 안 가 실패했고, 인터넷 전화번호부(yellow page) 사업 또한 연이어 실패한다. 그는 이러한 실패 경험을 밑천으로 1999년 몇몇 친구들과 지금의 알리바바를 창업해서 오늘날 IT기업 중 구글에 버금가는 부자가 됐다.

세계적인 기업가만 있는 것은 아니다. 한국프랜차이즈산업협회 전 회장인 조동민. 그는 20대 후반에 누나에게 1,200만 원을 빌려서 오리고깃집을 창업했다가 6개월 만에 실패하고 이런저런 업종을 전전했다. 연이은 실패에 생활고를 견디기 어려워 당시 해외취업이 용이했던 병아리감별사 자격증을 따고 호주로 이민을 계획했다가 아이디어를 얻어 치킨공장을 열어 성공했다.

창업을 하려는 사람은 성공한 창업자의 사례에 주목하게 된다. 그러나 가만히 생각해보자. 만일 그 사람과 똑같이 해서 나도 성공할 수 있다면 어느 누가 실패하겠는가? 실패는 필요한 학습과정이다. 성공의 기준은 타인이 정해주는 것이 아니라 자기 스스로 정해야 하는 목표가 아닌가?

어떤 이는 성공하기 위해 사주를 본다. 독자 여러분도 사주를 볼 생각이 있다면 다음 사례를 참고하기 바란다. 미국의 부시 전 대통령과 영화배우 실베스터 스탤론은 1946년 7월 6일, 한날한시에 태어났지만 인생의 길은 너무도 달랐다. 고(故) 다이애나 영국 왕세자비와 '육상황제' 칼 루이스도 1961년 7월 1일 같은 날 태어났지만, 삶의 방향이 달랐다. 더욱이 한 사람은 젊은 나이에 불의의 사고를 당해 사망했다. 이처럼 한날한시에 태어난 사람도 삶이 큰 대조를 이룬다.

  그렇다면 성공이란 무엇일까? 사전적 의미는 '목적한 바를 이룸'이다. 여기서 목적이란 '실현하려고 하는 일이나 나아가는 방향'을 말한다. 여기서 다시 실현이란 '꿈, 기대 따위를 실제로 이룸'이다. 종합해서 정리하면 성공이란 '꿈을 이루기 위해 나아갈 방향을 특정해서 그곳에 도착하는 것'으로 정의할 수 있다. 즉 성공하려면 자신의 방향을 정하는 소위 정향(定向)이 필요하지, 남들이 간 길을 따라가야 하는 건 아니다. 방향을 정하기 위해서는 남의 성공보다 자신이 걸어온 실패를 알아야 한다.

  사례를 하나 더 보자. 프린스턴대학 심리학 교수인 요하네스 하우스호퍼(Johannes Haushofer)는 최근 자신의 '실패이력서'를 써서 공개했다. 입학하지 못한 대학, 장학금을 받지 못해 힘들게 다녀야 했던 경험, 학계에서 소외당한 경험 등을 담았다.

  그는 자신의 실패이력서를 관찰해보고 흥미로운 사실을 발견했다. 실패를 경험하지 않았던 소위 성공에 취해 있던 시기가 의외로 짧았다는 것이다. 인생 대부분의 시간은 실패한 상태였지만, 그 시간들은 가장 역동적이었다. 반면 성공은 대단히 짧은 순간이었고, 그 시간은 가장 정체되어 있었다. 그는 실패는 예기치 못한 환경의 변화나 자기 실수에서 비롯된 것이기에 앞으로 나아가려면 그 경험을 토대로 보완하는 것이 가장 중요하다고 결론을 내렸다.

오랫동안 안전하게 살아가는 사람들은 대체로 과거를 되새김한다. 이창호나 이세돌 같은 바둑천재들도 대국이 끝나자마자 바로 복기를 한다. 패착을 다시 뒤보면서 같은 실수를 하지 않겠다고 대비하는 것이다. 무사고 운전자들은 대부분 백미러를 잘 본다. 추돌까지 예방하기 위함이다. 이렇듯 뒤를 돌아보는 것은 앞으로 안전하게 나아가는 최선의 방법이다.

'실패학'이란 학문을 처음 도입한 일본 학자는 실패란 '인간이 관여하여 행한 하나의 행위가 처음에 정해진 목적을 달성하지 못한 것'이라고 정의했다. 방향이 잘못됐거나 방법이 달라서 실패한 것이지 자신이 무능해서 실패한 것이 아니라는 것이다. 남의 성공 사례를 배우기보다 자신의 실패이력서를 써서 다시 들여다보는 것이 중요하다.

실패 경험에서 제대로 배우면 그 문제점을 자신이 알기 때문에 반복된 실패를 하지 않는다는 점, 향후 변화를 예측할 수 있다는 점 그리고 빠른 대응을 할 수 있는 순발력이 생긴다는 점 등은 어디서도 얻을 수 없는 귀한 노하우다.

이렇듯 실패에서 배우려는 시도는 선진국에서 오래전부터 있어왔다. 일본에는 '팔기회'와 '실패지식활용연구회'가 유명하다. 팔기회가 기업가모임이라면 실패지식활용연구회는 학자들의 모임이다. 이들은 시장적으로 혹은 학문적으로 실패를 연구해서 귀한 자료로 활용하고 있다.

실리콘밸리에서는 페일콘(FailCon), 즉 '실패 콘퍼런스'가 자주 열린다. 이 자리에는 벤처 사업가들이 모여 자신의 실패담을 공유하고 실패를 반복하지 않기 위해 토론을 벌인다. 실패학(failure study) 권위자인 로버트 맥머스의 주창으로 결성된 이 콘퍼런스가 지금은 일본, 이란, 스페인 등으로 확산됐다. 페일콘의 모토는 '실패를 껴안고 성공을 만들자'다. 신제품 가운데 90%가 실패하는 바로 그 이유를 찾기 위해서 모임을 결성했다고 한다.

익히 알려졌지만 미국 실리콘밸리에서는 투자대상 1순위로 두 번 실패한 창업가를 꼽는다. 실패는 성공의 밑거름이라는 사회적 인식이 자리 잡았기 때문이다. 좀 다른 얘기지만 미국에서 복권 상금을 획득 한 사람 중 무려 44%가 5년이 채 지나지 않아 전액을 탕진한다. 실패 경험이 아닌 운을 밑천으로 얻은 부는 이렇듯 지키지 못하는 경우가 많다.

문재인정부도 재기지원 프로그램을 가동하고 있다. 이른바 '삼세번 프로젝트'다. 패자부활을 도우려는 배경에는 크게 두 가지 이유가 있다. 그 하나는 창업해서 실패할 경우, 대부분 취약계층으로 전락해서 복지예산이 늘어나게 되는데 이를 미리 창업자금으로 지원해서 부활시켜보자는 취지다. 다른 하나는 최초 창업보다 두 번째 창업이, 두 번째보다 세 번째 창업이 성공할 확률이 높아서 결과적으로 지원 대비 고용효과가 크기 때문에 지원자금을 매몰 비용으로 보지 않는 것이다. 이를 위해 패자부활펀드 5,000억 원을 조성할 것으로 보인다.

진행해오던 재기지원 프로그램도 꽤 있다. 생계형 업종에서 유망 업종으로 전환을 원하는 소상공인에 대해서는 '소상공인 재도전 패키지'가 있다. 70시간의 교육과 멘토링 그리고 인턴체험을 패키지로 묶어서 훈련한다. 수료생에 대해서는 재도전 전용 정책자금 200억 원을 지원하겠다는 취지다.

자영업자가 임금근로자로 취업할 수 있도록 2015년 1만 명을 대상으로 '희망리턴 패키지' 사업도 추진 중이다. 폐업컨설팅을 실시해 신속하고 용이한 폐업을 돕고 폐업 후에는 직업훈련 및 취업알선을 지원하는 로드맵이다. 벤처기업 재기를 원한다면 창업진흥원에, 자영업 재기는 소상공인시장진흥공단에 상담해보면 방법을 찾을 수 있다.

이제 우리는 남들의 성공모델을 좇기보다 자신의 실패이력서를 써보고 그 원인을 찾아가야 할 길에 써먹어야 한다. 그 돌아가야 할 지점, 즉 '복원 지점'에서 왔던 방향을 쳐다보면 실수한 일들이 훤히 보이기 때문이다. 길을 가다 삼거리에서 길을 잘못 들었을 때 삼거리로 돌아와 다른 길로 가는 것이 중간에 헤매는 것보다 안전하고 빠르다는 건 자명하다. 남이 아닌 내가 왔던 길이고, 앞으로 가야 할 길도 남이 아닌 내가 가야 할 길이기 때문이다.

쓰레기통 모형(garbage can model)이란 것이 있다. 바라던 핵심요소가 쓰레기통에 마구 집어넣은 쓰레기처럼 버려졌다가 우연하게 재결합되어 나온 결정을 말한다. 우리가 쓸모없다고 버린 실패이력이 어느 날

새롭게 조명돼서 핵심요인으로 작동할지도 모를 일이다.

인생의 행복을 위해 성공을 꿈꾸는 사람은 '성공 후 지난날의 고난을 추억하는 것'이 곧 행복이라고 생각한다. 그렇다면 실패의 고난이 없으면 행복도 없다고 감히 말할 수 있다. 대한민국은 성공할 자유가 있는 나라다.

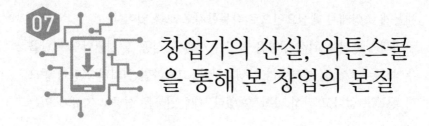

창업가의 산실, 와튼스쿨을 통해 본 창업의 본질

경영학석사를 의미하는 경영 전문대학원, 즉 비즈니스스쿨 (Business School)에서는 무엇을 배울까? 유능한 전문경영인과 창업가 (Entrepreneur)를 길러내는 것이 목적인 MBA과정. 특히 미국 MBA에서 GMAT 순위 1위이자 취업률 96%를 자랑하는 '와튼(Wharton)스쿨'에서 가르쳐주는 내용은 우리 창업가들에게 뭔가 특별한 메시지가 되지 않을까.

경영에 대한 궁금증을 해결하고, 창업가들이 참고할 수 있도록 특별한 인터뷰를 했다. 지금부터 소개하는 내용은 연세대학교에 재학 중 공인회계사시험에 합격한 후 와튼스쿨(Wharton School)을 졸업하고 미국에서 소프트웨어기업을 운영하다 다국적 컨설팅회사의 전략담당 임원으로 일했던 김동헌(dhkim@epitus.com) '에피투스컨설팅' 대표이사와의 대담을 정리한 것이다.

Q. 와튼스쿨에서는 어떤 공부를 하나요?

A. 단순한 공부나 학습이라기보다 밀도가 대단히 높은 '경험을 가르치는 교육'이라고 할 수 있습니다. 그래서 와튼스쿨에서는 MBA 2년을 '와튼 익스피어리언스(Experience)'라고 합니다.

큰 틀에서 보면 '교실 안 수업'과 '교실 밖 수업'으로 나뉩니다. '교실 안 수업'에서는 전략이나 마케팅, 생산이나 물류 그리고 회계나 재무같이 기업을 운영하는 기법들을 배우는데 달리 설명하자면 기업경영에 필요한 도구상자(Tool Box)를 익히는 과정이라 할 수 있습니다.

학년으로 나누면 1학년 때는 주로 필수(Core)과목을 배우며, 2학년 때는 각자의 진로에 따라 선택 과목들을 공부합니다. 일반대학원과 다른 점은 이 모든 과목이 기업의 실제사례를 기반으로 이루어진다는 점입니다. 대체로 MBA과정 2년 동안 700개가 넘는 사례를 배웁니다.

그다음은 교실 밖 수업인데, 사실은 이 수업이 훨씬 중요합니다. 우선 좋은 비즈니스 스쿨에는 거의 매일같이 성공한 사업가나 전문 경영인들이 찾아와서 강연을 합니다. 마이크로소프트의 빌 게이츠나 아마존의 제프 베조스와 같은 분들이 찾아오는 거죠.

이 강연은 수업이 끝난 저녁시간에 이루어지는데, 학생들은 격의 없이 질문하고 식사를 같이 하면서 얘기를 나누기도 합니다. 이런 시간을 통해 학생들은 선배들의 살아 있는 경험을 배울 수 있게 되는 거죠.

세계 각지의 성공기업에 대한 탐방도 MBA에서는 중요한 수업입니다. 제가 공부할 때는 우리나라의 삼성전자나 SM 엔터테인먼트 같은 기업에도 방문했는데 고위 경영진뿐만 아니라 생산 라인에서 일하는 분들과도 얘기를 나누면서 사업의 치열한 현장을 경험했습니다.

Q. 학생들은 어떤 목적으로 비즈니스 스쿨에 다니나요?

A. 전문경영인(CEO)이 되려는 사람과 창업하려는 사람들이 대부분입니다. 아시다시피 전문경영인으로는 GE와 같은 제조기업 혹은 골드만삭스와 같은 금융기업에서 높은 연봉을 받고 최고경영진으로 일하는 사람들이 많죠.

구글의 CEO인 순다르 피차이(Sundar Pichai)와 테슬라의 CEO인 엘론 머스크(Elon Musk) 그리고 월스트리트로 상징되는 금융 분야에는 중퇴를 하기는 했지만 워런 버핏이 와튼에서 공부를 했습니다. 이 외에도 경영컨설턴트가 되려는 사람도 더러 있지요.

Q. 기업들이 MBA 졸업생들을 선호한다고 알려져 있는데, 어떤 과정을 통해서 인재를 채용하나요?

A. 다양한 방법으로 채용하고 있지만 대체로 취업설명회에서 많이 뽑습니다. 취업설명회는 주로 봄과 가을, 두 차례 열리는데 이때 전 세계의 일류 기업들이 유능한 인재를 뽑기 위해 몰려옵니다. 투자은행이나 제조업 그리고 구글과 같은 하이테크 기업, 맥킨지와 같은 컨설팅 회사도 있습니다.

설명회 참가기업들이 사업비전과 전략을 설명하고, 학생들은 다양한 질문을 통해 기업을 선택하게 되죠. 저도 이런 과정을 통해 컨설팅회사를 선택했고 CEO까지 올랐죠.

Q. 비즈니스 스쿨이 지향하는 바람직한 인재상이 있을 것 같은데, 기업가들이 알아야 할 역량이나 덕목으로는 어떤 것이 있을까요?

A. 가장 핵심적인 내용은 문제해결 능력과 경영자로서의 품성 그리고 기업가정신, 이렇게 세 가지로 구분할 수 있습니다.

첫 번째, 문제해결 능력은 앞에서 말씀드린 대로 교실에서 배우는 지식을 통해 길러집니다. 단순히 이론이나 기법을 배우는 것이 아니라 이를 현실 사업에 적용하여 매출을 증대시킨다든지 납기를 단축하는 것과 같은 실질적 성과를 만들어내는 것을 의미합니다.

두 번째, 경영자의 리더십인데 직원들에게 비전을 제시하고 일에 몰두할 수 있도록 동기를 부여하고, 조직 구성원들 간에 갈등을 해결하는 능력이라고 할 수 있겠습니다.

마지막으로 창업가 정신은 남이 보지 못한 것을 보는 지혜와 남이 가지 않은 길을 가는 용기라고 할 수 있습니다. 이를 통해 새로운 사업을 일구어내는 것이죠. 요즘 일부 대기업들이 부도덕한 일로 원성을 사고 있는데 이런 부도덕한 행위나 도덕적 해이가 없도록 교육하는 것도 중요한 미션 중 하나입니다.

Q. 비즈니스 스쿨에서 배우는 것이 사업의 성공을 위해서 어떤 도움을 주는가요?

A. 사업의 성공 과제는 새로운 기회를 발굴하여 매출을 늘리는 것과 사업을 효율적으로 운영하여 이익을 높이는 것으로 나눌 수 있습니다. 매출을 높이기 위한 공부로는 전략과 마케팅, 신제품 개발이 있고, 이익률의 증대를 위해서는 생산 관리와 물류 관리, 원가 관리 등을 들 수 있습니다.

기업의 모든 성과는 궁극적으로 사람을 통해 이루어지는 것이기 때문에 리더십에 대한 공부가 필요하고, 또 남들이 찾지 못한 새로운 기회를 발견해내기 위해 창업가 정신이 필요하다고 할 수 있습니다.

Q. 그러한 인재를 어떤 과정을 통해 길러내나요?

A. 모든 과목은 기업의 실제 사례를 가지고 학생들과 교수가 함께 토론을 하는 방식으로 이루어집니다. 이러한 토론 방식의 교육 때문에, 교수의 실력뿐만 아니라 같이 토론을 하는 동료 학생들이 얼마나 뛰어난가가 또한 매우 중요합니다. 때문에 토론에 참여하는 적극성의 정도와 발언의 수준에 따라 성적이 매겨집니다. 재미있는 것은 비즈니스 스쿨에서 일본 학생과 한국 학생의 성적이 상대적으로 좋지 않다는 점입니다. 토론에 익숙하지 않은 두 나라의 문화적 특성 때문이 아닌가 생각됩니다.

리더십 역시 실제적인 사례를 통해 배웁니다. 리더십은 책으로 배울 수 없는 인간의 내면적 문제이기 때문에, 부족한 점을 보완하기 위해 학교 주변도시에 사는 동문들이 자발적으로 멘토링을 해줍니다.

창업가 정신은 실제로 사업계획서를 작성하고 또 제품이나 서비스의 프로토타입(Prototype)을 만들어보는 과정을 통해 기르게 됩니다. 그리고 학교에서 개최되는 각종 컨퍼런스를 통해 다양한 창업가들과 만날 수 있는 기회가 주어집니다. 이러한 만남은 졸업 후의 창업을 위한 귀중한 네트워크의 토대가 되기도 하죠.

Q. 개인적으로 비즈니스 스쿨에서의 경험이 사업 현장에서 어떤 도움을 주었나요?

A. 생각의 철저함 그리고 이 세상에 필요한 변화를 만들어내고자 하는 포부라고 할 수 있겠습니다. 문제점에 대해서는 근본원인을 그리고 성공에 대해서는 그 비결에 대해 철저하게 이해하는 것을 의미합니다. 이렇게 본질에 다가가는 철저한 생각의 훈련이 이노베이션의 다양한 사례들을 분석하여 이노베이션의 원리를 발견할 수 있도록 해주었습니다.

무엇보다 큰 도움은 이노베이션도 배울 수 있다는 것을 확인한 것입니다. 사실 이노베이션이라고 하면 창의성이 뛰어난 일부 특별한 사람들의 전유물이라는 생각이 지배적입니다. 하지만 저는 사례에 대한 치밀한 분석을 통해 이노베이션도 학습이 가능하다는 것을 알게 됐고, 지금은 이 학습방법을 기업들에 보급하고 있습니다. 저는 이것을 다윈이 진화론을 통해 지구상의 생물들이 신의 창조가 아니라 진화의 산물임을 밝힌 것에 비유할 수 있다고 생각합니다. MBA 경험은 저에게 이런 일에 도전할 수 있는 포부를 심어주었습니다.

요약하자면 미국 MBA에서는 사회적 가치를 훼손하지 않을 품성, 즉 기업가정신을 기본으로 배우고, 많은 사례를 통한 간접경험을 얻을 수 있으며, 토론과 멘토링을 통해 명망 있는 기업가나 선후배들에게 숨어 있는 경영전략을 얻음과 동시에 향후 상호 발전적 관계로 이어지는 네트워크 효과를 덤으로 얻을 수 있다.

'제3자이론'이라는 게 있다. 창업 성공확률이 낮은데도 다들 창업에 뛰어드는 이유는 남들이야 영향을 받겠지만 나는 다르다고 생각하기 때문이다. 이제 그렇게 막연히 도전하는 시대는 지났다. 선진국 MBA에서 왜 이런 교육을 하는지를 생각해보고, 필요한 역량을 채워서 창업하는 지혜가 필요한 시점이다.

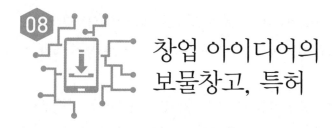

창업 아이디어의 보물창고, 특허

창업아이디어를 얻으려고 머리를 쥐어 짜내지만 아이디어를 떠올리기가 그리 쉽지 않다. 아이디어를 얻는 방법을 제시한 책들도 특화하고 세분화하라는 얘기는 많지만, "어떻게?"라는 질문에는 답하지 못한다. 지금까지 히트한 업종이나 상품을 추적해보면 해외에서 80%, 생활속 아이디어에서 20% 정도 나온다. 내가 국내에 성공적으로 안착시킨 노래방도 일본 가라오케에서 특화해 소개한 것이고, PC방도 영국의 한호텔 비즈니스센터에 들렀다가 힌트를 얻은 것이다. 새로운 아이템을 생각해내겠다고 기를 써서 떠올린 것이 아니라 아주 우연히 생각해낸 경우가 많다.

해외에서만 아이디어를 얻을 수 있는 것은 아니다. 아이디어를 구할 수 있는 아주 쉬운 방법이 있다. 누군가가 등록한 특허에서 약간 비틀면 멋진 아이디어로 거듭나는 경우가 아주 많다. 사람이 다니던 오솔길을 마차가 다니던 길로 넓히거나, 마차 길을 자동차가 다닐 수 있게 바꾸는 방법은 쉽다.

이렇듯 기존의 것을 연결해서 얻을 수 있는 아이디어는 아주 많다. 특히 요즘 핫이슈가 되고 있는 플랫폼비즈니스는 레이어 하나만 추가하거나 대상시장만 살짝 바꿔도 멋진 사업이 될 수 있다. 이해를 돕기 위해 아이디어를 플랫폼비즈니스 특허로 한정해 설명해보기로 한다.

잠시 일상으로 돌아가보자. 우리는 아침에 출근할 때는 버스앱(카카오버스)으로 버스 도착시간을 확인한 후 집을 나서고, 지각할 것 같으면 콜택시앱(우버, 카카오택시)으로 택시를 불러 타고 간다. 점심에는 맛집 추천앱(망고플레이트, 식신)을 통해 찾은 식당에 가고, 결재서비스앱(네이버페이)을 통해 값을 지불한다.

오후에는 숙박앱(에어비앤비, 여기어때, 야놀자)을 통해 주말에 놀러 갈 호텔을 예약하고, 퇴근 후에는 음식배달앱(배달의 민족, 요기요, 배달통)을 통해 야식을 주문한다. 지금 얘기한 서비스들은 모두 스마트폰의 앱 등을 통해 업체와 소비자를 연결하는 중개서비스를 제공한다는 공통점이 있다. 이렇듯 공급자와 수요자를 연결해주는 것이 바로 플랫폼 비즈니스모델이다.

일반적으로 특허를 받았다고 하면 일정한 형태가 있는 물품이나 장치를 떠올리기 쉽다. 하지만 특허는 산업에서 활용할 수 있는 기술적인 아이디어를 보호하는 것이기 때문에 형태가 없는 아이디어 자체도 보호대상이 된다. 보이지 않는 아이디어도 논리적으로 타당하면 비즈니스모델로 특허를 받을 수가 있는 것이다. 다만 한 가지 유념할 사항은 모든 사업아이디어가 특허를 받을 수 있는 것은 아니고, 그 아이디어가 독창적인 기술과 연결되어야 가능하다.

또 한 가지 알아두어야 할 점이 있다. 기존에 특허가 있다 할지라도, 중요한 부분에 약간의 변경을 가하는 방식으로 피해 가는, 소위 회피설계를 하면 기존 특허에 저촉되지 않으면서도 창업아이디어를 얻는 데 활용할 수 있다. 특히 플랫폼 비즈니스모델에서는 기본적으로 어떤 서비스를 수요자와 공급자 간에 연결시킨다는 단순한 것에는 특허를 주지 않는다. 그 정도는 누구나 사용할 수 있는 오픈된 기술이기 때문이다. 그렇기 때문에 기존 서비스를 참고해서 차별화된 콘텐츠를 얹거나 또 다른 기술과 결합시키면 누구나 어렵지 않게 새로운 창업아이디어를 찾아낼 수 있다.

이미 대중화된 비즈니스모델인 에어비앤비라는 숙박매칭서비스를 중심으로 풀어보자. 주지하다시피 에어비앤비는 남는 방을 타인과 공유해서 서로 이익을 취할 수 있게 한 공유경제 플랫폼이다. 호스트는 방을 빌려주고, 게스트는 그 방에 들어가는 요금을 주인에게 지불하고, 이를 중개해준 플랫폼은 중개수수료를 받음으로써 호스트, 게스트 그리고 플랫폼 3자가 모두 수익을 취할 수 있는 구조다.

비슷한 서비스로 우버가 있다. 에어비앤비가 숙박매칭에 관한 플랫폼이라면, 우버는 운송매칭에 관한 플랫폼이라는 차이가 있다. 두 업체의 서비스 메커니즘은 유사하지만 대상시장만 다르다. 따라서 두 업체

간 특허 충돌은 일어나지 않는다.

사실 에어비앤비가 갖고 있는 특허는 공급자와 수요자를 연결해주는 플랫폼에 특허가 난 것이 아니라 어플에 숙박시설 랭킹을 제공하는데, 그 랭킹을 어떻게 산정하는지에 대한 아주 좁은 영역의 특허기술이라서 쉽게 회피가 가능하다.

에어비앤비와 프로세스가 유사하지만, 시점을 비튼 새로운 서비스들이 있다. 누구나 생각해봤음직한 몇 가지 아이디어를 제시해본다.

어린 자녀가 있는 가족 단위 여행객들에게 초점을 맞춘 '키드앤코'라는 서비스가 있다. 아이들이 함께하는 여행의 숙소에는 아이들을 위한 장난감, 책 등이 필요한데 이런 것들은 여행할 때 가지고 다니기 어렵다는 점에 착안해서 아동 친화적인 현지 숙소만을 전문적으로 중개하는 서비스를 만든 것이다. '가족 여행'이라는 구체적인 콘셉트를 기초로 소비규모가 큰 가족 고객을 타깃팅 했다는 점이 기존 서비스와 다르다.

또 다른 모델로는 에어비앤비와 이름만 살짝 다른 '에어피앤피'가 있다. 이름에서 알 수 있듯이 화장실만 대여해주는 서비스다. 접속하면 '소변을 볼 수 있는 곳', '대변을 볼 수 있는 곳'이라는 노골적인 문장이 뜬다. 이용하는 사람이 있을까 싶지만, 화장실 찾기가 어려운 유럽 같은 곳에서는 의외로 이용자가 꽤 많다. 우리 정서로는 조금 황당한 서비스이긴 하지만, 집 전체가 아닌 화장실, 부엌, 테라스 등 일부만을 활용하는 공유경제 비즈니스모델이 탄생할 수 있다는 가능성을 보여주는 사례다.

운송업과 관련해서 대표적인 서비스인 우버를 약간 비틀어 생각해보자. 이와 유사한 서비스로는 배낭족을 타깃으로 하는 '프렌드라이드'라는 서비스가 있다. 이것은 현지인이 본인의 차를 이용해 관광객에게 택시보다 저렴한 가격의 운송수단을 제공할 수 있도록 한 매칭 플랫폼이다. 현지인들만이 알 수 있는 장소를 소개받을 수 있다는 점에서 전형적인 관광지 투어와 다른 차별화 포인트를 잡아냈다고 할 수 있다.

요식업과 관련한 서비스도 있다. 여행객에게 현지 음식을 제공하는 요식업계의 에어비앤비라고 할 수 있는데 '피스틀리'라는 서비스다. 가정집에서 일반인이 손님을 초대해 저렴한 가격에 음식을 대접해주는 매칭 플랫폼인데 전문 셰프는 아니지만 재야의 아마추어 요리 실력자들이 많다는 점에 착안해서 개발이 되었다. 현재는 50억 원의 투자유치까지 이뤄진 서비스다.

이처럼 기존 특허를 피해 가면서도 얼마든지 발전된 사업모델을 얻을 수 있는 것이다. 그렇다면 향후에 시장기회가 높다고 판단되는 또다른 서비스분야들은 어떤 것이 있을까?

음식배달, 퀵서비스, 택시예약, 대리운전 등 서비스 이용횟수가 높아 실시간 매칭의 가치가 높은 생활서비스 분야 아이디어를 많이들 생각해낼 수 있겠지만, 이 분야는 가치가 높은 만큼 이미 많은 부분 레드오션화되었다고 볼 수 있다. 자본력이 들어갈수록 서비스 퀄리티가 높아질 수밖에 없어서 대자본을 가진 플랫폼들이 많이 진출해 있어 초기 창업가에게는 다소 부담되는 분야다.

이보다는 비정기적이고 특정 목적을 가진 대상에 집중하는 '정보형 서비스' 분야에 대한 서비스를 생각해보는 것이 어떨까 싶다. 여행, 이사, 육아, 반려동물 위탁 관련 서비스가 이에 해당할 수 있겠다.

또 다른 분야는 '전문 서비스' 분야다. 특정 분야에 대한 전문 지식에 익숙하다면 의료, 법률, 세무, 심리상담, 컨설팅, 번역, 교육, 문화 등 전문가와 수요자를 연결시키는 매칭 플랫폼도 전망이 밝다. 플랫폼 비즈니스는 한창 진행 중인데 아직까지 이런 특화 분야까지 진입하지 못한 실정이다.

이처럼 기존 특허를 기대서 한 발 더 올라가는 서비스모델이나 약간 비켜 가서 다른 시장을 겨냥한 모델들은 얼마든지 있다. 이미 특허가 나왔다고 해서 접근을 두려워할 필요는 없다. 허허들판에서 언제 나타날지도 모를 호랑이를 기다리는 것보다 차라리 다소 위험하더라도 호랑이굴로 들어가는 게 보다 확실하지 않겠는가.

패자부활전에서
승리하는 기술

창업 상담은 신규 창업자보다 오히려 재창업자가 요청하는 경우가 많다. 이는 실패를 경험해보니 자신의 역량만으로 해결되지 않는 '그 무엇'이 있음을 알게 됐기 때문으로 풀이된다. 요리만 잘한다고 음식업에 성공하는 것은 아니며, 창업자가 엔지니어라고 스타트업으로 성공하는 것은 아니다. 음악으로 치면 창업은 오케스트라와 같은 것인데 리듬(Rhythm) 하나로는 안 되고, 선율(Melody)과 음색(Tone color)이 협주해야 비로소 화성(Harmony)이 완성되는 것과 같다.

문제는 실패한 상담자 대부분의 늦은 깨달음 이면에는 자신감 결여와 자금부족 등의 문제를 함께 짊어지고 있다는 점이다. 이를 해결하고 부활을 꿈꾼다면 좋은 멘토를 만나는 것이 필요하다. 멘토는 개인적으로 요청할 수도 있고, 지원기관을 통해 연결할 수도 있다.

멘토링(Mentoring). 지금은 어느 집단에서나 익숙하지만 불과 15년 전까지만 해도 종교단체나 학교에서 주로 활용되거나 일부 다국적 기업들이 역량 강화를 위해 선후배 간 멘토링을 도입했다. 1:1 방식이었는데, 이것이 효과를 보자 10여 년 전부터 자영업이나 벤처기업, 사회적기업 등 많은 창업 분야에서도 멘토링 제도가 활용되고 있다. 1:n 혹은 n:n의 방식으로 멘토링이 발전하고 있다.

멘토링이란 일반적으로 멘토(전문가)가 멘티(창업자)에게 도움을 주는 시스템으로, 크게 물리적으로는 네 가지 측면에서 도움을 받는다. 첫째, 창업에 필요한 환경을 이해하고 숨어 있는 문제점들을 미리 알려주기. 둘째, 창업에 필요한 교육이나 자금을 받을 수 있는 적절한 해법 제시. 셋째, 성장에 필요한 사람을 연결해주거나 자원을 연계해주는 일. 넷째, 판로개척을 위한 효과적인 홍보방법을 알려주기 등이다.

그런데 이러한 멘토링이 주로 창업자나 기존 사업자들에게 집중되어 폐업자들은 '외로운 퇴장'을 감수해야 했다. 이 때문에 폐업자들이 취약계층으로 전락하고, 그만큼 사회적 비용이 늘어나면서 사회 전반에 어두운 그림자를 드리우는 요인이 되어왔다.

국세청 자료에 따르면 지난 10년 동안 2.2가구당 1가구가 자영업 창업에 뛰어들었지만, 이 중 생존율은 16.4%에 그쳤다. 자영업체 6개 중 5개는 문을 닫는 셈이다. 얼마 전 현대경제연구원이 발표한 '창업에 대한 국민인식 조사' 보고서도 이들 폐업자의 단면을 여실히 보여준다. 응답자의 75%가량이 '우리나라는 실패할 경우 재기가 어려운 사회'라고 응답했고, 그 가운데 92%는 '창업 실패는 개인 파산을 의미한다'고 답했다.

건강한 창업생태계는 '창업→성장→회수→재투자' 순으로 이어져야 한다. 그런데 회수 단계로 진입해야 할 시점에 실패로 문을 닫게 되면 창업자의 손실은 물론이고, 고용효과까지 없어져 개인적으로나 사회적으로 큰 손실이 아닐 수 없다.

폐업 예정자들에게 멘토링을 실시해 폐업에 따른 손실을 최소화하는 한편, 교육과 자금 지원을 통해 재도전할 수 있는 환경을 만들어주는 것이 지금 우리 사회가 풀어야 할 과제이다.

이렇게 강조하는 이유는 명확하다. 시장 영역이 좀 다르긴 하지만 미국의 벤처 산실인 실리콘밸리에서도 처음 새로운 영역에 도전하는 사람이 실패할 확률은 97%에 이른다. 성공하기 위해서는 '3.2회의 실패'와 '평균 16년의 경력'이 필요하다는 통계가 있다. 실패를 경험한 사람이 새롭게 창업하는 사람에 비해 성공할 확률이 더 높다는, 다소 역설적인 의미를 내포하고 있다.

자영업 통계에서도 이러한 인과관계는 여실히 드러난다. 2016년, 내가 현대카드의 자영업종별 업력을 넘겨받아 창업자의 전(前) 직업을 기준으로 분석해본 결과 자영업 출신의 재창업자가 직장인 출신 신규 창업자보다 생존율이 상대적으로 높게 나타났다.

일반적으로 '창업 후 5년'이 지나면 비교적 안정권에 접어들었다고 볼 수 있는 점에 착안해 업종별로 5년차 생존율을 산출했다. 분석 결과, 이전에 창업 경험이 있는 재창업자가 직장퇴직 후 신규 창업한 사람보다 업종에 따라 평균 5%에서 최고 27%까지 생존력이 더 높았다.

편차가 크지 않은 10% 미만을 제외하고, 생존율 10~20%대 업종으로는 떡볶이 분식집(10%), 세탁편의점(10%), 감자탕 전문점(11%), 우동 전문점(14%), 토스트 전문점(14%), 중국음식점(15%), 돈가스 전문점(17%) 등이 있었다.

재창업자와 신규창업자의 5년 생존율이 20%대 이상 차이 나는 업종도 상당하다. 패스트푸드점 21%, 노래방 24%, 갈비 전문점이 27%에 이르고, 심지어 횟집은 신규 창업자보다 재창업자가 30%나 더 높게 나타날 정도로 경험이 필요한 업종이라는 점을 알 수 있었다.

언뜻 보면 떡볶이·우동·토스트 전문점같이 비교적 창업기술이 필요하지 않은 단순해 보이는 업종에서도 왜 이런 차이가 날까? 보기에 쉬운 것 같아서 준비 없이 덥석 창업하기 때문이다. 어떤 업종이든 경영의 노하우가 필요하다. 실제로 이들 대부분의 창업 준비기간은 3개월 이내였다. '다시 실패하면 죽는다'는 각오로 배수진을 치고 준비하는 사람과 그렇지 않은 사람과의 성패 비율은 이렇듯 다르다.

그렇다면 현재 폐업(예정)자를 위한 정책지원은 어떻게 이루어지고 있을까. 먼저 국세청의 세무도우미, 즉 멘토링 제도를 보면 ▲폐업 이후 세금을 신고할 사항, 신고 시 유의사항, 세법에서 정하는 의무를 이행하지 않았을 때의 불이익 등 사업자가 반드시 알아두어야 할 세금제도와 ▲체납 및 과세자료 등에 대한 소명자료 제출안내와 권리구제 방법 등에 대한 안내 등을 멘토링 해주고 있다. 도움이 필요하다면 국세청 홈페이지에서 '영세 납세자 도움방'에 신청하거나 국번 없이 126번으로 접수하면 되고, 세무서가 가깝다면 직접 가서 신청하면 더 빠르다.

소상공인시장진흥공단에서는 ▲각종 신고사항, 폐업관련 신고를 하지 않았을 경우 불이익 내용 ▲재무상태 분석하여 차입금 상환방법, 관련 정보 제공, 신용불량 예방방법 ▲시설, 재고물품 등 폐업 재산처분 관련 방법 등에 대한 조언을 시행하고 있다. 일단 신청(1588-5302)하면 사전진단을 통해 폐업자가 원하는 멘토링 전문가를 주선해주고, 재기를 위한 멘토링까지 연결해준다.

또한 그동안의 경험을 살려 이웃과 '더불어 행복한 창업'을 꿈꾼다면 사회적기업에 도전해볼 것을 권한다. 사회적기업 지원기관인 한국사회적기업진흥원(031-697-7700)에서는 창업아이템 검증, 자금지원, 판로개척 등을 전문 멘토를 배정해서 적극 지원하고 있다.

다시 강조하지만 실패했더라도 실패를 경험한 사람이 오히려 성공확률이 높다. 주저앉기보다 폐업과정에서부터 멘토링을 받은 다음, 다양한 재기지원 펀드를 활용해서 소중한 경험을 살려야 할 것이다. 두려움은 필요하되 너무 불안해할 필요는 없다. 불안은 막연한 미래에 대한 본인의 생각이지만 두려움은 직면해 있는 문제 해결을 위한 고통이기 때문이다.

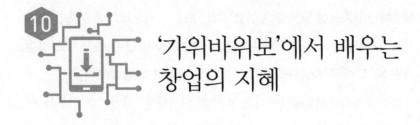

'가위바위보'에서 배우는 창업의 지혜

세상의 모든 이치는 일맥상통하다. 국가경영과 기업경영이 크게 다를 바 없고, 기업경영이 가정생활과 맥락이 같다는 생각을 자주 하게 된다. 환경이 전혀 다른 일상에서도 우리는 창업의 지혜를 배우기도 한다. 우리의 전통화된 게임 중 하나인 '가위바위보'에서도 창업가에게 필요한 여러 지혜를 얻을 수 있다. 잠시 옛 시절 추억의 '가위바위보'를 회상해보면서, 이 놀이가 창업자에게 어떤 메시지를 주는지 살펴보자.

우리 어린이들이 많이 하는 가위바위보는 원래 중국에서 시작된 것으로 프랑스, 미국, 일본 등 세계 여러 나라에서 즐기는 게임이다. 게임의 룰은 비슷하지만 나라마다 손모양이 다르다. 인도에서는 코끼리, 인간, 개미가 등장하고, 미국 원주민의 가위바위보에서는 땅, 물, 불이 나온다. 땅은 물을, 물은 불을, 불은 땅을 이긴다.

우리나라의 가위바위보는 일본에서 전해진 것으로 지금의 장년층은 어릴 적에 이 게임을 할 때, 일본말 그대로 "장겐뽕" 하고 손을 내밀었다. 이것이 가위바위보로 바뀐 것은 해방한 뒤의 일인데, 윤석중 선생이 순우리말로 된 '가위바위보'란 이름을 지어냈다.

일본에서도 술자리의 여흥으로 벌인 것은 중국 풍속을 따른 것으로 보인다. 흥미롭게도 중국 사람들은 상대에게 벌주를 건네기 위해 가위바위보 게임을 생각해냈다고 한다. 우리는 다른 나라와 달리 오직 어린이들이 즐기는 게임으로 정착됐다. 여하튼 성장하면서 누구나 해봤을 가위바위보에서 창업의 지혜를 구해보려 한다. 전략의 일부는 가위바위보협회에서 가져왔다.

첫 번째로 배우는 지혜는 첫 승부수가 중요하다는 점이다. 가위바위보를 할 때 첫 승부는 상대의 다음 패턴을 읽는 데 상당한 도움이 된다. 내가 가위로 이기면 그다음 수로 상대는 무엇을 낼까? (상대가 보를 냈다가 졌다는 얘기가 되니까) 이번에는 내가 낸 가위를 이기기 위해 주먹을 낼 가능성이 높다. 이런 패턴을 예상하고 내가 보를 내면 이길 확률이 높다. 패턴은 곧 트렌드이며 그 시발점을 잘 포착해야 사업이 순항한다는 점을 배우게 된다. 소비자와 수익모델이 기 싸움을 벌이는 중심에는 늘 트렌드가 있다. 트렌드를 읽지 못하면 기업이 앞으로 나아가기 어렵다. 최근 인기를 얻고 있는 빅데이터 마이닝(big data mining)도 패턴을 그리는 기술이자 트렌드를 과학적으로 뒷받침해주는 수단이다.

두 번째로 배우는 지혜는 첫 수로 상대의 성향을 읽어라이다. 나는 강의 중에 학생들의 무료함을 없애주기 위해 가끔 가위바위보를 하는데 "나는 남자다. 남자는 주먹! 가위바위보!" 이렇게 시작한다. 두 번째 게임에서도 똑같은 말을 반복한다. 그런데 신기하게도 많은 학생들이 주먹을 내겠다고 예고했음에도 가위를 내서 지고 만다. 나를 믿지 못한 것인지, 아니면 인지심리가 작동해서인지는 알 수 없으나 가위바위보를 하다 보면 상대의 성향을 읽는 데 상당한 도움이 된다는 점이다.

첫 게임에서 바위를 내는 사람은 상당히 권위적이며 수직적이다. 이런 사람은 쉽게 도전하기도 하지만 쉽게 포기해버리기도 한다. 첫 게임 첫수로 '가위'를 내는 사람은 비교적 상대보다 더 일찍 내는 경향이 있다. 조급한 성격 탓인데 쉽게 시작하고 마무리가 서툴다. 사상체질에서는 하체보다 상체가 발달한 체형, 이른바 소양인에게 자주 나타난다고 원광대 한의학과의 한 교수가 귀띔해준다.

반면에 첫 게임 첫수에서 보를 내는 사람은 상당히 도전적 성향을 보인다. 이런 사람은 머리를 쓰는 서비스업종을 하는 게 안전하다. 도전성향의 창업가는 처음 6개월이 대단히 중요한데, 그 기간 안에 자리 잡지 못하면 계속 어려움을 겪게 될 가능성이 높다. 오프라인 업종에서도 임대료나 인건비 등 고정비 비율이 높은 점포업종은 특히 초기승부가 중요한 만큼 창업 전에 미리 전략을 짜서 타당성을 강하게 검증해야 한다.

셋째, 무엇을 낼 것인가 미리 정하라이다. 상대가 무엇을 내든 상관

없이 사전에 생각해놓은 순서대로 내는 전략, 즉 초반첫수전략(gambit play)이다. 잘 짜놓은 사업계획서에 맞춰 일의 순서에 따라 공격하라는 뜻이다. 과거에는 그때그때 느낌으로 내미는 마구잡이전략(Chaos play)도 통하는 시대가 있었다. 하지만 승률이 33%에 그치고 있어 사장된 전략 중 하나다.

사람들은 업종을 결정해놓고도 불안 심리 때문에 창업하기 전에 자꾸 주변 사람들에게 묻는다. 통계에 의하면 가장 많이 물어보는 사람은 친구인데, 솔직히 이야기하자면 대답은 크게 두 가지다. 만일 친구에게 물었을 때 "그 사업 잘될 것 같은데?"라고 대답했다면 "내 돈 아니니까 잃어도 상관없어"라는 뜻이고, "그 사업 안될 것 같은데?" 했다면 "네가 잘되면 배 아플 것 같은데?"란 뜻으로 해석해도 크게 틀리지 않다.

이 글을 읽는 순간, 내 생각이 너무 삐뚤어졌다고 생각이 들지도 모르겠다. 아쉽게도 도덕으로 가려져서 잘 드러나진 않지만 그런 경우가 상당하다. 그러나 사실 이 예시의 진정한 의미는 물을수록 대답해주는 사람에 따라 'Yes or No'가 반복되기 때문에 자신의 열정만 식어간다는 뜻이다. 업종을 확정해놓았다면 창업 자체의 가부를 물어보기보다 이 사업을 어떻게 하면 잘할 수 있는지에 대한 전략을 고민하는 것이 열정을 유지하는 데 도움이 된다. 언필칭 열정은 성공으로 가는 티켓이기 때문이다.

가위바위보에서 얻을 수 있는 넷째 전략은 셋 중 하나를 버려라(exclusion strategics)다. 선택의 폭은 세 가지인데 둘만 번갈아 내면 상대가 쉽게 알아차릴 것 같다. 하지만 이 방법은 차원 높은 전략 중 하나로 자리 잡았다.

농사에서도 이런 전략이 필요하다고 느낄 때가 있다. 어느 해에 배추가 풍년이어서 갈아엎으면 다음해에는 틀림없이 배추가 비싸져서 '금치'가 된다. 어느 해에는 다들 배추를 많이 심었다가 손해를 보니까 다음해에는 안 심어 나타나는 현상이다. 그런데 이렇게 생각해보면 어떨까? "올해 많이들 심어서 손해 봤으니까 내년에는 사람들이 안 심겠지? 그러니까 내가 심으면 되겠다." 이렇게만 생각해도 될 것 같다. 물론 농사라는 것이 온도나 날씨 등 다양한 변수가 있어서 단순한 경제논리로 해석하기에는 무리가 있다. 하지만 너무 복잡하게 생각하지 않고 한 발만 더 나간다면 남과 다른 산출물을 얻을 수 있지 않을까 싶다.

다섯째, 상대방의 손에 현혹되지 마라이다. 상대가 의식적으로 손동작을 표출(broadcasting false tells)해서 은근 슬쩍 보여주려고 한다면 그것은 트릭일 가능성이 높다. 물론 그 동작이 무의식적으로 나타날 수도 있지만 프로의 세계에서 그 가능성은 낮다. 남이 무엇을 하느냐가 중요한 것이 아니라 내게 맞는 업종이 무엇이냐가 훨씬 더 중요하고, 어떤 업종이 지금 잘되느냐가 아니라 당장 적게 벌더라도 지속가능성이 있느냐가 더 중요하다는 것을 배우게 한다.

한동안 커피가 잘된다고 하니까 4~5억 원씩 들여 브랜드카페를 차렸다가 지금 처치가 곤란한 사람이 한둘이 아니다. 창업비 4~5억 원이면 이 가운데 2억여 원은 인테리어 비용일 텐데 이 거금을 불과 1년 만

에 잃었다고 생각해보라. 견디기 힘든 고통일 수 있다. 남들이 춤춘다
고 덩달아 춤추지 말자.

여섯째, 내는 순간 다음 수를 생각하라(Backup plan)이다. 창업자는
늘 최선을 다해야 한다. 최선이란 그때까지 정해진 답, 즉 정답(定答)일
뿐 그 뒤에 일어날 일까지 그 답이 정답(正答)일 수는 없다. 따라서 항상
그다음 수를 동시에 생각해야 한다.

잘나갈 때 잘 준비해둬야 하는데, 그 일이 정말 어렵다. "잘한다 잘
한다" 하면 승리에 취해서 다가올 위기를 감지하지 못하는 경우가 많
다. 인생이든 사업이든 가감승제가 있고 경기순환이 있다. 언제나 승승
하기는 어려우니 내려갈 때를 생각해서 대응책을 마련해두라는 의미로
받아들여도 좋다.

다음 수를 생각하라는 것은 예측해보라는 것이다. 그런데 예측은 미
래학자들의 몫이라고 생각하거나 틀릴까 봐 시도조차 안 하는 사람들
이 많다. 전혀 그렇지 않다. 예측은 틀리라고 하는 것이다. 전화기를 발
명한 벨(Alexander Graham Bell), 20세기폭스사 사장 대릴 F. 자누크,
디지털 이큅먼트사 창립자 케네스 올슨 등 이 세상을 움직였던 많은 사
람들의 예측도 대부분 틀렸지만 그들은 세기의 리더로 군림했다.

전문가가 아니라도 감각적으로 예측해볼 것들은 길거리에서도 찾을
수 있다. "꽃이 잘 팔리면 호경기 징조요. 복권매출이 늘어나면 불경기
가 지속될 것"이라는 예고다. 꽃이 잘 팔린다는 말은 오픈하거나 이전
하는 점포나 기업이 많다는 뜻이고, 복권이 잘 팔리는 이유는 미래가

불안한 사람들의 심리가 많이 작용했기 때문이다. 이른바 일본에서 시작된 노변경제 이야기인데, 이렇게 작은 움직임에서도 경기를 읽어보려는 습관을 가져보는 것이 좋다.

마지막으로 '가위바위보'에서 얻을 수 전략은 변화를 줘라(Keeping it varied)이다. 승률을 높이기 위해서는 통계, 상황판단, 심리, 손놀림의 기술 그리고 전략적 사고가 필요하다.

패밀리레스토랑은 불과 10여 년 전만 해도 500여 개에 이르렀지만, 매년 10% 이상 폐점해오다가 지금은 찾아보기도 힘들어졌다. 이런 레스토랑들이 요즘 잘되는 뷔페로 바꿨다면 어땠을까? 아마 상당히 유의미한 결과를 내지 않았을까 싶다.

나는 얼마 전, 서초동 남부터미널 인근에 있는 한 한식집을 갔다가 깜짝 놀랐다. 양쪽에 작은 룸들로 구성되어 있고 중앙에는 프라이버시를 지켜줄 만큼 잘 디자인된 홀이 있는 식당이었다. 색다른 콘셉트여서 눈에 확 들어왔다.

어떻게 한식집을 이런 콘셉트로 생각했나 싶었는데, 이전에 술집이었던 곳을 살짝 재배치한 것에 불과했다. 돈을 안 들이고 고급음식점으로 탈바꿈한 것이다. 앞으로 술은 점점 가정으로 들어갈 것으로 예측되는데, 폐점하는 술집들을 잘 인수하면 고급음식점으로 차릴 수 있을 것이다.

어릴 때 무심코 했던 가위바위보에서도 이렇게 창업과 경영에 도움이 될 만한 전략들이 숨어 있다. 우리가 살면서 부딪히는 모든 일에는 의미가 있고, 철학이 있고, 지혜가 있다는 생각을 하게 된다. 마지막으로 가위바위보에서 얻은 지혜 중 으뜸은 "남이 내는 것을 얼핏 보고 나서 뒤늦게 내는 것은 반칙"이라는 규칙이 있다는 사실이다. 정정당당하게 돈을 벌어야 떳떳하다. 동서고금을 막론하고 사방팔방에서 지켜야 할 규칙이지만 특히 창업가가 꼭 알아두어야 할 철칙이다.

2장에서는 메가트렌드에 따라 새롭게 부상하는 아이디어와 대응방안을 제시하였다. 사업은 생물과 같아서 글로벌 트렌드에 따라 변화하고 혁신하지 않으면 어항 속 물고기와 다름없다. 이를 위해 일반인이 쉽게 접근할 수 있는 제4차 산업 아이디어를 가지별로 제안하였고, 경제위기론에 대응하여 일본 사례를 학습할 수 있는 핵심정보도 불안을 잠재우는 백신 역할을 해줄 것이다.

chapter 02

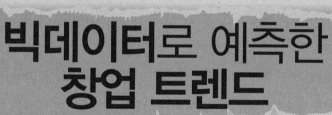

빅데이터로 예측한
창업 트렌드

두 번째 소비시장, '장년지갑'이 열린다

우리 사회가 급격하게 늙어가고 있다. 그런데 우리는 고령화라고 하면 '사람'에 대해서만 생각한다. 하지만 사람뿐 아니라 사물에서도 고령화가 있다. 다른 점이라면 사람은 한 번 태어나면 바꿀 수 없지만 상품은 중간에 바꿔서 새롭게 사용할 수 있다는 것이다.

바로 '두 번째 소비(the Second Consumption)'인데 낡거나 해져서 다시 구매해야 하는 내구재 소비시장과 그 시점에 서비스가 필요한 시장을 말한다. 물론 이런 말은 경제 용어사전에는 없다. 이해를 돕기 위해 내가 만들어본 용어다.

두 번째 소비시장의 대표적인 제품은 내구재를 들 수 있다. 내구재는 오랜 기간 사용하기 위해 일시적으로 거액을 들여 사지만, 인간 수명이 길어진 만큼 한 번쯤 바꿔줘야 할 시점이 온다. 보통 은퇴시점과 맞물리는 시기다.

우리나라 평균 은퇴연령은 53세인 반면 평균수명은 80세를 넘고 있다. 때문에 퇴직 이후 30년을 더 사용하기에는 다소 무리가 있다. 이때쯤 되면 내구재도 삐걱거리고 웬만한 살림은 해질 만큼 해지고, 게다가 분위기도 바꿔보고 싶은 마음이 생긴다.

내구재를 포함하여 대체로 오래 쓰는 제품으로는 가구, 가전, 창호나 벽지, 보일러, 침대, 커튼, 주방용품 등이 있다. 물론 이러한 시장이 꼭 '두 번째 소비자'만 구매하는 것은 아니지만 그 비율이 높다는 점에서 앞으로 눈여겨봐야 할 시장임은 틀림없다.

빅데이터 전문기관인 (주)나이스지니데이터의 빅데이터를 토대로 분석해본 결과 실제로 서울, 경기, 광주, 대구 등 4대권역의 가구점 숫자와 매출에서 의미 있는 결과가 나왔다. 우선 서울의 경우, 2016년 매출은 강남구가 42개 점포에서 월평균 1억2,300만 원을 벌었다. 그다음이 서초구로 58개 점포에서 평균 7,000만 원, 송파구는 45개 가게에서 6,000만 원의 매출을 올렸다.

서울의 다른 구(區)의 매출도 은평구 7,500만 원(42개), 중구 5,100만 원(66개) 등으로 강남권과 대동소이했다. 차이점은 단가였다. 가구점 숫자로만 보면 강남구와 은평구가 똑같이 42개인데 매출은 절반 가까이 차이가 나기에 구매고객 수로 다시 나누어보았다. 강남구 매장은 은평구보다 약 30~40% 더 비싸다는 결론을 얻었다. 실제로 중고시장에서는 "중고가구점을 하려면 강남구에 가서 하라"고들 한다. 아파트 앞에

버린 가구들이 비교적 새것이어서 갖다 팔아도 장사가 된다는 것이다.

경기도로 내려가면 매출로는 용인시가 월평균 8,000만 원으로 가장 높고, 가구점 숫자로는 고양시가 154개(6,300만 원)로 가장 많다. 호남의 광주에서는 북구에 57개가 있는데 월평균 매출은 5,000만 원, 점포 수가 74개로 가장 많은 서구의 월평균 매출액은 4,300만 원이다. 영남의 대표도시 대구에는 수성구(30개)가 월평균 5,000만 원이었고, 가게 수로 보면 대구 북구에 114개(3,800만 원)가 몰려 있다. 하지만 수도권에 비해 매출규모는 상당히 낮았다.

시계열로 분석해보지는 못했지만 최근의 내수경기를 감안할 때 그리 낮은 매출은 아니라는 점에서 향후 주목되는 시장임은 분명하다. 관련 업종을 더 들여다보면 욕실리폼업, 다방, 당구장, 성인장난감, 보청기, 건강기능식품점 등이 있다.

이 가운데 건강기능식품 전문점을 정밀 분석해봤다. 먼저 건강기능식품을 어느 계층이 가장 많이 구매하는지에 대해서는 20대는 3.3%에 불과하지만 40대로 가면 25.3%, 50대에는 35%, 60대로 넘어가면 22%로 다소 줄긴 하지만 50~60대를 합하면 57%로 역시 '두 번째 소비군'에서 높게 나타났다.

2016년 말 현재, 건강기능식품점 상위 25%의 평균매출액은 6,400만 원으로 커피 전문점(6,300만 원), 부대찌개(6,400만 원), 한식(6,600만 원) 등과 맞먹는 매출을 올렸다. 업종생애 생존율도 6.5년으로 커피(1.9년), 부대찌개(3.4년), 한식(3.9년)에 비해 크게 높아서 안정성도 확보된 업종이다.

지역을 서울로 한정해서 다시 분석해봤다. 그 결과 강남구는 66개 점포에서 월평균 6,000만 원을 올렸고, 동대문(65개)은 5,500만 원, 구로구(29개) 5,000만 원으로 나타났다. 일반 업종의 경우, 보통은 소득수준이 높은 강남 3구가 매출상위에 오르는 데 반해 건강기능식품점은 일반적인 매출패턴과 크게 다르다는 점이 눈에 띄었다. 이 점이 바로 두 번째 소비시장의 맥이다. 객단가 때문에 매출의 차이는 있을 수 있지만 고객 수로는 큰 차이를 보이지 않는다는 점이다.

앞으로 내수가 살아나려면 중·노년의 소비가 늘어나야 한다. 장난감이나 유아복 구매자를 분석해보니 4~5년 전까지만 해도 할아버지들의 구매비율이 전체구매자의 3% 수준에 그쳤지만, 2016년에는 9% 수준까지 올랐다는 점에서 앞으로 중·노년층의 소비가 기대되는 업종이다. 고령화가 우리보다 더 빠른 일본에서도 중·노년층이 소비를 견인하고 있다는 점도 참고할 만하다.

이번에는 서비스상품 시장을 보자. 몇 가지 관련 업종을 보면 이혼이나 재혼시장, 폐업시장, 중년 일자리 시장, 추억여행서비스 등 딱히 업종으로는 규정하기 어려운 서비스들이 다양하게 출생할 것으로 보인다.

특히 두 번째 소비시장에서는 제품을 파는 입지 업종보다 이들을 심리적으로 돕는 서비스시장에서 더 다양한 업종이 많이 나올 것으로 예상된다. 이혼시장도 그중 하나다. 대법원의 사법연감을 보면 우리나라는 한 해 동안 결혼한 부부가 약 33만 쌍 정도 되는데, 이혼은 1/3인

11만 쌍 수준이다. 재혼중매, 경력회복 지원사업, 시간제 일자리 매칭사업, 사회적가족 매칭사업, 강사육성사업 등 다양한 업종이 성장하거나 새로 출생할 가능성이 많은 분야다.

이 가운데 강사육성사업은 교육분야에서 급성장이 예상된다. 이 사업은 두 번째 소비자에서 두 번째 생산자로 거듭날 수 있도록 도와주는 기회를 제공할 것이다. 일례로 '진로교육법'과 '인성교육진흥법'에 의한 청소년 교육을 목표로 두 번째 소비군인 중·장년을 육성하면 사업성장은 물론 일자리 창출 차원에서도 유익한 사업이 될 것이다. 특히 그간의 경력을 기반으로 직업체험교육이나 평생교육 등에 관심을 가져보면 좋다.

두 번째 소비시장으로 가장 큰 분야는 연간 10만 건 정도 되는 '폐업시장'이 꼽힌다. 이와 관련해서는 폐업컨설턴트, 리스타트(Re-start) 교육사업, 집기비품 중고사업, 정서 안정을 위한 교육사업, 판로개척 지원사업 등을 들 수 있다.

당구장이나 다방도 제2의 도약이 가능한 업종이 아닐까 싶다. 당구장은 신용카드를 받지 않아서 매출통계로 잡기는 어렵지만 2000년대 들어 많이 줄어들었다가 최근 들어 다시 늘어나는 추세다. 다방도 전국적으로 약 3만 개로 추정되는데, 주로 중소 시·군·구에 포진되어 있지만 최근 도시에서 중년시장을 노리는 음악다방이 조금씩 늘어난다는 점에서 흥미를 끈다. 얼마 전 일본에서는 음악다방용 오디오를 한 벤처기업이 개발해서 급성장을 하고 있다는 점도 긍정적인 신호다. 또 한 가지 기대되는 점은 전후세대들의 재산 정도로 볼 때 청·장년 세대보다 소비여력이 비교적 높다는 점에서도 그렇다.

저성장기를 맞아 자영업이 다들 어렵다 보니 신규 창업자들도 점차 줄어드는 추세다. 그러나 경기가 좋지 않다고 언제까지나 창업을 주저할 수는 없다. 우리는 창업할 때 "어떤 업종이 요즘 잘나갑니까?" 하고 묻거나, "돈은 어디서 빌려야 하죠?" 등의 아주 초보적인 질문을 하는 경우가 많은데, 실제로 공부해야 하는 것은 바로 이러한 트렌드, 즉 소비시장 흐름이라는 점을 간과해서는 안 된다.

요즘 일본에서는 은퇴 후 옛 친구들과 수학여행을 다시 가는 프로그램이 인기다. 이렇듯 중년의 감성을 파고들면 다양한 아이디어들이 나올 것으로 기대된다. 특히 이런 틈새 서비스사업은 돈이 별로 안 들기 때문에 위험을 최소화하면서도 즐기면서 일할 수 있는 장점이 있다. 늙어가는 대한민국에서 '두 번째 소비시장'을 눈여겨봐야 하는 이유가 여기에 있다.

소비의 제4물결,
'지방소비 시대'가 온다

젊음은 늙어가면서 그 가치를 알고, 낡음은 새로움에서 그 가치를 인정받는다는 것이 진리다. 운전 중 사고를 예방하려면 백미러를 잘 봐야 하듯이 과거를 돌아보는 것은 미래로 안전하게 나아가는 방법이다.

인생이 단절되지 않듯이 사업모델이나 상품도 갑자기 하늘에서 뚝 떨어지는 경우는 없고, 모든 개발과정이 과거와 맞닿아 있다. 소비자의 구매행동도 마찬가지다. 소비흐름을 4단계로 분류해 설명하려는 이유는 바로 과거로부터의 소비 흐름에서 미래를 예측해보려는 시도다.

결론부터 얘기하면 소비자의 구매행동, 즉 소비의 맥락을 알면 앞으로 어떤 상품, 어떤 업종을 개발하고 선택해야 하는지를 예측할 수 있을 것이다. 참고로 '네 번째 소비사회'는 내가 지난 30년간 창업컨설팅을 하면서 소비트렌드를 연구해온 경험으로 구분한 것이다. ●

구분	기간(년도)	소비행태	주요 키워드
첫 번째 소비사회	~1986	도시중심 소비	제조업, 무역업 중심
두 번째 소비사회	1986~2003	가족중심 소비	자영업 급성장
세 번째 소비사회	2003~2019	개인중심 소비	맞춤형 상품시대
네 번째 소비사회	2019~	지방중심 소비	상생 플랫폼

첫 번째 소비사회는 도시중심 소비사회로, 시기적으로는 1986년 아시안게임 이전까지로 볼 수 있다. 이 시기에는 인구의 도시집중화로 도시가 급팽창하게 되고, 도시로 올라온 시골 청년들이 지방에 없는 상품을 사서 고향에 보내주는 시대였다. 웬만한 신제품은 지방에서 살 수도 없었고, 살 여력도 되지 못했던 시기다.

그러다 보니 자연스럽게 대부분의 소비가 도시중심으로 이루어질 수밖에 없었다. 이때는 제조업과 무역, 오퍼상이 산업의 근간을 이루었고, 지금처럼 다양한 서비스업은 찾아보기 어려웠다. 창업상담도 대부분 제조업과 오퍼상 창업을 위해 찾아오는 중장년층이었다. 기억하겠지만 당시 최고의 베스트셀러였던 《세계는 넓고 할 일은 많다》(김우중 저)라는 책도 무역과 오퍼상 창업을 자극하는 촉매제 역할을 했다.

두 번째 소비사회는 1986년 아시안게임부터 2003년 카드대란까지로 구분할 수 있으며, '가족중심 소비'가 주축이 되었다. 이 시기에는 가족이 함께 공유할 수 있는 상품들이 봇물을 이루었다. 가전제품이 대표적인데, 당시 TV, 냉장고, 세탁기를 묶어서 '3종 소비시대'라고 부르기도

했다.

우리는 미증유의 사고가 발생하면 인연이나 관계(relationship)를 생각한다. 이 기간 안에 일어난 IMF 금융위기(1997년)는 이러한 관계를 다시 생각하게 만들어주었다. 이때 바로 조찬모임 같은 '관계산업'이 뜨기 시작했고, 함께 즐기는 스포츠클럽과 패밀리레스토랑이 전성기를 구가했던 것도 우연은 아니다.

아시안게임을 거치고 월드컵을 기다리면서 외국인들이 몰려오던 때라 물 건너온 수입상품에 관심을 갖기 시작했고, 해외브랜드 중심의 전문점들이 대거 도입되던 시기이기도 하다. 물론 해외여행객들, 특히 패키지여행이 이전과 비교할 때 확실히 늘어나기 시작한 시점이기도 하다.

이때 해외여행에서 본 업종과 결합한 퓨전 업종들이 대거 등장하기 시작한다. 여행 가서 경험한 음식을 은근히 자랑하고 싶은 심리를 파고든 것인데, 에스닉푸드(ethnic food) 즉 다른 나라 전통음식이 입맛에 안 맞다 보니 우리음식과 융합해서 새로운 퓨전을 만들어낸 것이다. 그 덕분에 자영업 시장은 전통업에 퓨전을 더해 전에 없던 전성기를 누렸다. 내수시장이 커지자 자영업의 프랜차이즈화가 시도됐고, 한국프랜차이즈산업협회도 이 시기에 설립됐다. 가족중심의 소비시대는 물건을 소유하는 것으로 행복을 맛보려는 소비행동 패턴을 보였던 시기였다.

세 번째 소비사회는 2003년 카드대란부터 2019년까지로 규정할 수 있다. 이 시기는 베이비부머의 자녀들이 주 소비층의 중심에 설 것으로 보이는데 산아제한 정책 아래 출생한 세대여서 개인주의적인 성향을 보인다는 점도 이전 시기와 다르다. 따라서 '개인중심 소비시대'로 규정할 수 있다.

가족중심에서 개인중심으로 이동하는 신호를 준 것은 바로 '무선호출기(삐삐)'였다. 8282(빨리빨리), 100(돌아오라), 1004(천사), 981(급한일), 1010235(열열이 사모한다)와 같은 단축숫자들이 사용됐던 시기다.

그 뒤를 이은 휴대전화는 문자중심이어서 '열폭(열등감이 폭발한다)', '심쿵(심장이 쿵)', '노답(답이 없다)', '갈비(갈수록 비호감)' 같은 약어들이 있지만 당시는 숫자로 표현할 수밖에 없는 일방형 디바이스(device)여서 숫자로 소통하는 정도였다.

이 시기는 가전(家電)에서 개전(個電)으로, 소품종 대량생산에서 다품종 소량생산으로 전환된 시기로 규정할 수 있다. 개인중심 소비는 남과 다른 상품을 소유하고 싶은 욕망이 숨어 있다. 그러다 보니 자연스럽게 같은 상품을 거부하게 되고, 기업은 다양한 제품을 맞춤형으로 내놓기 시작한 것이다. 이 시기에 비즈니스모델 설계에서 목표고객 모델링에 필요한 '가치제안(value proposition)'이 포함되기 시작한다.

웰빙(wellbeing)도 개인소비의 메가트렌드다. 웰빙은 '복지, 행복, 안녕'을 뜻하는데 주로 개인의 건강에 초점이 맞춰져 있다. 합리적 소비와 메스티지(Mastiage)와 같은 소비트렌드가 힘을 얻은 시기이기도 하다. 질 좋은 제품을 보다 싸게 사려는 소비행동인데 유니클로, 자라 같은 SPA(Specialty store retailer of Private label Apparel Brand)가 급성장한 것도 언급한 트렌드와 맞물려 있다. 앞으로 이러한 소비자행동은

2~3년 더 이어질 것으로 예상된다.

　마지막 네 번째 소비사회는 2019년 이후 앞으로 상당기간 지속될 것으로 보이는 '지방소비 시대'로 규정할 수 있다. 그 시기는 베이비부머가 직장에서 모두 물러나고 그 자녀세대들이 주력 소비층에 진입하는 시기인 데다 우리나라 인구가 줄어드는 시점이기도 하다.

　심신이 피로한 은퇴자들이 대거 지방으로 내려가고, 관공서들이 지방 혁신도시에서 자리를 잡아가면서 자연스럽게 지방소비시대가 열릴 것으로 보인다. 지방소비시대가 온다는 것은 환경을 생각하고 이웃을 염려하는 공동체적 소비가 자리를 잡아가게 된다는 의미이기도 하다. 따라서 개인의 건강을 중시하는 '웰빙' 소비에서 더불어 이로운 '로하스(LOHAS)' 소비로 본격 전환될 것이다.

　요즘 시작되고 있는 '공유경제'도 표현은 달리할 수도 있겠지만 같은 맥락에서 정착될 것이고, 더불어 고정된 틀 속의 이기적인 유기체보다는 함께 해결하는 공동체, 그리고 직업(job)보다는 자발적 일거리(work)에 더 관심을 갖는 시대가 올 것이다. 즉 이기주의 소비에서 이타주의 소비로 바뀌게 될 것으로 예상된다.

　이러한 지방소비시대가 오면 '고향납세제도' 도입이 탄력을 받게 될 것 같다. 일본에서 성공리에 정착되고 있는 이 제도의 배경은 청소년기에는 지방에서 자란 성인이 도시로 취업을 하거나 도시에서 사업을 하면 세금을 거주지인 도시로 내는 것이 불합리하다는 점에서 출발했다. 자신을 키워준 고향에 일부라도 납세하자는 운동인데 공식적인 세금은 아닐지라도 기부 형태로 고향에 납세하면 기부금으로 처리해서 세금을 깎아주는 방법을 택하고 있다. 고향에 납세하면 고향에서는 특산물을 선물로 보내주는데 그 덕분에 고향의 농·수·축산물 시장이 활기를 띠게 되는 등 2차효과도 있어서 앞으로 논의가 활발할 것으로 예상된다.

그 외에도 로컬푸드 직매장, 제주 올레길이나 지리산 둘레길 같은 지방거리 걷기(롱트레일) 같은 지방중심의 소비패턴이 열리게 될 것이다. 이러한 기반을 구축하기 위해 민관이 협력하는 거버넌스(governance)형 비즈니스모델이 다양하게 선보일 것으로 예상된다. 특히 이 시기에는 도농(都農) 간 거래를 활성화하기 위한 플랫폼을 기반으로 여러 가지 사업모델이 보편화될 것이다. 예컨대 농산물 직거래, 유휴지 공유, 인력 공유와 같은 플랫폼들을 통해 도농 간의 거래가 실시간으로 이루어질 것이다.

정리하면 첫 번째 소비사회는 '도시중심', 두 번째는 '가족중심', 세 번째는 '개인중심' 그리고 마지막으로 네 번째는 앞으로 지속될 '지방중심'이 될 것으로 예상된다. 입지산업이 아니라면 복잡한 도시보다는 농어촌에서 창업을 준비해보는 것도 좋은 방법일 듯싶다.

일본의 '잃어버린 20년'에서 우리의 내일을 본다

우리나라 여러 경제전문기관들이 향후 우리의 경제성장률을 3% 이내로 예측하고 있다. 이 가운데 일부 전문가들은 우리 경제가 일본의 '잃어버린 20년'을 닮아간다는 의견도 내놓는다. 물론 이러한 부정적 예측이 틀리면 좋겠지만 그렇더라도 미리 겪은 일본의 경험은 우리에게는 '학습효과'가 큰 만큼 미리 대비할 필요가 있다.

'잃어버린 20년'은 경제적 해석이다. 풀어보면 '디플레이션과 결합된 경기침체기가 근 20년간 장기적으로 지속됐다'는 뜻이며 시기적으로는 1991~2011년을 말한다. 디플레이션은 경기침체와 더불어 물가도 하락하는 걸 의미한다. 단순하게 생각하면 물가가 하락하기 때문에 서민들의 형편이 더 나아지지 않을까 생각할 수도 있지만 실제로는 그렇지 않다.

상품이 안 팔리면 기업의 수익은 감소하고, 장사가 잘 안되니까 근로자를 뽑지 않거나 내보내야 하고, 급기야는 임금을 동결하거나 줄이게 된다. 이렇게 되면 사람들은 실질임금이 줄어든 만큼 소비를 줄일 수밖에 없고, 소비가 줄어들면 물건이 안 팔리게 되어 기업들은 상품가격을 내리게 된다. 이렇게 저성장의 악순환이 꼬리를 물게 되는 것이다.

장기불황이 지속되면 소비자들은 어떻게 대응할까? 이 부분은 일본 히로사키대학 이수진 박사의 논문을 참조했다. 경기침체가 시작되자 일본 소비자들은 크게 세 가지 유형으로 나타났다. 소비를 줄이는 계층, 소비를 억제하는 계층 그리고 여유가 있는 층으로 구분됐다.

각각의 특징을 보면 '소비를 줄이는 계층'은 경제적으로 가장 취약한 계층인데 가능한 한 지출을 줄이고 절약과 저가격을 지향하게 된다. '소비를 억제하는 계층'은 비교적 소득에 여유가 있기는 하지만 불황기에는 이전 생활수준을 유지할 자신이 없기 때문에 소비를 줄이는 계층과 동일하게 절약을 하게 된다. 그리고 '여유가 있는 층'은 비교적 부유층이기 때문에 경기가 좋을 때만큼 눈에 띌 만한 구매는 하지 않았지만 구매가치가 있다고 판단되면 지출을 줄이지 않았다.

이에 따라 각 계층별 소비성향도 다르게 나타났다. 하지만 불황이더라도 꼭 사야 하는 상품, 즉 생필품은 어느 계층을 막론하고 구매를 한다. 다만 차이점은 '소비를 줄이는 층'과 '소비를 억제하는 층'은 구매량을 줄이거나 저가상품으로 기대치를 낮춰 구매하였다. 이들 두 계층은 백화점에서 구입하던 것을 디스카운트스토어에서 구입했고, 그마저 여력이 안 되면 신상품을 구매하는 대신 리사이클 제품을 이용했다.

실제로 당시 '전국소비실태조사'를 보면 디스카운트 및 양판점에서 사용한 금액이 1994년에는 1인당 월평균 5,400엔이었지만, 10년 뒤인 2004년에는 2배 이상 늘어난 1만3,000엔이었다.

그렇다면 업종별로 어떤 소비변화가 있었는지, 실제로 비싼 업종들은 잘 안 팔렸는지에 대해서도 알아볼 필요가 있다. 모든 업종의 소비패턴을 일반화해서 해석하기는 어렵지만 대표적인 업종 몇 가지를 들여다보면 확실히 저가 업종이 눈에 띄게 성장한 것만은 분명하다.

일단 가계지출 비중이 줄어든 업종으로는 가계 소비지출 총액(100%)을 기준으로 백화점은 9.7%에서 8.1%로, 일반 소매점은 41.6%에서 31.8%로 나타나 가격이 비싸거나 정상인 판매점의 이용률은 줄었다. 하락폭이 큰 또 다른 업종으로는 고가인 보석 전문점이 11.2% 감소했고, 불요불급한 악기 및 CD 전문점 등은 7.2%, 신사복 전문점은 5.7% 떨어졌다.

반면 늘어난 업종으로는 디스카운트스토어가 3.6%에서 9.8%로, 통신판매(요즘으로 치면 인터넷쇼핑몰)는 1.5%에서 2.8%로 각각 늘었다. 또한 슈퍼마켓은 29.4%에서 32.8%로 비중이 늘었고, 편의점도 1.1%에서 1.8%로 늘어났다. 변화가 거의 없는 업종은 생활협동조합인데 5.6%에서 5.5%로 평년 수준을 유지했다. 충성도 높은 조합원 덕분이다.

가계지출 비중이 늘어난 또 다른 업종으로는 캐주얼 의류(+7.3%)와 가구(+7.2%) 등이었고 해외여행자 수도 2008년경에 잠깐 줄긴 했지만 계속 늘었다. 여기서 언뜻 이해가 안 되는 부분도 있을 것 같다. 가구 전문점 매출은 고가인데 왜 늘어났을까? 그것은 '두 번째 소비세대'의 효과로 분석된다. 즉 일생에서 두 번 정도 소비하는 내구제가 가구인데 바꿔야 할 시점이 대체로 은퇴시기이며 베이비부머들의 은퇴가 시작된 시점과 일치한다.

다른 하나는 해외여행인데 사실 일본 국내여행보다 한국이나 중국처럼 가까운 해외여행 비용이 덜 들기 때문이기도 하지만, 불황 스트레스를 저가 해외여행으로 풀어보려는 심리도 작용했다고 일본의 한 연구소는 분석했다.

해외여행자가 늘어난 이유를 우리나라 상황에서 조금 더 들여다보자. 경제 위기설이 나돌던 2016년 추석 때 해외관광을 떠난 여행자 수가 사상 최고치를 기록했다. "이 불경기에 무슨 해외여행이냐"고 생각할지 모르지만 자주 가던 국내여행을 줄이고 그 돈을 모아 단기 배낭여행을 가는 수준이었다. 주요 여행국을 보면 일본 36%, 중국 21%였고, 미주와 유럽은 합해서 9.6%에 불과했다. 단기 저가여행에 집중됐음을 보여주는 통계다.

더 흥미로운 사실은 남녀 비율이 46대 54인데, 그 가운데 20~30대가 47%로 절반에 가까웠다는 점이다. 뜯어보면 젊은이들이 여유 있어 간 것이 아니라 불황으로 인한 피로감 회복과 자존감을 유지하려는 이성소비 행태로 봐도 무방하다.

요약하자면 백화점 같은 비싼 업종은 매출이 많이 줄어든 반면 생활 밀접 업종, 예컨대 디스카운트스토어나 슈퍼마켓, 편의점 등은 많이 늘었다. 장기불황 시대에는 중산층 이하 소득자는 저가로 수렴하고, 고소득자는 구매횟수는 줄이지만 상품의 질은 그대로 유지하는 소위 지성소비 행태를 보였다. 특이한 점은 그 당시 통신판매가 고도성장을 누렸다는 점이다. 그 이유는 맞벌이가 늘어나고 직장인들은 자기계발이 필요하다 보니 여유롭게 쇼핑할 시간이 없었기 때문이다.

그러나 불황기 수혜 업종은 따로 있었다. 언급한 디스카운트스토어와 리사이클 상품을 비롯해서 100엔샵, 280엔 덮밥, 삼각주먹밥, 조각과일, 청바지, 비즈공예 등이 히트 반열에 올랐다. 당시 유행어를 봐도 쉽게 알 수 있는데, 버블이 붕괴되기 시작한 1992년 유행어는 '다운사이징', 1994년에는 '가격파괴'였고, 2007년에는 '무제한 음식'이었다. 1994년부터 2년간 방영된 〈집 없는 아이〉라는 드라마가 있었는데 그 대사 중 히트했던 말이 "동정하려면 돈을 달란 말이야"였을 정도로 생존에 더 무게가 실렸던 때다.

반면 한 번 올라간 소비수준이 쉽게 후퇴하지 않는 현상, 즉 '톱니효과'가 유지되기도 했다. 명품의류에 익숙했던 계층은 소득이 줄었지만 무명브랜드를 입지 않고 구매횟수를 줄이거나 중고명품점을 찾았다. 여러 명품을 한자리에서 20~30% 싸게 파는 편집매장이나 중고명품점이 상종가를 친 시기가 바로 잃어버린 10년차의 시기다. 우리나라도 병행수입제가 허용된 1996년부터 편집매장이 나타나기 시작했고, IMF 직후에 강남의 청담동을 중심으로 중고명품점이 들어선 점과 일맥상통한다.

그렇다고 모든 소비자가 싼 것만 고집하지는 않았다. 일본 노무라종합연구소가 '잃어버린 20년' 동안 일본인의 구매행동을 조사한 보고서를 보면 '값은 싸지만 실제로 품질은 뒤지지 않는 제품'을 주로 구입한 것으로 나타났다. 구체적으로 보면 불황이라도 무명보다 유명메이커를 선호했는데 2000년에 32.9%이던 것이 2003년에는 34.1%, 2006년에는 38.4%로 오르더니 다시 3년 뒤인 2009년에는 44.3%까지 올랐다는 점이 이를 뒷받침한다.

반면 "어찌됐건 싸면 무조건 산다"는 소비자는 2000년에 50.2%였지만, 10년 뒤인 2009년에는 45.4%로 5%가량 떨어진 것으로 분석했다. 다시 말하면 싼 가격이 소비의 기준이 되기는 하지만 그것만이 단일기준은 아니라는 것이다. 그럼에도 소비횟수가 줄게 되면 결국 싸게 팔아야 기업 생존에 도움이 된다는 결론을 얻을 수 있다.

이렇듯 일본의 '잃어버린 20년' 동안 소비행태의 변화를 보면 창업자들이 관심을 가져야 할 업종들이 한눈에 들어온다. 신업종보다 전통업종으로, 퓨전음식보다 단품중심으로, 양식보다는 면류업종으로 가는 것이 안전할 것으로 보인다. 또한 가격은 중가는 없고 '하이앤로우(High and low)' 정책이 유리하다. 무엇보다 창업자들이 과거와 같이 재테크 수단으로써의 창업보다 자존감을 살리면서 사회참여에 가치를 둔 자세가 멀리 가는 방법이라 판단된다.

로봇은 어느 업종에
먼저 도입될까?

10여 년 전, 일본을 갔을 때 우연히 로봇라면 전문점을 방문하게 됐다. 30여 분을 기다린 끝에 들어선 가게 안에는 큼지막한 두 대의 로봇이 쉴 새 없이 라면을 끓이고 있었다. 로봇 아이디어를 낸 창업자는 원래 자동차 제조업체에서 근무하다 퇴역한 로봇을 갖다 사용했지만 인기는 대단했다. 최근 로봇라면 전문점이 중국에도 오픈했다.

그로부터 10년 후, 과거 조립생산과 제조공정에 주로 투입되던 로봇이 이제는 농업은 물론 서비스업까지 확대되고 심지어는 금융, 의료 등 지식서비스업까지 진출하고 있다. 정보기술 조사전문기관인 IDC(International Data Corporation) 보고서에 따르면 로봇시장은 최근 연평균 22.8% 성장해서 2021년이면 시장 규모가 2,307억 달러가 될 것이라고 한다.

지금까지는 제조업 위주로 로봇이 투입되었는데, 2018년에는 제조업과 서비스업에 투입되는 로봇의 수가 비슷할 것으로 예측됐다. 향후 5년간 로봇시장에서 급속한 확대가 예상되는 부문으로는 화물처리 포터(71.6%), 교육보조(68.3%), 배달(60.6%), 정밀 농업 및 농작물 관찰(58.4%), 파종 이식(56.4%) 등으로 예측됐다.

모바일 로봇과 협동 로봇기술의 발전으로 기존의 공업 생산 프로세스에 포함되지 않은 새로운 영역에서 로봇 도입이 현실화되고 있는 것이다. 실제로 종업원 수는 16만 명을 돌파한 아마존은 창고관리와 배송 등 노동집약적 작업은 일찍부터 로봇기술을 도입했고, 나아가 2015년부터는 물류 배송의 편리함을 위하여 드론을 출시하기도 하였다.

이를 위하여 아마존은 '프라임 에어(Prime Air)'라는 미래형 배송시스템 구축을 서두르고 있다. 아마존 운송센터에서 10~20킬로미터 반경 안에 들어오는 짧은 거리는 드론을 이용해서 5파운드 미만의 소형 화물을 배송하는 것이 목표다.

이처럼 로봇은 산업분야를 넘어 생활 속으로 들어왔다. 이쯤해서 창업자들은 로봇 활용방안을 미리 그려보는 것이 좋을 것이다. 최저임금이 빠르게 올라가고 갈수록 심각해질 구인난을 감안하면 로봇의 도입은 시급한 과제일 수도 있다.

지금까지 자료를 종합하면 로봇이 대체 가능한 일자리 종류로 제조업에서 생산성을 높여주는 소위 생산효율화 분야, 위험한 환경에서 일해야 하는 작업대행 분야 그리고 어린이나 노인 등의 생활지원 분야 등이 손꼽힌다.

해외 사례를 통해 몇 가지를 먼저 보자. 일본 나가사키에 로봇호텔이 등장했다. 투숙객 접수에서부터 포터로봇, 청소로봇 등이 인간 대신 일을 한다. 이 호텔의 사례를 보면 어떤 직군에서 로봇을 이용하면 좋을지 판단해볼 수 있다. 언급한 바 포터서비스나 청소는 일단 가능하다. 청소의 경우, 물청소도 가능한데 현재 출시된 청소로봇은 연속 구동시간이 90분, 물청소는 60분에 불과하지만 앞으로 더욱 고도화될 것이 분명하다. 나가사키는 매년 4월이면 일본 개항을 테마로 대규모 축제가 있으니 겸사겸사 숙박해보는 것도 좋을 것 같다.

이러한 로봇을 이용한 청소대행업도 가능할 것으로 예상된다. 조금 다른 시장이긴 하지만, 얼마 전 미국의 펜실베이니아주립대와 볼보(Volvo)가 연구 중인 청소로봇 데모버전이 공개되었다. 작은 드론과 집게로봇을 실은 청소차가 현장에 도착하면 드론이 떠서 위치를 파악하고 집게로봇에게 신호를 보내서 수거하게 하는 시스템이다.

운전자만 사람이고, 쓰레기 수거는 로봇이 정확하게 처리한다. 아직 데모버전이긴 하지만 얼마 안 가서 사람을 대체할 가능성이 크다. 실제로 뉴욕에서 밤 7시부터 새벽 3시까지 트럭을 몰고 쓰레기를 수거하는 미화원의 연봉이 평균 4만 달러로 대단히 고임금이라 도입을 서두르고 있다. 참고로 같은 시간 청소근로자의 임금이 일본은 300~500만 엔, 우리나라는 평균 1,800만 원 정도다.

'탁구로봇'이 있는 탁구장도 있다. 기원에 혼자 바둑 두러 가면 주인이 대국을 해주듯이 혼자 탁구 치러 간 사람을 로봇이 상대해주는 것인데, 웬만한 선수 수준이라고 한다. 사실 요즘 주가가 오르고 있는 당구 로봇이 있다면 판로가 확실할 것 같은데 아직 그 수준은 아닌 것이 아쉽다.

커피 전문점 서빙 로봇은 이미 영향권에 들어왔다. 가정용 커피비서 로봇은 이미 상용화됐고, 로봇이 서빙하는 가게도 일본에 등장했다. 나아가 바리스타 역할까지 조만간 해낼 것으로 보이는데 블렌딩 기술을 입력해두면 손님의 요구에 따라 정확하게 블렌딩 해서 서비스할 수 있을 것이다.

중국에는 만두를 빚는 로봇이 있다. 만두 외에도 햄버거를 만드는 로봇, 튀김로봇 등 반복적으로 해야 하는 일이거나 다소 위험한 일들을 앞으로 로봇이 대신하게 될 것이다.

일본에는 반려로봇도 등장했다. 강아지나 고양이 같은 반려동물을 대신해서 주인의 말과 행동에 반응하는 로봇이다. 강아지 한 마리 키우는 데 생애 사육비용으로 약 1,400만 원이 드는데 반려로봇은 비용을 낮출 수 있다. 뿐만 아니라 간단한 커피 심부름이나 청소까지 해주는 기능과 감정을 나눌 수 있는 기능까지 개발된다면 앞으로 수요가 더 늘어날 것이다.

로봇이 매출을 올려주는 점포도 여러 군데 있다. 입구에 들어오는 손님을 분석해서 영업전략을 짜내는 로봇인데, 기존 고객 데이터를 마이닝 해서 손님에게 맞는 음악을 선곡하거나 상품을 추천하는 방식으로 활용되고 있다.

콜센터도 일자리가 대부분 로봇으로 대체될 것으로 예상된다. 심지어는 과일 따는 로봇도 등장했는데, 앞으로 '추수대행 로봇파견업'이 생기지 않을까 생각된다. 영국 옥스포드대학의 두 교수가 발표한 논문 〈고용의 미래(THE FUTURE OF EMPLOYMENT)〉에서 2025년까지 702개의 직종이 로봇에게 일자리를 내줄 것이라고 했다. 일본에서도 2015년 12월 노무라 종합연구소가 일본에 있는 601개 직종에서 "일본 노동인구의 49%가 인공지능과 로봇 등으로 대체될 것"으로 내다봤다.

잠시 종업원의 최적인원을 고민해보자. 로봇을 채용하려는 목적도 결국 인건비를 줄이기 위한 전략 가운데 하나다. 비행기 승무원을 예로 들어보자. 현존하는 최대 여객기인 A380 기종의 경우 승객 수에 따라 18~24명의 승무원이 탑승한다. 국내 항공사들이 가장 많이 이용하는 A330이나 B777 기종에는 최대 12명 정도가 타며, 일반석에는 승객 50명당 1명 정도의 승무원이 배치된다. 이 숫자가 항공서비스의 최적인원인 셈이다.

사업도 마찬가지로 최적인원을 활용해야 수익을 극대화할 수 있다. 업종에 따라 다르지만 유명 갈비집의 경우, 일매출 30만 원이 추가될 때마다 서빙을 1명 더 늘리고, 즉석김밥집은 일매출 15만 원이 늘어날 때마다 1명씩 늘린다고 한다.

이처럼 다양한 분야에서 로봇이 도입되거나 사람을 대체할 것으로 보인다. 구인난과 임금문제가 염려된다면 로봇 채용도 고려해볼 만하다. 초기에 도입하면 홍보효과도 크게 나타날 것이다.

05 빅데이터가 밝혀낸 '가려진' 사실들

IQ 210의 '천재소년'이라 불리던 김웅용 박사가 미국항공우주국(NASA)에서 근무하다 귀국했다. 어느 날, 산책을 하고 싶어 여의도 고수부지를 찾았다. 한참을 걷다가 무료할 즈음, 문득 옆을 보니 한 어린이가 같은 방향으로 걷고 있었다.

김웅용이 이 소년에게 물었다.

"너는 IQ가 몇이나 되니?"

"230이요."

김웅용은 '이 아이한테는 신학이나 철학을 한 수 배워야겠구나' 생각하며 많은 얘기를 나눴다.

조금 더 걷다가 귀엽고 예쁘게 생긴 소녀를 만났다.

소녀에게도 IQ를 물었더니 154라고 한다.

'음, 그렇다면 이 아이하고는 수학이나 과학을 얘기하면 어울리겠군.'

한참을 얘기하던 중 소녀는 엄마가 부른다며 가버렸다.

피곤해질 때쯤 갑자기 원숭이가 청개구리를 머리에 이고 뛰어와서 재롱을 부렸다.

'음, 이 원숭이는 IQ가 90 정도 될 테니 주식을 얘기하기 딱 좋겠어. 청개구리는 영혼이 없을 테니 정치 얘기를 하면 무료하지 않겠지?'

해 질 무렵이 돼서 집에 들어가려던 찰나 어느 청년이 헐레벌떡 뛰어가며 김 박사 곁을 지나갔다.

IQ를 물어볼 겨를이 없어서 결론부터 물었다.

"당신은 직업이 뭡니까?"

청년은 힐끔 쳐다보면서 "창업가요"라며 휙 지나갔다.

김웅용은 그를 향해 "형님" 하며 납작 엎드렸다.

내가 구성해본 픽션이다. 이야기에 등장하는 IQ 230의 어린이는 테렌스 타오(Terence Tao)로 신학자가 아닌 수학자이고, IQ 154의 소녀는 샤론 스톤(Sharon Stone)인데 수학자도 과학자도 아닌 영화 〈원초적 본능(1992)〉으로 빛나는 미녀 배우다. IQ에 따라 직업이나 업종이 정해지는 것은 아니라는 뜻이다(이름 사용에 흔쾌히 응해주신 김웅용 신한대학교수에게 감사드린다).

마지막에 등장한 김웅용이 엎드려 인사했던 사람은 창업가의 전설이 된 애플의 고(故) 스티브 잡스(Steve Jobs)다. 그런데 천재소년 김용웅은 왜 스티브 잡스에게 무릎을 꿇었을까? 창업은 IQ나 논문으로 해결할 수 없는 다차원의 셈법이라서 감히 넘볼 수 없는 사람이기 때문이다.

실제로 IQ나 논문으로 알 수 없는 비밀이 빅데이터에 숨어 있다. 소비자의 마음은 아침저녁으로 바뀌고, 장소나 철에 따라서도 수시로 바뀐다. 그래서 빅데이터를 분석하다 보면 예상을 뛰어넘는 산출물이 나오는 경우가 더러 있다. 단순히 감으로 접근하려는 창업자들은 눈여겨볼 필요가 있다. 몇 가지 사례를 보자.

편의점을 분석하던 중 '고한'이라는 낯선 지역에 11개의 점포가 있는데 평균매출액이 1억4,700만 원이나 됐다. 한 번도 들어보지 못한 지명이라 자세히 보았더니 카지노가 있는 정선군의 읍 이름이었다. 현장을 둘러보니 돈 잃고 집에 들어가지 못하는 카지노 난민들이 편의점의 가공식품으로 연명하고 있었다. ●

우리나라는 아시아에서 오직 하나의 업종으로 하나의 상권을 이룬 곳이 가장 많은 나라이다. 대표적인 예로 강구의 '대게 전문점'을 들 수 있다. 대게 전문점을 분석하다가 이상하리만치 카드매출이 적게 나타나 현지 실사를 했다. 그 결과 현금 비율이 70%에 걸려 있었다. 박달대게는 한 마리만 해도 18만 원이 넘는 큰돈인데 왜 현금으로 결재를 할까? 결론은 동행자들이 가족 관계가 아니었기 때문이다. 실제로 대구 소재 대학의 한 교수는 카드로 썼다가 부인의 탐문조사(?)에 걸려 이혼한 사례도 있다고 한 점주가 귀띔해준다.

압구정 로데오 상권을 묵사발로 만들어놓은 신사동 가로수길을 분석

● 전국 편의점의 읍면동 상위 매출지역(2013년 기준)

순위	행정 동	평균매출(원)	점포 수(개)
1위	경기도 수원시 매탄 3동	152,725,518	26
2위	강원도 정선군 고한읍	147,860,753	11
3위	서울특별시 서초구 서초2동	133,610,728	23
4위	서울특별시 서대문구 충현동	129,199,925	13
5위	서울특별시 서초구 서초4동	120,964,824	19
6위	서울특별시 관악구 서원동	112,238,012	12
7위	경기도 화성시 진안동	110,126,386	26
8위	경상남도 거제시 장평동	109,077,782	24
9위	경기도 안양시 부림동	108,223,340	16
10위	충청남도 아산시 배방읍	107,101,064	29
11위	강원도 평창군 봉평면	105,601,660	10
12위	서울특별시 서대문구 신촌동	102,647,337	38
13위	경기도 수원시 태장동	102,457,697	15
14위	서울특별시 관악구 행운동	99,491,771	11
15위	강원도 양구군 양구읍	99,056,396	10
16위	경기도 화성시 동탄1동	98,790,312	46
17위	제주특별자치도 서귀포시 표선면	98,613,428	10
18위	경기도 수원시 곡선동	95,467,596	20
19위	부산광역시 사하구 하단1동	91,820,844	10
20위	경기도 구리시 인창동	91,546,043	10

하던 중 색다른 사실을 발견했다. 이곳은 주로 25~35세 여성이 즐겨 찾고, 카드매출도 높을 것이란 예상이 깨졌다. 40~45세 구간의 남성비율이 43%나 됐다. 남자의 신용카드는 배우자 혹은 대척점에 있는 자녀

가 쓴다는 가정을 해봤다. 이 경우 배우자도 30대 후반~40대 초반이어야 하고, 자녀는 고등학생 정도일 테니 이마저도 해석이 안 된다. 결론은? 가족이 아닌 누군가에게 돈을 썼다는 얘기가 된다.

미용실은 청담동과 이대 앞이 양대 상권이다. 두 곳의 회당 평균 결제액은 '9만 원 대 3만5,000원'이다. 청담동은 50~55세의 여성 비중이 가장 높고, 이대 앞은 20~25세가 많다. 분석 결과 청담동은 유한마담들의 소위 '예술파마'가 많았고, 이대 앞은 젊은 층의 커트가 많았다. 중년 여성들이 예술파마로 40여만 원씩 쓴다는 사실도 처음 알았다.

병의원을 분석해보면 상당히 우울해진다. 이비인후과의 평균 회당 결제액은 7,800원인데 치과는 16만 원, 성형외과는 44만 원이다. 이비인후과는 건강보험이 적용되니 30%만 부담하면 되지만 후자의 두 진료과목은 비보험이다. 그럼 누가 이렇게 큰돈을 갖다 바쳤을까? 월별 매출액을 분석해보면 해답이 바로 나온다. 치과는 7~8월 여름방학 때, 피부과·성형외과는 겨울방학 때 최고 매출을 찍은 걸로 봐서 고객 대부분 학생들이고 치료보다는 성형에 투자하고 있다는 것을 알게 된다. 반면 돈을 벌어 처자식의 기분을 맞춰줘야 하는 45~55세 남성은 속 쓰리고 눈 안 보이고 걷기 불편해지면 어쩔 수 없이 가야 하는 내과·안과·정형외과, 소위 의료보험 적용이 가능한 상병에서 비중이 가장 높다.

이렇듯 빅데이터에는 상식으로 해석이 안 되는 팩트(fact)가 숨어 있다. 창업을 머리로만 승부할 수 없는 이유가 여기에 있다.

찾아가는 서비스, 컨시어지(Concierge) 경제에 돈이 몰린다

최근 세계적으로 '컨시어지 이코노미(concierge economy)'가 중요한 트렌드로 떠오르고 있다. '컨시어지'는 옛날 중세시대 성(castle)에 딸린 각 방의 초를 관리하는 집사를 뜻하는 말이었지만, 요즘은 호텔 앞에서 유니폼 입고 차문을 열어주고 발레 파킹(Valet parking) 해주는 서비스맨을 지칭하는 말로 쓰인다.

한마디로 말하면 집사다. '집사경제'라는 말이 무슨 의미일까? '컨시어지 이코노미'는 서비스를 대신해주는 집사들을 활용한 비즈니스 시장이 커지다 보니 '경제(economy)'가 붙었다. 대표적인 집사경제 모델이 바로 우버택시이다. 우버는 모바일 차량예약서비스를 전문으로 하는 애플리케이션으로 승객과 운전기사를 스마트폰 버튼 하나로 연결하는 모바일 플랫폼이다.

다시 말하면 택시가 필요할 때 휴대폰으로 누르기만 하면 즉시 달려오는 콜택시인 셈. 중세가 배경인 영화를 보면 영주가 노란 작은 종을 쳐서 집사를 부르는 장면이 가끔 나오는데, 마치 그 종을 치는 것처럼 스마트폰을 누르기만 하면 운전기사가 달려오는 장면이 흡사 컨시어지와 유사하다고 해서 나온 말이다. 최근 어느 군 장성이 병사 손목에 벨 시계를 차게 해서 시도 때도 없이 호출했다는 씁쓸한 뉴스도 있었는데, 이것이 컨시어지다.

이런 비즈니스는 왜 필요할까? 소비시간 대비 대행효과가 더 크기 때문이다. 소위 자신의 생산적 시간소비를 위해서 남의 시간을 돈으로 사는 것이다. 이런 사업은 대행업으로 나타나는 것이 일반적이다. 그런데 대행업을 들여다보면 크게 두 가지 행태로 구분된다.

하나는 설득이나 분석이 필요한 일, 예를 들면 변호사, 변리사와 같은 경우는 지식대행이고, 다른 하나는 심부름, 택배와 같이 근육을 주로 사용하는 단순대행업으로 구분할 수 있다. 컨시어지 경제는 지식대행이라기보다 근육대행 쪽으로 보면 되는데, 이러한 오프라인 근육서비스업종을 웹이나 앱 등 기술과 연동해서 일어나는 시장을 말하는 것이다.

그래서 집사경제를 '협동의 경제'라고 하는 사람도 있다. 한편으로는 정규직이 아니라고 해서 '임시직 경제', 적은 돈으로 부려먹는다고 해서 '노예경제'라는 극한 표현을 쓰는 학자들도 있다. 무슨 시장이든 양지와 음지가 공존하거나 부득이하게 충돌하는 경우도 많기 때문에 단정하기는 어렵다. 어찌됐든 도우미경제는 메가트렌드인 것만은 분명하다.

그러나 일부 업종은 정부의 규제를 받기도 한다. 노예경제라서가 아니라 시장충돌 문제가 벌어지기 때문이다. 서울시가 우버택시를 불법 영업으로 규정하고 단속하는 것도 기존 일반택시 시장과 충돌하기 때문이다. 비단 우버택시뿐 아니라 앞으로 기존시장과 혁신기술 사이에서 불가피하게 논쟁이 두고두고 일어날 가능성은 있다. 그러나 결국에는 규제로 해결될 문제가 아니라는 점을 알게 될 것이다.

컨시어지 비즈니스로 또 어떤 것이 있을까? 우리나라에서는 아직 없지만 해외에서 활성화된 도우미서비스를 몇 가지 보자. 우리나라 가사도우미처럼 빨래를 대신해주는 와시오(Washio)라는 서비스가 있는가 하면 여행가방을 이동·관리 해주는 제트블루(Jet blue)도 여성 여행자들에게 상당한 인기를 얻고 있다.

은행이나 우체국서비스를 해주는 십(Shyp) 앱도 있는데 반복적인 일이거나 다량의 우편물 발송에 주로 이용된다. 우리는 아직 법적인 문제로 도입이 어렵지만 의사를 보내주는 힐(Heal)이라는 앱도 있다. 앞으로는 어느 혁신가가 병원과 손잡고 도전할 가능성은 있다.

요리를 대신해주는 스프릭(sprig) 앱도 인기다. 우리나라로 치면 출장요리사 파견이다. 지금은 대부분 여성단체나 NPO 등에서 하고 있지만 앞으로 이런 서비스도 혁신기업의 먹이사슬이 될 가능성이 높다. 그 외에도 주차대행, 안마사를 불러주는 앱, 술을 배달해주는 서비스까지 웬만한 오프라인 서비스는 거의 스마트폰(app) 안으로 들어왔다.

언급한 아이디어들을 우리나라에 도입하면 우버택시처럼 시장충돌이 일어나는 아이디어도 있고, 안마사나 술처럼 국민정서상 적절하지 않은 아이디어도 있을 수 있다. 하지만 현재도 웹으로 서비스하고 있는 가사도우미나 파견요리사 등은 가능성이 충분하다.

생각을 약간 비틀면 새로운 서비스모델을 찾을 수 있다. '30분세차 서비스'는 어떨까? 전국 어디서나 30분 이내에 서비스해줄 수 있다면 상당히 인기가 있을 것이다. 잠깐 약속이 있는 사람들은 주차비로 세차까지 할 수 있어 일석이조다. '동네할머니 산모 도우미'는 또 어떤가? 응급상황에서는 119를 부르면 되지만 잠시 아이를 맡겨야 하는 경우나 산모마사지 같은 서비스 등이 필요한 경우, 가까이 사는 60대의 노인에게 연결해주는 서비스가 있다면 산모도 안전하고 노인의 일자리도 창출되는 일석이조의 효과가 있을 것 같다.

할머니 말이 나왔으니 한 가지 덧붙여보자. 한국국학진흥원에서 신청을 받아 서류 및 면접전형을 통해 선발하는 '이야기할머니' 제도가 있다. 70여 시간 동안 구연 등에 관한 이론 및 실기, 생활예절 등 인성교육 지도자로서의 기본적 소양 관련 교육 등을 이수하면 최종적으로 이야기할머니로 활동하게 된다.

이 할머니들은 유아원 같은 곳에 찾아가 아이들에게 동화도 들려주고 옛날이야기도 해주는 역할을 맡는데, 유아원에서는 물론이고 할머니들 사이에서도 선풍적인 인기를 끌고 있다. 말이 할머니지 요즘 시대에는 거의 중년이나 다름없고, 고학력자도 많아서 '젊은 할머니'들을 잘 활용하면 또 다른 사업모델이 많이 나올 듯싶다.

컨시어지경제와 좀 다른 얘기지만 나의 경험을 더해본다. 예전에 울산에서 간호사 한 분이 찾아왔다. 할머니 한글교실을 하려고 하는데 교재를 만들게 도와달라는 것이었다. 할머니가 병원에 오셨는데 알고 보니 글을 모르더란다. 좀 친해지니까 "은행에서 돈을 찾아야 하는데 같이 가달라"는 부탁을 받고 힌트를 얻어 '할머니 한글학교'를 생각하게 됐다는 것이다.

이 간호사도 처음에는 한 분만 가르쳐줬는데 알음알음 모여들더라는 것이다. 특히 울산은 땅을 가진 농촌사람들이 갑자기 부자가 된 경우가 많아서 남모르게 고민하는 할머니들이 많다고 귀띔해준다. 그렇게 본다면 일산이나 동탄 같은 신도시에서는 가능한 사업이 아닐까 싶다.

이렇듯 컨시어지 비즈니스는 다양한 시장이 있다. 특히 '찾아가는 서비스' 시대를 맞아 기존 업종에서도 컨시어지를 활용한 마케팅 전략들이 대거 등장할 것으로 보인다. 갑자기 집에 찾아온 손님을 위해 스타벅스가 고객의 집으로 커피와 간단한 간식을 배달해주는 '홈파티' 서비스를 미국에서 시작한 것처럼 말이다.

이러한 컨시어지경제가 성장하게 될 배경은 다음 세 가지로 요약된다. 첫째, 온·오프라인의 경계가 허물어져서 시장을 크게 확대할 수 있다는 점. 둘째, 일을 대신해줄 지역컨시어지(local player)를 쉽게 조직화할 수 있다는 점 그리고 온·오프라인의 엣지(edge), 즉 접점서비스가 가능하다는 점 때문에 시장은 더욱 커질 것으로 예상된다.

찾아가는 서비스. 이는 앞으로 기존 기업이나 창업가에게 아주 중요

한 키워드다. 시간과 공간을 초월해서 언제 어디든 찾아가 서비스해줄
수 있는 아이디어만 있다면 고객모델링을 통해 전혀 다른 시장의 비즈
니스모델을 만들 수 있을 것이다.

유동인구가 많으면
무조건 잘될까?

유동인구는 어떤 업종에서나 '창업 성공'의 보증수표일까? 이를 확인하기 위해서 전국 역세권 유동인구 수를 기준으로 30위까지 순위를 매긴 다음, 상권 활성화 정도를 알아보기 위하여 각 역세권의 자영업종 162개 전체 매출을 합산했다.

유동인구 일평균 22만 명으로 전국 1위인 강남역이 당연히 자영업종 합산매출 1위일 것으로 예상했지만, 실제로는 경기도 안양역이 1위로 나타났다. 강남역은 6번 출구를 기준으로 반경 500미터 이내를 모두 더해보니 전국 7위에 불과했다. 안양역은 주변에 20여 개의 학교가 있고 배후에 아파트단지가 받쳐주고 있는 데다 인근에 마땅히 갈 곳이 없어서 오후 5시만 되면 청춘들이 들썩이는 곳이다. 흘러가는 상권이 아니다.

종합매출 2위는 강남역의 1/2밖에 안 되는 종각역이었고, 3위는 분당 서현역, 4위는 천호역이었다. 대학가인 신촌역은 유동인구 순으로 보면 10위인 11만 명이었지만, 종합 매출규모는 5위에 랭크됐다.

이렇듯 유동인구와 상권 활성화와는 크게 관련이 없는 것으로 나타났다. 나의 오랜 컨설팅 경험과 빅데이터 분석 결과를 종합해보면 유동인구보다 상권 특성이 더욱 중요하다는 것을 확인할 수 있다. 예컨대 편의점이나 분식집은 유동인구에 민감한 선(線) 업종이어서 유동인구가 중요한 입지조건이 되지만 갈비집이나 스파게티 전문점과 같은 목적구매형 업종은 유동인구에 크게 영향을 받지 않는다.

실제로 광화문에서 집회나 콘서트가 있으면 편의점 매출은 평소보다 200% 이상 오르기도 하지만, 갈비집 이나 스파게티 전문점 매출의 매출은 7% 정도 더 오르는 수준에 불과하다.

잠시 역세권별 소비성향을 들여다보자. 우선 강남역은 주점과 의료기관, 이동통신기기점 등의 매출규모가 크고, 여성의류와 화장품 등 소위 패션업종이 잘되는 편이다. 반면 홍대 앞은 피자, 돈가스, 호프맥주, 분식, 치킨집 등 먹을거리가 상대적으로 강세다.

이대역 주변은 미용실과 액세서리, 네일케어 등 서비스 업종이 잘되지만, 영등포역 상권은 유흥주점과 한식이 다른 업종에 비해 우세하다. 강남과 강북으로 크게 나누면 강남은 패션 관련 업종, 강북은 음식업종에서 강하고, 공통으로 잘되는 업종은 한식과 여성의류 그리고 성형외과 등이 역세권에서 약진하고 있다.

유동인구 데이터를 성별로 구분하기는 어렵지만 신용카드 데이터로 보면 대체로 의류업종이 잘되는 지역 연령대는 대체로 20대 후반~30대의 직장 여성이 많다는 것을 알 수 있다. 이들 계층의 소비특징은 '옷 살 일과 밥 먹을 일' 두 가지를 해야 할 경우 "옷부터 사고 밥 먹자"고 할 정도로 쇼핑에 관심이 많은 층이다.

그래서 배후상권에 여성에게 잘 어울리는 깔끔한 음식점들이 따라 들어오게 되는데 실제로 의류 중심의 가로수길보다 세로수길에 양식업종들이 많이 입점하고 있다는 사실을 확인할 수 있다. 따라서 창업자들은 살아나는 역세권에 의류점이 많이 생긴다면 굳이 대로변에 비싼 비용을 들여 음식점을 차리지 말고, 후미진 곳에 입점하는 지혜가 필요하다.

물론 유동인구가 많은 역세권이 일반지역보다 우세한 건 맞다. 서울만 한정해서 보면 초광역 역세권은 총 8개가 있다. 그중 강북에 5개, 강남에 3개가 있는데 이들 지역의 총 매출액을 합산해보면 서울지역 자영업자가 올리는 총 매출액 대비 83%를 차지했다. 풀어서 이야기하면 서울에서 장사하는 자영업자 모두가 100원을 벌었다면 그 중 83원은 역세권에서 팔았다는 얘기다.

그렇다고 해서 무작정 역세권이 좋다고만 생각하면 잘못될 수도 있다. 역세권도 살아나는 상권으로 해야 하는 건 기본이고, 투자 대비 수익성을 고려해야 하기 때문에 음식업이라면 비싼 대로변보다는 배후 후미진 곳으로 선택해야 한다는 점이다.

또 한 가지 주목해야 할 점은 '목적구매형 업종', 예를 들면 전자제품이나 대게 전문점, 장어구이 전문점처럼 손님이 어떤 목적을 가지고 찾아가야 하는 업종의 특성이다. 이 업종은 굳이 역세권을 고집하지 않아도 된다. 꼭 필요한 물건이나 먹고 싶은 음식은 찾아가기 때문이다. 또한 먹는 시간이 긴 업종, 예컨대 한정식이나 갈비집 같은 경우도 역세권보다는 오히려 주차가 편한 비역세권으로 자리를 잡는 것이 유리하다.

정리하자면 편의점이나 충동구매 효과가 높은 패션업종 그리고 주점과 같이 유동인구가 많아서 잘되는 업종은 당연히 역세권이 유리하지만, 소비자들이 구매목적을 가지고 찾아가는 업종은 굳이 역세권 대로변에 비싼 임대료 줘가면서 들어갈 필요가 없다.

지도(Map)로부터 출발하는 플랫폼비즈니스

2015년 6월 이후, '지도의 강자' 구글이 우리나라 지도데이터의 반출을 줄기차게 요구하고 있다. 이에 대해 두 가지 여론이 팽팽하게 맞선다. 우리가 해외에 진출하기 위해서는 반출 요구에 응해야 한다는 주장과 안보를 위협받을 수 있기 때문에 반출해서는 안 된다는 주장이다.

나는 두 가지 이유, 즉 '지도는 왜 안보를 위협하는가' 그리고 '지도는 미래산업에 어떤 영향을 미치는가'에 대한 관점에서 접근해보려고 한다. 결론부터 이야기하면 지도반출은 잘못 사용하게 되면 분명 안보를 일부 위협할 여지는 있지만, 미래 동력인 제4차산업의 완성도를 높여가기 위해서는 일부의 우려를 감안하고라도 산업고도화를 위해 반출을 허용해야 한다는 생각이다.

우선 첫 번째 이유인 '안보'에 대한 문제를 지도의 역사적 관점에서 해석해보자. 지도의 역사는 영토 확장의 역사와 맥을 같이한다. 우리나라보다 먼저 개방한, 그래서 선진화를 먼저 이룩한 일본을 중심으로 그 이유를 되짚어보자.

1571년, 일본의 나가사키 항에 정체불명의 외국 선박이 표착을 시도한다. 포르투갈 선박이다. 마카오를 점령하고 나아가 일본으로 영역을 확장하기 위해 파견된 선박이었다. 나가사키 항에 입항하려는 이유는 크게 세 가지다. 선교활동과 교역 그리고 바로 영토 확장이다. 이들은 포교활동을 하다가 1581년 추방되고 급기야 기독교인 26명이 처형되기에 이른다.

다음으로 개방을 요구한 나라는 네덜란드이다. 1641년, 네덜란드 선박이 영토 확장을 위해 탐험하다 나가사키 항에 표착한다. 일본은 포르투갈의 포교활동에서 얻은 교훈으로 이들을 인공 섬인 데지마에 제한적으로 거주하도록 허락한다. 네덜란드가 이곳까지 오게 된 도구는 서쪽지역을 그려넣은 지도본이 있었기 때문에 가능했다.

포르투갈과 네덜란드에 이어 나가사키 항에 들어온 나라는 영국이다. 1854년, 일본과 영국은 일영(日英)화친조약(Anglo-Japanese Friendship Treaty)을 체결했다. 이후 일러화친조약, 일미수호통상조약 등이 연이어 체결된다. 이들 나라의 개항요구 목적은 명목상 화친 혹은 무역을 말하지만 실제로는 영토 확장에 있었다.

일본은 이렇게 외세의 개항요구에 굴복해서 반강제적으로 개항했지만, 이러한 경험을 바탕으로 조선에 개항을 요구해 결국 강화도조약을 이끌어낸다. 그때가 1876년이다. 당시 일본이 조선에 요구한 조건이 바로 해변 측량이다. 즉 침략(영토확장)을 위한 지도 만들기의 일환이었다.

그렇다면 당시 포르투갈과 네덜란드 그리고 영국은 어떤 나라였을까? 포르투갈은 15~16세기에 세계 최대의 영토를 가진 나라다. 18세기 중반 나폴레옹의 침략과 브라질의 독립 이후 국력이 쇠퇴했지만 이전까지는 해양왕국의 지위를 누린 나라다. 정확한 해상지도가 있었던 덕분이다. 네덜란드가 포르투갈에 스파이를 보내 브라질 해안을 지나 희망봉까지 가는 항로지도를 훔쳐온 것만 봐도 당시 포르투갈이 지도 선진국임을 가늠하게 한다.

네덜란드도 측각기(測角器)를 사용해서 처음으로 삼각측량을 해 과학적인 측량에 의한 지도작성법을 고안해냈다. 이 기술은 나중에 방위판과 직선을 이용해 만든 '메르카토르' 지도(1569년)로 발전한다. 이러한 고도화된 지도 덕분에 무역을 통해 대표상품인 청어를 수출할 수 있었고, 더불어 선박건조기술과 항해술이 발달하는 계기가 됐다.

영국은 어떤가? 당시 영국은 양을 방목하여 생활을 이어가던 유럽의 변방에 불과한 나라였다. 그런데 어떻게 '해가 지지 않는 나라'가 됐을까? 유럽 강대국들이 아시아로 진출할 때 영국은 인도로 진출해 교두보를 만들었다. 영국이 인도 땅을 밟아보니 인도에는 목화 재배가 주산업이었는데 양모보다 자원이 풍부한 데다 목화솜이 더 따뜻한 것을 알고 이를 자국으로 들여다 면직물을 만들어내기에 이른다.

이 면직물을 대량 생산하기 위해 직조기계를 발명했다. 컨베이어벨트가 도입되면서 생산성이 크게 향상됐다. 유통을 신속하게 하기 위해 증기기관차를 만들어 바로 2차산업혁명 시대를 연 것이다. 이렇게 만들어진 면직물은 유럽으로 불티나게 팔려나감으로써 동방무역의 최강자로 떠오르게 됐다. 그때 인도의 면직물을 효과적으로 확보하기 위해 만든 지도가 바로 '힌두스탄 지도'다.

즉 해양지도 개발→인도 진출→대규모 목화밭 발견→면직물 수입 생산→직조기계 개발로 대량생산 체계구축→신속·대량 유통을 위한 증기기관차 발명→2차산업혁명 견인→유럽 변방에서 최강국으로 급성장하는 계기가 됐다. 1935년, 인류의 식량난을 해결하기 위해 개발된 나일론의 발명 이후 면직물 수요가 줄어서 영향력이 점점 쇠퇴하기 전까지는 결과적으로 지도가 세계를 호령하는 대국으로 이끈 것이다.

둘째, '지도는 미래산업에 어떤 영향을 미치는가'에 대한 관점에서 보자. 1차산업혁명에서 2차산업혁명을 이끈 것은 이렇듯 지도로부터 출발했다. 정보혁명인 3차산업 역시 종이에서 디지털로 바뀌었을 뿐 지도가 역사를 새로 썼다. 인터넷의 출현이 그것이다. 인터넷이라는 지도 기반의 시스템은 국가적 무경계를 선도하며 다양한 정보를 얹어 새로운 비즈니스모델을 창출해냈다. 기존의 오프라인 기반에서 전에 없던 새로운 사이버시장을 개발해낸 것이다. 이제 지도는 과거처럼 지정학에 근거한 영토지배의 크기가 아니라 '연결(Connectography)'의 밀도와 가치로 측정해야 한다. 이념과 역사, 문화의 관계가 아니라 공급망에 대한 상호보완성으로 생각해야 하는 시대가 온 것이다.

1969년, 미국 국방성이 4개 학교를 연결하는 '아르파넷'의 개발을 필두로 인터넷을 개발해낸 미국은 지금까지 전 세계 사이버시장을 장악해왔다. 제4차산업 역시 디지털 지도가 핵심 기반이다. 제4차산업을 선도할 ICBM 플랫폼은 사물인터넷(IoT), 클라우드(Cloud), 빅데이터(BigData), 모바일(Mobile)을 통합해서 서비스를 제공하는 혁명적 플랫폼이다.

만일 사물인터넷에 디지털지도가 없다면? 만일 자율주행차에 지도가 없다면? 만일 휴대폰에 지도가 없다면? 당연히 상용화가 불가하거나 시장이 크게 축소될 수밖에 없다. 아니, 혁명이 아니라 일반화된 도구에 지나지 않는다. 이렇듯 지도는 산업혁명기마다 오프라인 혹은 온라인 영토확장과 교역에 절대적인 기반도구가 된 것이다.

4차산업 사회에서는 돈이 되는 두 가지 중요한 카운터 키워드가 있다. 바로 'Science(과학)'와 'Visible(보이는 것)'이 그것이다. 기술은 과학이 뒷받침됐을 때 빛을 발하고, 지식은 보이게 만들었을 때 비로소 제 값을 할 수 있다는 뜻이다.

그런데 가만히 생각해보자. 제4차산업을 앞다퉈 이야기하지만 대자본만이 접근할 수 있는 사업들만 소개할 뿐 스타트업을 위한 혹은 국민 누구나 접근하는 방법을 알려주지 않는다. 직업도 코딩이니 소프트웨어 개발자의 직업이 유망하다면서도 구체적으로 어떤 일을 어떻게 준비해야 하는지에 대해서도 깜깜하다. 그렇다면 지도도 하나의 소프트웨어이며 전문가가 해야 할 직무인데, 어떻게 일반 국민이 혹은 스타트업의 접근이 가능할까? 그것은 지도를 무료로 얻을 수 있고, 범용화가 가능해졌기 때문이다.

지도는 크게 지형도(일반도)와 주제도로 나뉜다. 지형도는 지표면의 형태와 그 위에 분포하는 사상(事象)을 공통으로 표현한 지도이며, 각종 목적에 기본적으로 이용할 수 있는 다목적 지도다. 반면 주제도는 특정 주제에 대해서 상세하게 표현한 지도를 말한다. 지적도, 기후도, 관광도, 인구분포도처럼 쓰임새에 따라 만들어진 지도가 여기에 해당된다.

창업가가 주목해야 할 지도는 바로 주제도다. 지형도에다 필요한 레이어(Layer)를 겹쳐 새로운 정보서비스 모델을 만들어낼 수 있으며, 그 사용처는 무궁무진하다. 요즘 흔하게 접하는 사업모델인 공유공간 플랫폼, 배달서비스앱, 여행정보, 숙박정보 등의 비즈니스모델이 여기에 속한다. 이러한 비즈니스모델에 지도가 없다면 PC통신 시절의 정보제공업(IP) 수준에서 벗어날 수 없다.

만일 맛집정보를 제공하고 싶다면 지형도에 몇 가지 필요한 레이어를 입히고 주제에 맞는 맛집데이터를 얹으면 된다. 낚시정보를 제공하고 싶다면 지역에 따른 장소별 날씨, 숙박정보를 입히면 바로 새로운 낚시정보 플랫폼 모델이 되는 것과 같다.

사실 제4차산업혁명의 핵심가치는 사용자의 편안함과 복지로 요약된다. 이러한 가치에 부합하는 지도 기반 서비스모델을 생각해보자. 대기업이 80% 시장을 독점하고 있는 편의점을 사회적 자산화해서 이를 맵핑(Mapping) 한 다음 이 동선을 따라 사회복지사를 투입해 결식아동과 독거노인을 연결하면 복지 비즈니스모델을 만들 수 있다. 또한 전국의 헬스클럽을 맵핑 해서 건강정보를 얻고, 이들 장소를 바우처를 활용해 노인운동센터로 활용한다면 이 역시 복지 비즈니스모델로 손색이 없다. 돈을 적게 들이면서도 가장 효과적인 거버넌스(Governance)형 비즈니스모델이 될 수 있다.

이렇듯 제4차산업의 핵심자원은 지도이며, 비즈니스모델은 무한하게 존재한다. 지도는 개인 누구에게나 접근이 가능한 인프라가 되었다. 과거에는 지형도 하나만 구하려 해도 정부에 수천만 원을 지불해야 했다. 하지만 지금은 대한민국 국민이라면 누구나 국토지리정보원(www. ngii.go.kr)에서 무료로 다운받아 사용할 수 있다.

필요한 레이어도 '국토지리정보원→국토정보 플랫폼─→즐겨찾기→ 수치지도관련 자료모음'에 접속하면 받을 수 있다. 즉 지형도와 필수 레이어는 무료로 확보가 가능하다는 뜻이다. 여기에 주제를 심으려면 관련 빅데이터를 구입해서 얹으면 되고, 기술이 필요하면 협업을 통해 창업에 이를 수 있다.

잠시 네덜란드로 다시 돌아가보자. 네덜란드는 어떻게 해서 지도강국이 되었을까? 관용의 정신에서 비롯됐다는 것이 정설이다. 당시 네덜란드에는 여러 인종이 섞여 살았다. 다양한 종교와 문화를 자연스럽게 유지하자 여러 국가에서 다양한 인종이 더 몰려들었고, 이들은 자국의 정보를 제공하고 자국과 교역을 확대해나갔다.

네덜란드의 이러한 관용정신은 국가 간, 문화 간 연결과 융합이 가능한 계기가 됐다. 제4차산업 역시 핵심 키워드는 굴뚝산업과 ICT 간의 관용을 매개로 한 '연결과 융합'이다. 지도는 연결과 융합의 기초 인프라이자 축소판이다. 하나의 플랫폼을 구축한 것에서 창출되는 고용효과는 예측을 불허한다. 마치 배달앱 하나가 수만 명의 고용효과를 내고 에어비앤비가 글로벌 기업으로 성장한 것처럼 지도 기반 플랫폼 비즈니스모델은 4차산업혁명을 선도할 것이며 일자리 창출의 핵심산업으로 자리매김하게 될 것이다.

애완동물 사업, 이런 업종이 유망하다

고령화와 자발적 솔로 가정이 늘어나면서 애완동물 시장이 급속도로 커지고 있다. '애완동물' 하면 이구아나, 뱀, 전갈처럼 보통사람들이 키우기에는 부담되는 것도 있고, 햄스터, 다람쥐, 미니돼지 등 다소 귀여운 녀석들도 있지만, 뭐니 뭐니 해도 개와 고양이가 단연 인기다.

이 가운데 세계적으로 가장 많이 키우는 동물은 아직까지는 개다. 독일의 시장조사기관 GFK가 22개국을 대상으로 조사한 결과를 보면 2015년 현재, 애완동물 가운데 개(33%)와 고양이(23%)의 비율은 큰 차이가 없다. 그러나 흥미로운 점은 최근 들어 애완견은 줄고 고양이 사육가구가 빠르게 증가하고 있다는 점이다.

'애묘인'을 위한 고양이박람회에서 사료, 용품, 서적, 웹툰 심지어는 예능 프로그램에도 고양이를 주제로 한 콘텐츠가 인기를 더해가고 있다. 농림부 자료를 봐도 우리나라 사육 고양이 수가 2006년에 48만 마리였지만, 2012년에는 120만 마리, 2015년에는 200만 마리로 2012년보다 63.7%나 늘어났다. 경매사이트 옥션이 발표한 최근 3년간(2014~2016년) 애완동물 상품 판매량도 애견용품 비중은 61%에서 56%로 줄었지만, 고양이용품은 14%에서 21%로 늘었다.

선진국의 추이를 보면 향후 우리나라 시장을 예측해볼 수 있다. 미국은 개와 고양이의 사육 비율이 반반 정도지만 특이한 점이 눈에 띈다. 태평양을 접하고 있는 남동부 지역에는 강아지(60%)를 많이 키우고, 반대편인 대서양을 접한 지역에서는 고양이(70%)를 월등하게 많이 키운다. 바다를 접하지 않은 내륙지역은 반반 정도다. 날씨 탓인지 지역성향 차이인지 알 수 없지만 어쨌든 고양이가 늘어나는 것만은 분명하다.

일본도 크게 다르지 않다. 2014년 10월 기준으로 일본은 이전 3년간 반려 고양이는 4%가 늘어난 1,000만 마리였는데, 같은 기간 동안 개는 13% 줄어든 1,030만 마리였다.

왜 이런 현상이 일어나고 있을까? 가장 핵심 원인은 사육비용과 관리문제다. 개와 고양이는 수명이 평균 15년으로 비슷한데 사육비용은 상당한 차이가 난다. 평균 수명을 기준으로 고양이 사육비는 생애평균 700만 원이 드는 반면, 개는 1,200만 원이 든다.

또한 고양이는 스스로 청결하게 제 몸을 관리해서 목욕을 자주 해줄 필요가 없는 반면 개는 청결을 유지하기 위해 관리해줘야 한다. 고양이는 산책을 하지 않아도 되지만, 개는 자주 산책을 나가야 하는 번

거로움이 있다는 점도 고양이 선호도가 높아진 이유다. 때문에 일본에서는 동물병원들이 걱정을 많이 하고 있다. 이러한 추세가 유지된다면 10년 후에는 현재 동물병원의 30%가 폐업할 것으로 예측된다. 의료비가 상대적으로 높은 반려견이 매년 50만 마리씩 줄어 10년 후에는 지금의 50% 수준인 500만 마리로 떨어질 것으로 예상되기 때문이다.

우리나라도 지금 추세라면 그렇게 갈 가능성이 커 보인다. 다만 동물병원은 조금씩 줄어들겠지만 반대로 사료시장이 더 커져 전체 시장규모는 성장할 것으로 보인다. 우리나라는 2015년 현재, 전체 애견시장규모가 1조8,000억 원 정도인데 이 가운데 식품은 32%, 의료는 31%, 용품은 21% 수준이라고 한다. 이 가운데 의료시장은 줄지만 식품과 용품 비중은 높아질 것으로 보인다. 더군다나 애완견은 평균 수명이 1985년의 7.6년에서 2013년에는 15년으로 늘어난 만큼 누적시장도 무시할 수 없다.

애완견은 사람과 비교되는 부분이 참 많다. 예를 들어 출산율이 낮아지면서 어린이 대상의 간식시장이나 교육시장도 규모가 줄어들 것으로 생각하기 쉬운데, 실제로 이들 시장은 계속해서 성장하고 있다. 이는 객단가가 높아진다는 뜻이다.

애완동물 시장도 마찬가지다. 주인들은 옛날에 1,000원짜리 육포(jerky)를 사주었지만, 이제는 비싼 유기농식품을 구입하고 있다. 실제로 애완동물을 위해서 디자이너 모자, 고글, 셔츠, 옷, 스카프, 심지어 핼러윈 의상까지 구입하는 경향을 보인다.

다시 일본 시장을 보자. 일본 애완동물식품제조사협회에 따르면 20대와 60대 이상 가정이 전체 애완동물의 50%를 키우고 있다. 또 다른 자료, 후생성의 통계를 보면 2010년 한 해 동안 결혼한 부부 70만 8,000 쌍 중에서 25만4,000명의 부부가 이혼했다고 나온다. 애완동물 시장이 이혼율과 20대 독신비율을 더한 만큼 성장하고 있는 것이다.

총무성의 통계에서는 15세 미만 유아·아동이 1,660만 명인데, 애완동물의 개체수는 이를 훌쩍 뛰어넘는 2,100만 마리에 육박하고 있다. 출산은 안 하고 애완동물로 마음을 달래는 사람이 늘고 있다는 뜻이다. 사람은 다른 사람과 사랑, 우정을 확인하게 되면 옥시토신이라는 호르몬이 분비되어 편안함을 느낀다고 한다. 애완동물과 함께 있을 때도 옥시토신이 분비되는데, 이를 '옥시토신 효과'라고 한다.

실제로 애완동물을 키우면 건강에 직접적인 효과를 볼 수 있다는 사실은 여러 통계에서도 나타난다. 애완동물을 기르는 덕에 독일에서는 연간 7조5,000억 원, 호주에서는 3조 원 정도 의료비가 절감되었다고 한다. 스위스에서도 비슷한 조사 결과가 있다. 학자들은 대체로 의료비가 20% 정도가 줄었다고 한다.

하지만 긍정적인 효과만 있는 것은 아니다. 애완동물이 버려지는 사회적 문제도 생각해봐야 한다. 앞서 이야기했지만, 애완동물을 키우려면 만만찮게 돈이 들어간다. 젊은 사람들은 결혼을 하거나 소득이 줄어들었다는 이유로, 나이 든 사람들은 거동을 못할 정도로 몸이 약해졌다는 이유로 버리는 경우가 많다. 때문에 미국에서는 애완동물을 기를 수 없게 될 경우 새로운 주인을 찾아주는 애완동물 보험이 만들어졌다. 하지만 아직 효과는 크지 않다.

일부 선진국에서는 애완동물을 사고팔지 못하게 하고, 필요하면 얻어 키우거나 입양하도록 권하고 있다. 캐나다의 토론토에서는 법적으로 사고파는 걸 금하고 있고, 미국은 50개 주(State) 가운데 절반이 직접 판매를 금지하고 있다. 애완동물을 사고판다는 것이 윤리적으로 좀 불편하다는 뜻이다.

어쨌든 이러한 국내외 현황을 종합하면 애완동물 시장은 앞으로 확실하게 커갈 것이 분명하다. 따라서 애완동물에 애정이 있다면 다양한 특화 업종으로 도전해볼 것을 권한다.

올해 서울에서는
어떤 업종이 잘될까?

일반적으로 신체적 장애를 입게 되면 5단계의 심리적 변화를 겪게 된다. 가장 먼저 나타나는 현상이 '충격'인데, 이때는 정서적으로 심한 비탄에 빠진다. 다음으로는 장애를 애써 '부정'하게 되고, 이내 '우울증세'를 보이다가 다시 현실로 돌아가야 하는 것에 대한 두려움으로 '저항'을 하게 된다. 이러한 일련의 과정을 거쳐 결국 불안정한 외부요인을 받아들이는 '적응단계'로 넘어온다.

적응이란 자신의 욕구와 사회 환경 사이에 조화를 이끌어내서 욕구를 충족시키는 과정이지만 이를 얻기 위해서는 노력이 필요하다. 서두에서 주제에 어울리지 않게 크뢰거(Krueger)의 심리적 적응단계 이론을 들먹이는 것은 지금의 자영업자들이 마치 이러한 과정을 그대로 밟아가는 듯 보이기 때문이다.

통계청이 발표한 '2016년 자영업현황 분석'을 보면 자영업 479만 개 가운데 창업 후 2년이 채 안 되는 업체 비중이 25.1%였고, 2017년 초에 발표한 국세청의 자료에서도 2015년 한 해 동안 하루 평균 2,000명이 폐업한 반면에 3,000명이 창업한 것으로 나타났다.

OECD와 국책 연구기관들이 2018년 경제성장률을 3% 이내로 예측하고 있는 심각한 상황인데도 2008년 미국발 금융위기 이후 줄곧 줄었던 자영업 창업자 수가 2016년을 기점으로 다시 늘어난 이유는 무엇 때문일까? 그것은 바로 위에서 언급한 심리적 이론에서 창업예정자들이 '적응단계'로 진입했음을 보여준다.

IMF 위기와 카드대란, 서브프라임모기지 사태를 겪으면서 심리적으로 충격과 부정의 과정을 거쳤고 여전히 우울함에서 벗어나지 못했지만 저항으로 버틸 한계를 넘어서 적응단계에 진입한 것이다. 꼭 큰돈을 벌어야겠다는 마음보다 재취업의 어려움 때문에 생계를 위해서 더 이상 물러설 곳이 없는 상황에서 차선책으로 '노오~~력'이 필요한 소규모 창업을 선택하고 있는 것이다.

이러한 척박한 창업환경에서 2016년 자영업자들의 영업현황을 들여다보는 것은 대단히 필요하다. 2017년에도 어쩔 수 없이 '적응'해야 하는 창업자들이 늘어날 것으로 보이는데 이런 와중에 떠밀려 창업하기보다는 데이터에 기반을 두고 업종을 정하면 유리한 업종 선택에다 심리적 안정을 덤으로 얻을 수 있어서 그만큼 안착하는 데 도움이 될 것이다.

2018년도 자영업 시장을 예측하기 위해 빅데이터 분석기업인 ㈜나이스지니데이터(www.nicebizmap.co.kr)에서 2016~2017년 자영업 빅데이터를 제공받아 서울지역에서 매출상위 업종을 산출해 분석해보았다. 그 결과 월평균 매출이 가장 높은 업종은 편의점, 슈퍼마켓, 외국어학원, 갈비·삼겹살·닭갈비 전문점 등으로 나타났다.

반면 평균업력이 높은 업종으로는 자동차정비센터가 10.9년으로 가장 길었고, 다음으로는 가구점(8.8년), 쌈밥 전문점(6.2년), 슈퍼마켓과 삼계탕 전문점이 각각 5.9년으로 비교적 긴 생명력을 유지하고 있다. 평균업력이 길다는 것은 대체로 업종전환이 어려운 기술기반 업종이기도 하지만 업종의 안정성이 그만큼 높다는 것을 의미한다. •

매출은 높지만 평균업력이 짧다는 것은 유행을 타는 업종이거나 창·폐업의 부침현상이 많다는 것을 말해준다. 대표적인 업종으로는 요가·단식(2.3년), 패스트푸드(2.6년), 소주방(3.0년) 등이며 편의점도 평균업력이 3.3년으로 최근 붐을 탄 업종임을 감안하더라도 창업과 폐업이 반복적으로 일어나는 업종이라는 점을 알 수 있다.

일반적으로 신규 창업자들이 관심을 갖는 닭을 주재료로 하는 업종 중에서는 닭갈비(8,100만 원), 찜닭(8,000만 원), 삼계탕(8,000만 원), 프라이드치킨(7,800만 원) 등이 117개 소분류 업종 가운데 30위 안에 들 정도로 비교적 잘되는 업종으로 나타났다.

유행처럼 번졌다가 없어진 것으로 알았던 찜닭이 비교적 상종가를 치고 있는 이유는 적은 점포 수(121개)에 주로 대학가라는 입지의 적합성이 맞아 떨어진 것으로 분석된다. 반면 프라이드치킨점이 5,450여 개

● 서울지역 자영업 평균매출 상위 업종 현황(2016~2017년 기준)

소분류업종	총매출(원)	점포수(개)	평균매출(원)	평균업력(년)
편의점	677,325,166,413	5,939	114,047,006	3.3
슈퍼마켓	627,481,939,250	5,771	108,730,192	5.9
외국어학원	98,697,639,999	919	107,396,779	3.6
갈비·삼겹살 전문점	239,513,669,758	2,765	86,623,389	5.1
닭갈비 전문점	29,400,410,376	361	81,441,580	3.9
찜닭 전문점	9,695,877,366	121	80,131,218	4.8
삼계탕 전문점	40,505,334,444	506	80,050,068	5.9
냉면집	46,448,670,756	582	79,808,713	5.1
프라이드·양념치킨	424,800,678,356	5,448	77,973,693	4.2
패스트푸드	52,737,255,660	695	75,880,943	2.6
정통양식·경양식	203,829,711,086	2,717	75,020,137	3.4
바비큐 전문점	21,629,884,846	295	73,321,644	5.9
족발·보쌈 전문점	98,348,429,792	1,479	66,496,572	4.1
곱창·양구이 전문점	81,787,736,449	1,265	64,654,337	4.6
자동차정비·카센타	241,765,863,186	3,792	63,756,820	10.9
제과점	98,869,450,673	1,604	61,639,308	5.3
가구	47,948,600,387	779	61,551,477	8.8
돈가스 전문점	39,019,857,864	668	58,412,961	3.7
오리고기 전문점	16,258,183,471	298	54,557,663	5.3
어린이영어	62,338,391,812	1,211	51,476,789	3.5
막창구이	6,276,856,169	126	49,816,319	4.2
일식	83,460,032,104	1,680	49,678,591	4.5
쌈밥 전문점	6,813,288,044	140	48,666,343	6.2
꼬치구이 전문점	43,650,992,210	898	48,609,123	3.3
골프용품	8,294,578,373	175	47,397,591	5.0
설렁탕집	21,384,310,004	463	46,186,415	4.6
요가/단식	31,655,014,318	689	45,943,417	2.3
소주방/포장마차	92,445,832,169	2,016	45,856,068	3.0
아이스크림	20,534,543,185	451	45,531,138	4.1

나 되는데도 월평균 7,100만 원을 벌고 있는 점을 비교하면 프라이드치킨점이 창업 환경이 다소 유리하다고 볼 수 있다.

그 외에도 곱창, 꼬치구이, 막창구이 등 소위 구이 전문점들도 상위권에 올랐는데 이들 업종의 특징은 주류와 함께 파는 업종들이다. 2016년에는 술을 마시며 풀어야 할 일들이 많아서인지 모르겠다.

업종을 결정할 때는 언급한 현황과는 별도로 또 하나의 데이터가 필요하다. 바로 구간별 평균매출이다. 평균매출이 높다고 해서 그 업종이 누구에게나 잘된다는 것은 아니기 때문이다.

실제로 외국어학원의 평균매출이 1억1,000만 원으로 굉장히 많이 버는 것으로 나타났지만 구간별로 세분화해보면 상위 20%는 4억 원을 넘게 매출을 올리고 있는 반면, 중위 매출은 2,000만 원에 불과하고, 하위 20%는 250만 원밖에 안 된다. 따라서 상황에 따라 다르긴 하지만 외국어학원의 특성상 최소한 월평균 3,000만 원 이상을 올려야 유지가 가능하다는 점을 고려하면 10개 중 5~6개 학원은 폐업을 고려해야 할 상황이라는 점을 말해준다.

업종을 결정했다면 다음순서는 입지선택인데 주 고객의 매출현황을 보면 입지를 찾는 데 상당한 도움이 된다. 이해를 돕기 위하여 삼천만의 업종이라는 치킨집을 세분화해 보면 치킨을 주재료로 하는 업종의 경우 25세에서 55세까지 평균 10% 이상 고르게 이용하는 것으로 나타나서 고령화된 지역이 아니라면 입지에 크게 구애받지 않고 창업해도 되는 업종이라 할 수 있다. ●●

●●서울시 30개 업종별 고객비중(2017년 기준)   (단위: %)

치킨·오리업종	20~24세	25~29세	30~34세	35~39세	40~44세	45~49세	50~54세	55~59세	60세 이상
찜닭 전문점	2.7	14.9	20.6	19.1	12.6	11.5	8.3	6.2	4.2
닭갈비 전문점	2.2	11.1	15.4	16.6	15.7	16.5	10.9	6.7	4.9
프라이드·양념치킨	1.8	9.6	14.7	16.6	16.3	17.9	11.4	6.8	4.9
삼계탕 전문점	0.5	5.4	11.4	14.5	14.3	17.2	12.9	10.2	12.5
오리고기 전문점	0.5	4.7	9.1	11.0	12.7	15.5	13.8	12.2	20.5

눈여겨볼 대목은 찜닭과 프라이드치킨이다. 찜닭은 30대 중반 이하 특히 20대의 고객비중이 다른 치킨업종에 비해 상대적으로 높게 나타났지만, 프라이드치킨은 30~40대에서 강세를 보이는 업종이다. 반면 오리구이는 40대 이후에서 즐겨 찾는 업종이다. 특히 60대 이상에서 20%가 넘게 나온다는 점을 감안하면 오리구이는 고령화지역에서 창업하는 것이 유리하다. 대부분의 자영업종에서 60대 이상의 고객비율이 15%를 넘는 경우가 거의 없다는 점에서 맞춤형 입지가 꼭 필요한 업종이다.

시간대별 고객비중도 입지결정에 상당한 도움을 준다. 우선 같은 소매업종인 슈퍼마켓과 편의점을 비교해보면 슈퍼마켓은 오후 3~9시까지 매출이 집중되어 있고, 9시 이전에는 1%에 불과할 정도로 낮다. 하지만 편의점은 오전시간보다 밤 12시~새벽 6시까지 매출이 더 높고 특히 아침 9시 이전에도 10%를 넘을 정도로 고른 매출분포를 보인다. 따라서 슈퍼마켓은 주거지역에, 편의점은 상권이 형성된 오피스 지역에 입지하는 것이 유리하다.

마지막으로 업종과 입지를 결정했다면 독립점으로 할 것인지 아니면 가맹점으로 창업할 것인지에 대해서도 고민이 필요하다. 최근 현대카드의 자료도움을 받아 창업을 많이 하는 10개 업종을 추려서 업종생존율, 즉 '업력'으로 분석한 결과 독립점포와 가맹점의 5년간 생존율은 46대 64로 가맹점이 평균 14% 높게 나타났다.

두 창업행태 간에 업력 차이가 큰 업종은 편의점과 커피 전문점이었고, 창업형태에서 별 차이가 없는 업종은 냉면, 국수, 우동 같은 면 종류 업종들이었다. 다시 말하면 편의점이나 커피는 가맹점 창업이 유리하지만 면류업종은 독자적으로 창업해도 잘할 수 있다는 의미다.

소비위축이 장기화될 조짐을 보이고 있는 데다 일부 프랜차이즈기업들의 과도한 욕심으로 가맹점 창업도 쉽지 않은 시기지만, 빅데이터로 분석해보면 창업해도 괜찮은 업종이 눈에 보이기도 한다. 따라서 빅데이터를 통해 매출과 소비자 특성, 업력 등을 잘 살펴보고 업종과 입지를 정해야 안전하다.

3장에서는 창업자들이 가장 선호하는 '베스트 10' 업종을 빅데이터로 분석하였다. 이른바 업종별 창업지도인 셈이다. 업종에 따라 어느 지역에서 가장 잘되며, 주 대상고객의 소비행태는 어떠한지, 관심업종의 기상도 등을 시계열 데이터를 통해 제시하였다. 특히 새롭게 부상하고 있는 지방상권은 빅데이터가 아니면 알 수 없는 귀한 자료가 될 것이다.

chapter **03**

빅데이터로 해석한
인기 업종 완전정복

편의점 완전정복

편의점은 1946년에 미국에서 비즈니스모델이 만들어졌다. 그로부터 16년 후인 1962년, 국철 철도역에 1호점을 개점하면서 일본에 상륙한다. 우리나라에는 1989년 올림픽선수촌에 처음으로 개점하면서 '편의점 시대'의 막이 올랐다.

글로벌 편의점 시장의 흐름으로 보면 일본이 티핑포인트가 되었고, 우리나라에서 만개했다. 일본의 편의점 수는 2017년 5월 현재, 5만 5,000개로 우리나라의 3만5,000개보다 많지만 인구비례로 환산하면 우리나라가 훨씬 많다. 게다가 우리는 편의점 대부분이 도시에 집중돼 있다는 점을 감안하면 한 동(洞)당 12개 정도 있다.

편의점은 최소 30m²(이상)의 작은 공간이지만 굉장히 과학적으로 운영되고 있는 대표적인 소매업종이다. 이제 필요에 의해서 편의점을 찾는 것이 아니라 편의점에 의해서 필요가 생기는 현상이 만들어지고 있다. 나아가 편의점은 우리를 '소비하는 인간(Homo Consumus)'으로 길들이고 있다는 느낌마저 주고 있다.

혹자는 "편의점 문을 열고 한 바퀴 돌면서 원하는 물건을 고르고, 계산대에서 계산을 하고 나오는 모습이 마치 공장의 컨베이어벨트 위를 도는 제품과도 같다"고 표현한다. 편의점은 비약적으로 성장했지만, 이렇듯 도시의 삭막함을 대변하는 업종이기도 하다. 반면 도시의 독특한 문화를 만들어내고, 여러 측면에서 사회적 이슈가 되고 있는 흥미로운 업종이기도 하다.

이렇듯 편의점은 지역에 밀착하면서 라이프스타일에 따라 진화를 거듭하고 있다. 우리나라 사정을 깊이 들여다보자. 2011년 10조 원을 넘어선 시장규모가 2016년에 20조 원을 돌파했고, 매출도 매년 10% 이상 증가하고 있다. 1.9% 역성장한 백화점을 비롯해 기업형 슈퍼마켓(3.4%), 대형마트(1.6%)를 압도한 수치다.

편의점의 전국 월평균 매출은 4,432만 원으로 나타났다. 그 가운데 서울, 인천, 경기 등 수도권 매출이 최상위에 랭크됐고 전남, 전북, 충북 등은 평균매출에 훨씬 못 미치는 3,000만 원 전후 매출을 보였다. ●

중간값, 즉 10개 점포를 일렬로 세웠을 때 5위 매출은 월평균 3,986만 원이다. 평균값과 중간값의 차이가 적을수록 점포 간 매출격차가 크지 않다는 점을 감안하면 경남, 경북, 광주, 전북 등 격차가 큰 4개 지역은 폐점해야 할 수준의 가맹점들이 꽤 많을 것으로 짐작된다. 하지만 인천을 비롯한 다른 지역은 비교적 고른 매출을 올리고 있는 것으로 해

● 시도별 편의점 매출현황(2017년 5월 기준)

기준년월	광역시도	평균매출(원)	중간값(원)	건단가(원)	표본수(개)
201705	서울	72,749,654	67,398,449	5,881	6,018
201705	인천	54,873,534	54,993,090	7,207	1,706
201705	경기	52,704,269	50,596,316	7,142	8,120
201705	대전	51,613,333	52,115,067	7,098	776
201705	대구	51,593,775	53,271,827	7,107	1,013
201705	부산	47,628,215	45,855,747	7,092	1,823
201705	세종	46,327,027	45,438,156	7,757	172
201705	울산	44,070,672	45,283,205	8,217	713
201705	충남	42,751,439	40,376,693	8,111	1,723
201705	광주	38,391,564	21,729,105	7,518	826
201705	경북	38,299,663	24,044,684	8,661	1,589
201705	경남	38,062,248	21,728,909	8,344	2,403
201705	강원	37,508,702	38,260,493	8,598	1,393
201705	충북	34,208,156	34,972,072	8,621	1,180
201705	전북	34,053,157	23,119,454	8,310	1,080
201705	제주	32,837,010	32,056,527	8,488	829
201705	전남	28,570,469	24,284,243	9,075	1,028

석된다.

결재 건당 단가는 전국평균 7,871원으로 나타났는데 특이한 점은 서울(5,881원), 인천(7,207원)이 전국평균 이하로 나타난 반면 전남(9,075원), 경북(8,661원) 등 농촌지역은 상대적으로 결재단가가 높았다. 이는 접근성의 유·불리에서 기인한 것으로 해석된다.

편의점 매출을 전국 동별로 상위 20개를 산출해본 결과, 용산구 한남동이 1억6,000만 원으로 가장 높았고 이촌1동(1억5,000만 원), 잠실2동(1억4,000만 원) 순으로 나타났다. 매출상위 지역 중 경인지역을 제외하면 33개의 편의점이 있는 충남 아산시 탕정면(1억2,600만 원)으로 전국에서 7위를 기록했고, 울릉읍(1억1,000만 원)이 29위에 올랐지만 상위 20위 안에 드는 편의점의 5년 이상 업력은 평균 29%에 불과하다. ●●

그렇다면 앞으로 편의점 시장은 어떻게 변화할까? 일본을 보면 향후 추이를 유추해볼 수 있을 것 같다. 일본프랜차이즈체인협회(JFA)에 따르면 2015년 편의점 시장규모는 10조 엔을 돌파했고 가맹점 총 수는 5만5,000개(2017년)로 집계됐다. 연간 내점객 총수는 161억 명에 이르고, 1인당 평균 결제액은 606.1엔으로 나타났다.

슈퍼마켓이나 일반 소매점 수는 해마다 감소하고 있는 반면, 편의점 수는 매년 3~7% 성장하고 있다. 물론 우리나라는 대기업 3사 주도로 운영되고 있고, 일본 또한 빅4업체가 전체시장의 85%를 점유하고 있다. 이렇듯 여러 데이터를 종합하면 '사업다각화의 귀재' 편의점 시장은 줄어들 것으로 보이지 않는다. 더군다나 1인가구의 증가와 고령화 등의 영향은 편의점 시장에 오히려 호재로 작용할 것이다.

그러나 문제점이 없는 것은 아니다. 일단 시장이 늘어나고는 있지만 규모 면에서 이미 포화점을 넘었다. 게다가 최저임금 1만 원이 현실화되면 영업이익은 그만큼 줄어들 수밖에 없다. 인구감소로 인해 아르바이트 채용에도 차질이 빚어질 수 있다.

또 한 가지 짚고 넘어가야 할 것이 있다. 이제 편의점을 단순히 하나의 업종으로 보는 수준을 넘어서 편의점이 해야 할 사회적 역할에 대해

●●전국 동별 편의점 매출순위 베스트20(2017년 5월 기준)

순위	기준년월	광역시도	시군구	행정동	평균매출(원)	표본수(개)
1	201705	서울	용산구	한남동	159,932,701	13
2	201705	서울	용산구	이촌1동	149,906,463	5
3	201705	서울	송파구	잠실2동	140,688,854	5
4	201705	서울	성동구	옥수동	135,722,667	7
5	201705	경기	수원시	매탄3동	135,151,859	25
6	201705	경기	화성시	동탄1동	133,804,198	6
7	201705	충남	아산시	탕정면	126,083,040	33
8	201705	서울	송파구	잠실6동	125,720,933	12
9	201705	경기	평택시	고덕면	125,140,934	8
10	201705	서울	서초구	반포4동	124,349,845	19
11	201705	서울	서초구	서초2동	122,892,503	27
12	201705	경기	수원시	태장동	122,702,685	27
13	201705	서울	영등포구	여의동	120,274,606	33
14	201705	서울	용산구	이태원2동	118,699,877	9
15	201705	서울	용산구	이태원1동	115,876,653	13
16	201705	경기	화성시	반월동	115,560,051	11
17	201705	경기	화성시	동탄3동	113,012,532	69
18	201705	서울	마포구	용강동	110,718,689	14
19	201705	경기	용인시	서농동	109,619,949	19
20	201705	서울	구로구	신도림동	109,269,512	14

서 고민해야 할 시점이 왔다. 다른 업종과 달리 대자본이 자영업종에
진입해서 여러 주변 업종과 충돌하는 문제에 대한 사회적 책임이 요구
되기 때문이다.

초기에 편의점은 단순히 일용품, 가공식품, 과자류 등 비교적 단순한 소매업종으로 출발했지만 지금은 여러 다양한 상품에다 PB상품까지 만들어 시장을 잠식해가고 있다. 예를 들면 편의점 매출의 30~35%가량이 담배인데, 이전에는 동네 슈퍼마켓에서 팔았지만 지금은 편의점이 거의 독차지하고 있어 슈퍼마켓의 매출을 그만큼 줄었다.

최근에는 즉석 간편식 대용품뿐 아니라 신선식품도 판매하여 분식집, 채소상에도 영향을 주고 있다. 또한 배달 대행 같은 서비스업종, 심지어는 응급의약품까지 팔게 됨으로써 약국까지도 일부 시장이 충돌하는 문제가 생기고 있다. 국민편익을 위한다는 명목으로 일정 부분 묵인되고는 있지만 이렇게 가다가는 상당수 자영업종의 입지를 위축시킬 수 있다.

실제로 수익에 집중하는 우리나라 편의점들과는 다르게 해외에서는 여러 가지 방법으로 지역사회 공헌활동을 많이 하고 있다. 대표적으로는 재난안전센터 역할, 지역방범 역할, 공공복지 네트워크 역할, 주민 소통공간 제공, 로컬푸드 개발과 유통편익 제공 등 지역사회를 위해 다양한 상생노력을 하고 있다. 이러한 가맹본사의 노력이 뒷받침이 된다면 편의점도 하나의 사회적 자산으로 보고 정부의 규제를 벗어나 소비자에게 친근한 필수 업종으로 자리 잡아갈 것이다.

치킨 전문점 완전정복

우리나라 프랜차이즈 시장에서 치킨 전문점의 풍향은 내수경제의 부침과 맥을 같이해왔다. 지난 1997년 외환위기와 2003년 카드대란 등 굵직한 경제위기를 극복하던 시점에는 어김없이 치킨 전문점들이 프랜차이즈 시장을 견인해왔다. 이후 다소 주춤하던 치킨 시장이 최근 2년간 16.6% 증가하면서 창업 활성화에 기여하고 있다.

이 시점에서 치킨 시장의 현황분석과 향후 예측은 창업자나 치킨 프랜차이저들의 론칭(launching)전략에 상당한 기여를 할 것으로 예상되는 바 국내 치킨시장을 집중 해부해보고, 그 분석 결과를 토대로 치킨 전문점의 향배를 가늠해보고자 한다. 참고로 분석한 치킨 전문점의 범위는 프라이드치킨과 양념치킨으로 한정한다.

국내 프랜차이즈 가맹본부 총 수는 공정거래위원회 등록 기준으로

2013년 230개에서 2017년 8월 현재, 405개로 불과 4년 만에 175개 가맹본부가 늘어났다. 이 가운데 가맹점 100개 이상인 프랜차이즈 본부가 43개에 이르며, 30개 이상인 브랜드로 넓혀 보면 100여 개가 있다. 최근 들어 치킨 프랜차이즈로 가맹사업을 하겠다고 나선 프랜차이즈들이 상당수 있어 갈수록 브랜드 간 경쟁이 치열해질 것으로 예상된다.

그렇다면 이들 치킨 가맹점들은 얼마나 돈을 벌고 있을까? 기업정보와 카드매출정보 등을 관리하는 나이스비즈맵의 빅데이터를 받아 매출을 분석해본 결과 치킨 전문점의 전국 평균매출액은 월 1,420만 원으로 나타났다. ●

전체 매출에서 순이익 비율을 평균 25%로 잡아 계산해보면 한 달에 약 355만 원의 영업이익을 내고 있는 셈이다. 상위 20%만 보면 평균매출이 2,000만 원이고, 중위값은 700만 원, 하위 20%는 490만 원에 불과하다. 업종의 인기도만큼 안정적인 수입은 되지 않고 있는 셈이다.

이 가운데 시도별 매출이 가장 높은 곳은 서울로 2017년 현재, 2,890만 원이며 다음으로 인천(1,950만 원)과 세종(1,810만 원)이 뒤를 이었는데 월 평균 매출이 1,000만 원 이하인 지역은 경북이 유일하다. 가장 낮은 지역인 경북은 매출이 서울보다 4배 가까이 적은 셈이다. 점포 수로는 경기도가 7,700개로 가장 많고 서울(5,100개), 경남(2,600개) 순이다.

다시 이들 지역의 점포 수를 읍·면·동 수로 나눠본 결과, 서울은 한 동당 10.5개였으며 대구가 12.1개, 경북이 6.1개로 나타났고, 경기도는 14.4개로 동별 가장 밀집도가 높게 나왔다. 따라서 경북은 다른 지역보

연번	광역시도	평균매출(원)	중간값(원)	건단가(원)	표본수(개)
1	서울	28,890,772	11,068,467	22,908	5,094
2	인천	19,481,516	8,002,737	20,614	1,798
3	세종	18,160,012	8,058,835	19,736	161
4	경기	18,110,992	7,615,742	20,879	7,699
5	광주	15,396,799	8,321,333	21,780	923
6	대전	15,119,555	6,737,810	20,565	1,175
7	부산	14,248,405	6,636,074	20,639	2,130
8	제주	13,362,644	7,197,361	23,030	437
9	전북	12,740,875	6,408,833	22,299	1,110
10	울산	12,535,280	7,470,253	20,957	914
11	충남	12,198,761	6,413,121	22,485	1,678
12	강원	11,268,314	6,328,178	20,987	1,285
13	대구	10,793,854	6,392,001	20,821	1,733
14	전남	10,567,677	6,228,759	23,722	1,159
15	경남	10,417,897	6,539,673	22,285	2,550
16	충북	10,098,307	5,701,648	21,466	1,290
17	경북	7,872,023	4,823,883	21,973	2,067
	전국	14,191,982	7,055,571	21,597	33,203

다 치킨선호도가 낮다고 볼 수 있다.

건당 단가, 즉 1회 카드 결제액은 전국평균 21,597원이었으며 전남과 제주가 조금 높게 나왔고, 세종이 19,736원으로 가장 낮았으나 지역별 편차는 별반 크지 않았다. 따라서 소비자들은 치킨을 먹을 때 2만 원 정도가 수용 가능한 금액으로 보는 것 같다. 흥미로운 점은 세종은

'김영란법'이 본격 시행된 2016년 10월 매출이 전년대비 30% 이상 올라 김영란법 수혜 업종 중 하나로 분석된다.

다음으로 치킨 전문점의 최근 5년간 매출추이를 분석했다. 서울은 2012년 평균매출 1,370만 원에서 4년 후인 2016년에 2,500만 원으로 올라 285% 증가율을 보였다. 2017년에는 전년대비 114% 올랐다. ●●

최근 2년간 많이 오른 지역은 제주(22%), 충북(21%), 인천과 대전이 각 20%씩 올라 가장 높은 증가율을 반면 광주와 경남은 각 10%, 경북은 9% 상승해서 가장 낮았다. 이 가운데 경북은 5년 전에 비해 오히려 떨어져서 이 지역에서 치킨 전문점 창업은 어려운 것으로 해석된다.

소비자들의 소비행태가 성패를 좌우한다는 점에서 고객성향과 특성을 분석해봤다. 서울을 기준으로 치킨 소비자를 성별로 구분하면 2017년 현재, 남성이 54%로 여성에 비해 다소 많았다. 연령대별로는 40대가 32.15%로 가장 많고, 다음이 30대(30.37%), 50대는 19.38%였다. 흥미로운 점은 5년 전에는 30대가 38%로 가장 높았고, 다음이 40대(30%)였지만 이번에 그 비율이 역전됐다는 점이다. 더불어 20대(15→12.84%), 50대(14→19.38%), 60대 이상(3→5.27%)의 소비율 추이로 볼 때 청년층이 주도하던 치킨시장이 중·장년층으로 이동하고 있음을 알 수 있다.

요일별로는 목요일과 월요일이 11~12%로 낮지만 나머지 요일도 15% 전후로 대동소이했다. 한 가지 눈여겨볼 점은 같은 배달업종인 피자의 경우 주말에 37.44%가 몰리는 반면 치킨은 상대적으로 낮은 30.3%에 그쳤다는 점이다. 그러나 두 업종 모두 목요일 매출비중이 가

●●최근 5년간 치킨 전문점 평균매출 추이(2012~2017년)

지역	연도	평균매출(원)	증감률	지역	연도	평균매출(원)	증감률
서울	2012	13,698,916		충남	2012	12,738,930	
	2016	25,395,014	285%		2016	11,028,810	87%
	2017	28,863,780	114%		2017	12,198,761	111%
부산	2012	11,020,708		충북	2012	11,546,822	
	2016	12,194,727	111%		2016	8,339,952	72%
	2017	14,248,405	117%		2017	10,098,307	121%
인천	2012	9,953,620		전북	2012	8,763,526	
	2016	16,195,014	163%		2016	10,712,034	122%
	2017	19,481,516	120%		2017	12,740,875	119%
대전	2012	10,033,467		전남	2012	12,072,500	
	2016	12,554,422	125%		2016	8,855,368	73%
	2017	15,119,555	120%		2017	10,567,677	119%
대구	2012	7,959,112		경북	2012	9,726,534	
	2016	9,583,011	120%		2016	7,223,178	74%
	2017	10,793,854	113%		2017	7,872,023	109%
울산	2012	9,284,588		경남	2012	9,813,833	
	2016	10,705,459	115%		2016	9,450,680	96%
	2017	12,535,280	117%		2017	10,417,897	110%
광주	2012	10,567,903		강원	2012	9,728,238	
	2016	13,805,236	131%		2016	9,435,644	97%
	2017	15,169,595	110%		2017	11,268,314	119%
경기	2012	11,608,221		제주	2012	8,847,020	
	2016	15,496,844	133%		2016	10,941,203	124%
	2017	18,110,992	117%		2017	13,362,644	122%

장 낮은 것은 공통점이다.

분기별로는 3분기, 즉 여름에 가장 많이 먹는 것으로 나타났고, 가장 적게 시키는 때는 1분기였다. 분기별 매출액 차이로 보면 가장 적게 팔리는 1분기와 가장 많이 팔리는 3분기의 편차가 28.5%였다. 따라서 집중적인 마케팅이 필요한 시기는 2분기가 유효한 시점이라는 분석이 가능하다.

전국에서 치킨 전문점이 가장 잘되는 지역은 어디일까? 전국 1위는 서울 이촌1동으로 6개 점포 평균 9,800만 원을 올리고 있는 것으로 나타났다. 5년 이상 된 점포 수도 50%에 이른다. 업력이 높다는 것은 그만큼 안정적인 상권이라는 의미다. 다음으로는 경기 성남 정자동(9,760만 원), 서울 서초4동(9,750만 원), 경기 하남 미사2동(9,200만 원), 서울 반포본동(9,170만 원) 순으로 나타났다. 그러나 아쉽게도 상위 30위 안에 수도권이 대부분을 차지하고, 지방은 부산 부전2동이 18개 점포 평균 6,950만 원으로 19위에 오른 것이 유일하다.

지금까지의 분석 결과를 토대로 정리해보자. 지역 간 임대료 편차가 있긴 하지만 일단 서울 소비자가 치킨을 가장 선호하는 것으로 보인다. 경북과 충남은 창업을 자제해야 할 것 같다. 상권은 40~50대의 소비비율이 점차 높아지는 추세여서 주택가로 향하는 것이 유리하고 입지는 서울의 경우 이촌, 반포, 잠실지역이 유망하다. 그 외 한남, 당산2동, 성남시 삼평동 등도 유망입지로 꼽힌다.

커피 전문점 완전정복

지난 2002년, 미국의 한 TV 프로그램에서 '심슨(The Simpsons)'이라는 만화영화를 본 적이 있다. 이 프로그램은 사회문제를 패러디해서 대화형식으로 풀어가는 풍자만화다. 어느 날, 바트(심슨의 아들)가 한 아이스크림 가게를 들렀다가 나와 보니 주변의 모든 스토어가 순식간에 스타벅스로 변해 있었다. '심슨'이 말하고자 하는 메시지는 커피 전문점이 지나칠 만큼 빠르게 늘어나고 있다는 점 같다. 그 여세는 여전해서 지금 뉴욕은 평균 5블록(407m)마다 1개의 스타벅스가 있다.

우리나라도 사정은 비슷하다. 2013년 5월, 당시 기준으로 커피 전문점 수가 1만4,500개였고 다방까지 합치면 3만8,000개였다. 그로부터 불과 4년이 채 안 된 2017년 5월 말 현재, 3만6,200개로 무려 250%나 늘었다. 그 사이 다방은 1만1,000개로 줄었다. 이를 읍·면·동으로 나누면 한 동당 13개 이상 있는 셈이다.

최근 4년간 어떤 변화가 있었을까? 우선 전국 시도별 매출순위가 많이 바뀌었다. 과거에는 서울-충남-전남-경기-충북 순으로 서울을 제외하고 대부분 도(道) 단위에서 잘되는 경향을 보였다. 하지만 지금은 서울-부산-인천-울산-경기 순으로 대도시 중심으로 재편됐다.

월평균 매출추이를 보면 서울(1,370만 원→2,400만 원), 부산(1,100만 원→1,700만 원)은 점포당 평균매출이 뛰었다. 그 뒤를 인천(1,000→1,600만 원), 울산(920→1,560만 원), 경기(1,200→1,500만 원) 등이 따랐다. 적게는 25%에서 많게는 80%까지 오른 셈이다. ●

그러나 당시 2위였던 충남은 1,300만 원에서 1,100만 원, 전남은 1,200만 원에서 1,100만 원으로 오히려 떨어졌다. 또한 대전, 제주, 경남, 전북 등은 20% 정도 올랐으나 충북, 강원 등은 평균매출에 큰 변화가 없거나 오히려 줄었다. 커피는 대도시 중심으로 확산되고 있음을 보여주는 대목이다. ●●

다음으로 커피 전문점이 가장 잘되는 지역을 분석했다. 그 결과 매출 1위는 뜻밖에도 대도시가 아닌 충남 아산시 탕정면으로 나왔다. 2017년 5월 기준으로 월평균 8,300만 원이나 됐다. 서울의 점포당 월평균 매출 2,400만 원과 비교하면 확연하게 차이가 난다. 보다 정확한 매출을 확인하기 위해 최근 1년간 월별 데이터를 모두 산출해본 결과도 6,800~8,300만 원으로 줄곧 상위에 랭크됐다.

그렇다면 아산 탕정면은 어떤 곳일까? 아산에 강의하러 갈 때 찾아가 보았다. 이곳에는 삼성 관련 기업들이 다수 포진해 있고, 삼성이 직

순위	광역시도단위 매출순위		순위	전국행정동 매출순위	
	지역	월평균 매출(원)		행정동	월평균 매출(원)
1	서울특별시	13,698,916	1	서울 송파구 잠실3동	45,318,030
2	충청남도	12,738,930	2	경기 용인시 서농동	39,826,118
3	전라남도	12,072,500	3	충북 청주시 복대1동	39,403,243
4	경기도	11,608,221	4	경기 이천시 부발읍	38,845,309
5	충청북도	11,546,822	5	서울 동작구 신대방2동	38,074,557
6	부산광역시	11,020,708	6	경기 수원시 매탄3동	37,986,638
7	광주광역시	10,567,903	7	경기 화성시 반월동	37,661,854
8	대전광역시	10,033,467	8	서울 송파구 마천2동	36,987,865
9	인천광역시	9,953,620	9	서울 양천구 신정3동	35,614,259
10	경상남도	9,813,833	10	충남 아산시 배방읍	35,199,831
11	강원도	9,728,238	11	서울 서초구 방배2동	34,071,349
12	경상북도	9,726,534	12	서울 관악구 남현동	33,222,193
13	울산광역시	9,284,588	13	인천 연수구 송도1동	30,667,050
14	제주특별자치시	8,847,020	14	경북 포항시 두호동	30,150,519
15	전라북도	8,763,526	15	서울 양천구 목1동	29,523,356
16	대구광역시	7,959,112	16	경기 화성시 진안동	28,993,452

원용으로 분양한 트라팰리스란 아파트단지와 삼성이 원주민들에게 조성해준 '지중해마을'이 있다. 게다가 현재 짓고 있는 원룸만 80여 개에 달한다. 원주민은 2만2,350명에 불과하지만 삼성관련 임직원 수가 3만3,000명이나 될 정도다.

현지 자영업자의 말을 빌리면 삼성디스플레이 공장 주변은 수천여

●●커피 전문점 지역별 매출현황(2017년 기준)

기준시점	광역시도	평균매출(원)	중간값(원)	건단가(원)	표본수(개)
201705	서울	24,084,961	11,514,965	7,409	9,417
201705	부산	17,113,147	8,739,047	8,228	1,902
201705	인천	16,151,630	8,702,663	7,929	1,698
201705	울산	15,585,471	8,780,505	9,257	800
201705	경기	15,328,126	9,169,879	7,899	8,009
201705	대구	14,929,392	8,776,305	8,829	1,842
201705	대전	14,030,746	9,678,510	8,314	1,363
201705	제주	13,969,874	7,931,308	12,923	591
201705	전북	13,688,046	8,462,638	9,034	1,253
201705	세종	13,533,388	9,027,387	8,439	153
201705	광주	13,321,143	8,058,437	8,604	1,100
201705	경남	11,746,318	7,166,865	9,691	1,899
201705	충북	11,415,289	7,574,572	9,197	951
201705	충남	11,102,623	6,288,174	8,639	1,219
201705	전남	10,692,759	6,737,343	10,386	1,089
201705	강원	10,465,956	5,787,130	10,130	1,248
201705	경북	10,107,502	6,132,811	9,702	1,600

대의 출퇴근 차량과 오토바이로 주차장을 방불케 한다고 한다. 그 덕분에 매출도 2016년부터 서너 배가 뛰었다. 이곳 커피 전문점 수는 현재 17개가 있는데, 앞으로 계속 늘어날 여지가 있어 보인다.

다음으로는 서울 송파구 잠실6동이 8,300만 원, 서울 강남구 일원본동(7,800만 원), 인천 청라3동(7,000만 원), 경기도 의정부 장암동(6,000만 원), 강원도 정선 고한읍(6,000만 원) 등이다. 참고로 고한읍은 정선 카지노가 있는 마을이다.

커피 고객을 유형별로 나눠 보았다. 최근 1년간 서울지역 커피 고객을 성별로 보니 남성(47.5%)과 여성(52.5%)의 비율이 4년 전과 크게 다르지 않았다. 다만 연령대별 고객비중이 많이 달라졌는데 4년 전에는 30대가 43%로 압도적으로 많았으나 지금은 39%로 낮아졌고, 20대도 22%에서 16%로 내려갔다. 반면 40대가 21%에서 28%로 높아져서 중년층이 인스턴트에서 프리미엄 시장으로 넘어가는 시기로 분석된다. 실제로 같은 기간 다방 수가 1만3,000개 줄어든 것도 괘를 같이한다.

결제금액을 분석해서 동반고객 수를 추정해본 결과, 4년 전에는 최소한 10명 중 4명이 3인 이상 함께 내점한 반면 혼자 커피를 마시는 비율은 12% 수준으로 크게 낮았다. 그러나 2017년 1인당 결재금액은 관광지인 제주와 강원만 유일하게 1만~1만2,000원 수준이고 나머지 지역 평균은 9,095원으로 낮아졌다. '카공족(카페에서 공부하는 사람)', '코피스족(카페에서 업무를 보는 사람)'이 늘어나면서 나타난 현상이다. 시간대별로는 오후 3~6시가 전체 매출에서 차지하는 비중이 32.1%로 가장 높았고, 6~9시가 29%로 점심시간대의 24.5%보다 많았다.

요일별로는 화요일 매출비중이 16%로 조금 높긴 하지만 일요일(12.2%)을 제외하면 대부분 15% 수준으로 요일 간 매출편차가 크지 않다. 4년 전에는 강남역이나 홍대 앞처럼 특수지역을 제외하고 금요일에 이용자 수가 가장 많았고, 월요일이 가장 적었다. 커피가 기호식에서 일상음료로 탈바꿈했다고 볼 수 있다.

이제 중요한 건 "지금 창업해도 괜찮을까?"에 있다. 선진국에서는 창업할 때 가장 중요시하는 데이터가 '폐점율'과 '창업자금 회수기간'이다. 폐점율은 따로 산출하지 않았지만 업력, 즉 생존기간을 분석해봤더니 전국평균 2년밖에 되지 않았다. 그만큼 자리 잡기가 어렵다는 얘기다.

창업자금 회수기간을 보려면 평균 창업비를 기준으로 분석해야 하는데, 유명가맹점의 경우(35평 기준), 평균 투자비가 5억 원인데 반해 영업이익은 매출의 1.8%에 불과했다. 반면에 독립점의 경우(10평 기준)는 평균 9,800만 원을 투자해서 이익률은 13% 수준이었다. 차이점은 유명가맹점의 경우 로열티와 임대료 부담 때문인 것으로 판단된다. 실제로 임대료가 월 매출액의 40%가 넘는 곳이 수두룩하다.

게다가 유명 브랜드들은 2~3년에 한 번씩 리뉴얼을 하도록 강요받기 때문에 단기간에 창업비 회수는 쉽지 않다고 봐야 한다. 다만 희망적인 점은 현재 우리나라 커피시장은 현재 인스턴트와 프리미엄 커피 비율이 3:7 정도에서 원두시장 점유율이 점진적으로 높아진다는 점이다.

한 가지 덧붙여본다. 스타벅스가 미국 전역으로 확산된 계기가 있다. 어느 겨울 커피 원두를 실은 트럭이 폭설로 시애틀에 당도하지 못한 일이 있었다. 당시 점장은 커피 주문을 한 채 장시간 줄을 서서 기다린 고객들의 주소를 일일이 기록해뒀다, 다음 날 갓 끓인 커피를 일일이 배달해줬다. 당시 스타벅스의 매뉴얼에 그런 내용은 없었지만 점장의 서비스정신이 오늘날 스타벅스를 있게 한 시발점이 됐다.

유행 따라 브랜드 창업을 하기보다 서비스정신과 배전기술을 충분히 익힌 다음, 독립창업으로 도전하는 것이 유리하다. 특히 기술수준과 대상고객 욕구가 맞는 상권를 선택해 도전하는 것이 바람직하다.

제과점 완전정복

우리나라 제과점은 1902년 최초 호텔인 '정동구락부'에서 러시아 양과자를 제조, 판매하면서 도입됐다. 이후 1970년대 분식장려정책 바람을 타고 시장이 크게 확대됐다. 전문점으로 발전한 시기는 1953년 명동에 태극당이 오픈한 이후로 고려당, 뉴욕제과, 독일빵집 등이 차례로 생겨나면서부터다.

이들 브랜드가 프랜차이즈로 전환하자 1984년에 신라명과, 1986년에는 파리크라상, 크라운베이커리 등이 뒤따라 프랜차이즈로 론칭(launching)했다. 파리바게뜨는 1988년에, 뚜레쥬르는 1996년에 프랜차이즈에 뛰어든 브랜드들이다.

사실 2004년 이전까지는 창업비 7,000~8,000만 원 수준의 생계형 점포들이 대부분이었다. 오래전에 시작해서 지금도 명맥을 유지하고 있는 나폴레옹과자점, 부산 중앙동의 백구당(1959년), 대전의 성심당 (1996년), 대구의 밀밭(1980년), 제주도의 어머니 빵집(1985년), 군산의 이성당(1945년), 목포의 코롬방제과(1949년) 등도 대부분 소규모 자영업으로 시작해서 굳건히 명성을 유지하고 있는 경우다.

2000년 들어 김영모빵집처럼 자기 이름을 걸고 창업하는 사례들이 4~5년 동안 이어지다가 대기업들 간의 경쟁이 치열해지면서 점차 자영업자들은 생계를 걱정해야 하는 수준이 된 것이다. 이렇듯 자영 제과점에서 개인브랜드 제과점 시대를 지나 이제 대기업 브랜드중심 제과점으로 재편됐다.

그 결과 2003년, 생계형 제과점, 소위 개인빵집 수가 1만8,000개였지만, 2011년에는 4,000개로, 무려 78%가 줄어들었고 이제는 개인 제과점을 거의 찾아보기 어려운 상황이 됐다. 바로 그 자리를 프랜차이즈 제과점들이 메우고 있다. 일반인들에게는 몇 개 상위 브랜드들만 기억되겠지만 가맹점을 모집 중인 브랜드만 223개나 있다.

이렇듯 경쟁이 치열한 제과점은 몇 개나 될까? 2017년 현재, 전국에 8,036개가 영업 중인 것으로 확인됐다. 이 가운데 경기가 1,878개로 가장 많고, 다음이 서울로 1,617개다. 세종(37개)을 제외하면 나머지 지역에 200~500개가 포진해 있다. •

매출은 어떨까? 전국 17개 시도의 월평균 매출은 2,310만 원이다. 가장 많은 매출을 올리고 있는 곳은 서울로 월평균 3,840만 원이고, 경기(2,710만 원), 충남(2,500만 원)이 뒤를 따르고 있다. 매출이 가장 낮은 지역은 제주로 1,600만 원이고, 강원(1,960만 원)과 경북(1,980만 원)이

● 전국 제과점 지역별 매출현황(2017년 기준)

순위	광역시도	평균매출(원)	중간값(원)	건단가(원)	표본수(개)
1	서울	38,424,825	21,271,187	9,582	1,617
2	경기	27,166,113	20,358,133	10,036	1,878
3	충남	24,948,569	17,301,088	11,695	289
4	인천	24,479,110	16,727,620	10,166	446
5	대전	24,312,889	18,567,095	10,447	261
6	세종	23,954,992	20,301,713	9,959	37
7	충북	23,645,968	20,874,991	11,519	259
8	광주	23,252,821	17,485,199	12,108	262
9	전북	22,597,851	16,192,451	12,576	300
10	울산	22,222,072	17,578,080	11,743	181
11	부산	20,937,076	14,725,114	11,242	510
12	대구	20,622,938	15,828,864	11,145	390
13	경남	20,197,320	15,186,760	12,397	518
14	전남	20,115,187	15,601,082	13,230	271
15	경북	19,794,812	13,015,566	12,532	394
16	강원	19,631,601	15,966,959	12,182	273
17	제주	16,047,624	9,805,926	12,392	150

뒤를 이었다.

　평균매출과 중위값의 격차가 가장 적은 지역은 세종과 충북으로 월 평균 300~400만 원의 차이를 보였다. 서울의 1,700만 원과 대조를 이룬다. 분위별 매출 격차가 적은 것을 고른 시장으로 보면 두 지역은 점포 간 매출차가 크지 않아 출점이 가능한 입지가 제한적인 것으로 보인다.

제과점 고객의 건당 결제액은 전국평균 1만1,500원으로 큰 차이는 없지만 대체로 도시지역이 다소 낮게 나오고, 농촌지역은 상대적으로 높다. 이는 상당수 업종에서 공통적으로 나타나는데 접근성 차이에서 비롯된 것으로 보인다. 즉 도시는 필요할 경우 즉각 구매가 가능하지만, 농촌은 일부러 나와야 하는 한계가 있다.

제과점 월평균 매출을 기준으로 전국에서 가장 잘되는 지역 20위를 산출해봤다. 그 결과 서울 강남구 도곡2동이 1위로 월평균 1억3,300만 원을 찍었다. 5년 전에는 경기 화성시 동탄1동이 6,900만 원으로 1위였지만 지금은 동탄3동(6,300만 원)이 전국 26위에 이름을 올린 정도다. 2위는 경기 화성시 반월동(1억3,000만 원), 3위는 서울 강남구 대치2동(1억1,000만 원) 순이다. 서울은 주로 강남지역이 잘되는 것으로 나왔는데, 압구정동(8,000만 원), 삼성2동(7,600만 원) 등이 20위권에 올라 있다. 지방에서는 대전 둔산1동이 5개 제과점에서 월평균 8,550만 원으로 전국 7위를 차지했고, 대구 동천동(7,600만 원)은 8개가 영업 중이다.

창업하기 위해서는 고객특성 분석을 빼놓을 수 없다. 어떤 사람들이 제과점을 자주 찾는지 모른 채 입지를 선정한다면 효과적인 마케팅을 전혀 할 수 없기 때문이다. 제과점 고객을 연령대별로 분석해본 결과 2017년 5월 현재, 남녀 비율은 39:61로 여성고객이 많았다. 특히 30~40대가 62%로 압도적으로 높았으나 5년 전(70.5%)보다 8%가량 낮아진 점이 눈에 띈다.

요일별로는 월요일과 화요일이 16%대로 다소 높지만, 나머지 요일도 12~13% 수준으로 큰 차이를 보이지 않았다. 과거보다 요일별 격차가 꽤 줄었는데 이는 대용식으로 빵을 이용하는 사람이 늘고 있기 때문으로 풀이된다. 시간대별로는 낮 12시~오후6시 사이에 일 매출의 58.4%를 올린 반면 저녁 9시 이후에는 0.9%에 불과하다.

이러한 점을 종합해볼 때 향후 창업한다면 가장 유망한 지역으로는 수도권 신도시가 제1순위가 될 것이다. 서울에 한정해 본다면 용산구, 강남구, 서초구가 가장 안정성이 높다. 즉 이들 지역은 매출액이 꾸준하고, 점포밀집도가 낮으며, 업력이 긴 지역이라는 공통점이 있다.

한 가지 더 참고할 사항이 있다. 제과점은 상업지역(46.1%)에서 가장 잘되었고, 그다음이 주거지역(16.3%)이었다. 이에 반해 역세권은 9.6%로 의외로 낮다는 점을 염두에 둘 필요가 있다. 일반적으로 역세권이 잘될 것이라는 통념에서 빗나가는 결과다.

다만 주의할 점은 제과점 외에도 일부 휴게음식점, 즉 피자·도넛·햄버거 가게 등이 빵을 접목하고 있고, 일부 커피 전문점들도 빵과 복합업종으로 영업 중이라는 점이다. 때문에 입지를 선정할 때는 이런 점도 염두에 두고 결정해야 할 것이다.

피자 전문점 완전정복

유럽형 업종들은 대부분 1호점을 외국인이 많이 사는 이태원으로 정하는 경향이 있다. 1985년 피자헛이 이태원에 1호점을 낸 것도 그렇고, 덴마크의 스테프핫도그도 역시 2002년 월드컵이 열렸을 때 1호점을 개점했던 입지도 이태원의 한 제과점 자리다. 당시 덴마크 월드컵 국가대표 선수들이 대구에서 경기를 끝내고 올라와 이벤트에 참여했고, 덴마크 대사도 1일 점장으로 앞치마를 두르고 손님을 맞이하던 기억이 새롭다. 자국 업체의 해외진출에는 범국가적인 지원이 이루어진다는 사실에 적잖이 부러웠다.

1990년대 중반, 한 지상파방송 오케스트라를 이끌고 있던 지휘자는 내게 "피자는 제조공장이 필요 없고, 출근할 때 밥 안 먹는 신세대가 늘어나는 추세이니 키오스크형 피자가게를 프랜차이즈화하면 잘되지 않겠느냐?"는 아이디어를 제시했다. 미국에서 공부하던 그때의 경험을 살려 '슬라이스 피자와 콜라' 세트를 싸게 팔면 승산이 있다는 의견이었다.

피자 값에 부담을 느낀 소비자들을 겨냥한 슬라이스 피자가 론칭된 시점이 바로 그 즈음이지만, 성공하지는 못했다. 해외여행자가 늘어나면서 정통피자에 더 관심이 쏠렸기 때문. 개그맨 이원승 씨가 대학로에 '디마떼노'를 오픈한 것도 이러한 소비심리를 감안한 전략이었다.

이처럼 피자가 대중화된 지 30년이 지난 2017년 5월 현재, 전국에는 8,052개가 영업 중이고, 월평균 2,150만 원의 매출을 올리고 있다. 그러나 5년 전인 2012년 6,300여 개 점포의 매출이 월평균 2,008만 원이었다는 점을 감안하면 그동안 성장률은 그다지 크지 않았다. 당시 상위 20%는 5,690만 원이었고, 점포당 월평균 이용 건수는 847건이었다. ●

2017년 현재, 먼저 전국에서 피자 전문점이 가장 잘되는 지역을 동별로 산출했다. 그 결과 서울 대치1동이 1위로 5개 점포 월평균 매출은 1억4,200만 원에 달했다. 5년 이상 된 점포 비율도 40%로 상당히 높았다. 참고로 자영업 전 업종의 5년 이상 생존비율은 29%다. 다른 업종에 비해 이 지역의 업력이 상대적으로 높다는 점은 비교적 안정적이라고 볼 수 있다. ●●

● **피자 전문점 매출현황(2012년 기준)**

전국 피자 점포당 평균매출: 월 2,008만 원(하위 20%:285만 원/상위 20%:5,690만 원)
· 월평균 건당 매출액: 20,297원
· 점포당 월평균 이용건수: 847건

●●피자 전문점 전국매출 상위 20개동 순위(2017년 5월 기준)

순위	기준년월	광역시도	시군구	행정동	평균매출 (원)	표본수 (개)	5년 이상(%)
1	201705	서울	강남구	대치2동	141,646,137	5	40
2	201705	경기	수원시	태장동	119,740,492	6	0
3	201705	서울	서초구	양재1동	104,545,985	7	42.86
4	201705	서울	용산구	이태원1동	88,850,864	7	0
5	201705	서울	은평구	증산동	82,681,872	6	50
6	201705	경기	수원시	매탄3동	78,131,089	7	42.86
7	201705	경기	화성시	동탄3동	76,626,592	17	23.53
8	201705	경기	성남시	정자1동	76,265,094	7	14.29
9	201705	서울	양천구	목4동	73,461,612	8	37.5
10	201705	경기	화성시	진안동	72,590,118	9	55.56
11	201705	경기	수원시	영통2동	71,806,481	5	60
12	201705	서울	서초구	방배4동	69,674,214	5	0
13	201705	경기	수원시	영통1동	67,997,919	13	38.46
14	201705	충남	아산시	탕정면	67,210,646	8	0
15	201705	경기	군포시	광정동	66,850,819	5	40
16	201705	서울	강남구	대치4동	65,902,791	6	16.67
17	201705	서울	영등포구	당산2동	65,546,489	6	16.67
18	201705	서울	은평구	대조동	65,495,745	11	9.09
19	201705	대전	서구	둔산2동	65,164,608	8	37.5
20	201705	서울	강남구	논현2동	62,833,071	5	20

2012년에는 매출상위 동(洞)으로 경기도 광주 경안동(7,900만 원), 부천 상2동(7,530만 원), 부산 부천2동(6,860만 원) 등이었고 기타 20위권에는 포항 대이동, 경기 의정부 1동, 서울 화양동, 대구 삼덕동, 구리

인창동, 광주 충장동 등이 포함됐지만 5년이 지난 지금은 수원시 매탄 3동을 제외하고 30위권에도 들어오지 못했다.

수원 매탄3동은 2012년 월평균 매출이 5개 점포 평균 5,132만 원이었는데, 2017년에는 3개가 늘어난 8개에서 7,810만 원을 올려 전국 16위에서 6위로 껑충 뛰었다. 5년 이상 된 점포 수도 43%로 상당히 높다. 매탄 3동에는 2017년 7월 현재, 거주인구는 3만8,708명으로 외국인도 835명이 살고 있는데, 5년 전에 비해 외국인 수만 500여 명이 늘어났다.

다음으로는 수원 태장동으로 월평균 1억2,000만 원인데 5년 이상 업력비율은 0%인 점으로 미루어 6개 점포 모두 창업한 지 5년 미만의 점포에서 매출이 높게 나타났다는 점을 알 수 있다. 3위는 서울 양재1동으로 7개 점포 평균 1억 원이며, 그간 어떤 업종도 상위권에 오르지 않았던 서울 은평구의 증산동과 대조동이 각 8,260만 원과 6,540만 원을 올리고 있다는 점이 이채롭다.

서울과 경기 지역을 제외하면 상위매출 읍·면·동으로 아산 탕정면이 14위에 랭크됐다. 편의점 매출도 전국 상위에 오른 탕정면에는 8개의 피자집에서 각각 월평균 6,720만 원을 올리고 있다. 하지만 5년 이상 업력은 없는 상태로 오래된 피자집은 없고, 2년 전(4개), 1년 전(2개)에 대부분 오픈한 것으로 나타났다.

피자를 찾는 소비자들의 성향은 어떠할까? 우선 남성(49.4%)과 여성(50.6%) 비율은 비슷했다. 하지만 연령구간에서는 5년 전, 30~40대가 70.9%로 대부분을 차지했지만 2017년에는 60.23%로 줄어든 반면에 50대는 12%에서 19.6%로 상당히 올랐다는 점이 눈에 띈다. 또한 이들은 주말 이틀간 31.4%가 이용했는데 과거에는 일요일(24.3%) 비중이 높게 나타났지만 지금은 19.4%로 목요일(10.2%)을 제외하고 주간 동안 고루 이용하는 것으로 나타났다. 시간대별로는 점심(20.8%)시간대보다 저녁(36%)시간대에 더 많이 주문해 먹는 것으로 분석됐다.

최근 한 해 동안 피자는 어느 지역에서 매출을 가장 많이 올렸을까? 1위는 서울로 1,446개 점포평균 3,700만 원의 매출을 기록했다. 2위는 경기로 2,800만 원이 나왔고, 3위는 인천(2,800만 원)이다. 다만 중간값은 평균에 비해 많이 떨어져 피자집 간 매출 격차가 큰 것으로 보인다. 중간값은 전체를 10으로 볼 경우 5위를 말한다. ●●●

점포 밀집도와 매출의 연관성을 알아보기 위해 상권별 점포수와 매출액을 분석해본 결과 상업지역에 3,710개가 몰려 있고, 매출액도 평균 3,050만 원으로 다른 상권에 비해 높게 나타났다. 주거지역에는 2,234개의 점포가 있지만 매출액은 2,100만 원으로 상대적으로 낮았다. 피자집은 인근 거주인구가 많다고 하더라도 입지는 상업지역에 두는 것이 유리함을 보여주는 대목이다.

●●●피자 전문점 시도별 매출순위(2017년 5월 기준)

순위	광역시도	평균매출(원)	중간값(원)	건단가(원)	표본수(개)
1	서울	37,325,121	19,886,130	23,110	1,446
2	경기	28,039,189	16,567,023	22,478	1,954
3	인천	27,848,845	17,441,684	21,782	444
4	부산	23,604,263	13,832,902	24,384	440
5	제주	22,323,986	14,866,089	27,870	88
6	세종	22,190,007	15,982,676	22,975	40
7	대전	21,849,411	13,743,084	22,710	318
8	대구	20,591,312	11,739,418	23,757	365
9	광주	20,532,313	12,956,649	22,086	243
10	강원	20,080,771	12,684,422	24,123	294
11	충남	19,470,686	11,684,048	23,390	387
12	경남	18,701,473	12,733,940	23,915	509
13	울산	18,682,955	11,423,710	23,225	207
14	전북	18,241,049	11,840,981	22,974	324
15	충북	16,625,155	11,382,420	23,129	324
16	경북	14,951,086	9,376,314	24,278	420
17	전남	14,238,827	8,946,120	23,802	249

한식 전문점 완전정복

한식(韓食)의 사전적 의미는 '우리나라 고유의 음식'이다. 정의는 이렇게 간단하지만 업종으로 들어가면 상당히 복잡하다. 우리나라 고유의 음식이 한둘이 아니기 때문이다. 내가 소상공인시장진흥공단에서 제공하는 상권정보시스템을 개발할 당시, 업종을 분류할 때 가장 애를 먹었던 분야도 바로 한식의 세분류였다.

일반적으로 한정식을 포함해서 대대로 내려온 '전통 한국음식'을 '한식'으로 통칭한다. 그러나 통칭으로 분석하면 정확한 분석이 되지 않기 때문에 '일반 한식'만을 따로 떼어 분석해보기로 한다. 우선 사업자등록상 일반 한식의 비중은 89.57%로 한정식(2.07%), 두부요리(3.51%), 쌈밥(1.87%), 보리밥(1.02%)에 비해 월등히 많다.

전국 점포수도 17만1,066개로 그 어느 업종 수보다 많지만 매출에서

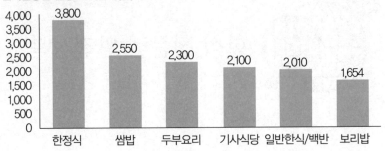

● 한식업종별 월평균 매출액(원)

는 상대적으로 낮은 편이다. 점포규모나 단가의 차이는 있지만 한정식은 월평균 3,800만 원의 매출을 내고 있다. 쌈밥(2,550만 원), 두부요리 전문점(2,300만 원) 그리고 기사식당은 2,100만 원인 데 반해 일반 한식은 2,010만 원에 그치고 있다. ●

이렇게 매출이 적은데도 매년 창업자 수가 늘어나는 이유는 몇 가지가 있다. 첫째, 어릴 적부터 늘 익숙한 업종이어서 거부감이 없다. 둘째, 경기가 좋지 않을 때는 새로운 것보다 옛것을 찾으려는 복고심리가 작동한다. 대부분 가맹점보다 독립자영업이어서 창업자금이 상대적으로 적게 든다.

그러다 보니 최근에는 은퇴자들이 대거 일반 한식집 창업에 나서고 있다. 실제로 최근 3년간 전체 창업자의 53%가 50대 이상 창업자라는 점이 이를 말해준다. 이는 필요에 의해서가 아니라 생계를 위해 어쩔 수 없이 떠밀리듯 뛰어드는 비자발적 창업자가 늘고 있다는 반증이기도 하다.

물론 전국의 모든 한식집이 다 어렵다는 건 아니다. 나름대로 선방하는 곳도 많은데 2017년 현재, 전국에서 가장 매출이 높은 베스트 동 30개를 산출해봤다. 그 결과 일반 업종에서 서울이 높게 나온 것과는 대조적으로 오히려 경기도가 상위권을 독점하고 있는 것으로 나타났다.●●

상위 몇 개 동을 추려보면 경기 화성 동탄1동이 전국 1위로 16개 점포에서 올리는 월평균 매출이 1억5,800만 원에 이른다. 그 뒤를 이어 수원 매탄3동(1억5,400만 원), 수원 영통2동(1억4,300만 원) 등으로 최상위권에 속한다. 지방에서는 창원 가포동이 6개 점포에서 1억4,300만 원으로 전국 3위를 기록했고, 경남 합천 삼가면이 26개 점포 평균 9,600만 원으로 전국에서 14위에 올랐다.

그 외에도 충남 아산 탕정면(8,800만 원), 부산 동대신1동(8,500만 원), 해운대 우3동(8,300만 원), 제주 서귀포 예래동(7,900만 원) 등이 눈에 띄게 잘되는 지역이다. 이 가운데 탕정면은 한식뿐 아니라 편의점, 커피 등 웬만한 업종들은 대부분 매출 상위권에 올라 있다. 삼성 근로자 4만여 명이 배수진을 친 덕분이다.

17개 시도별로 점포 수와 평균매출 등을 산출했다. 이 가운데 가장 평균매출액이 높은 지역은 서울시로 2만8,450개 점포에서 월평균 3,200만 원을 보였고, 경기도(2,700만 원), 부산(2,400만 원), 대전(2,300만 원) 등 몇몇 광역시가 강세를 보였다. 이들 지역을 제외하고 대부분 평균매출(2,000만 원) 이하를 올리고 있다. 특히 경북은 1,400만 원으로 극히 저조하고, 경남도 상당히 낮은 편이다.●●●

창업을 준비한다면 평균매출액보다 중간값을 참고하는 것이 좋다. 평균은 대부분 상위매출 점포가 견인하기 때문에 실제로 10개 중 2∼3위를

●●일반 한식 전국 상위매출액 순위(2017년 기준)

순위	기준년월	광역시도	시군구	행정동	평균매출(원)	표본수(개)	5년이상(%)
1	201705	경기	화성시	동탄1동	157,839,162	16	18.75
2	201705	경기	수원시	매탄3동	153,684,803	136	25
3	201705	경남	창원시	가포동	142,857,012	6	66.67
4	201705	경기	수원시	영통2동	142,501,963	57	12.28
5	201705	서울	서초구	서초2동	138,001,576	133	35.34
6	201705	서울	서초구	반포2동	130,432,905	8	25
7	201705	경기	화성시	반월동	129,943,965	61	21.31
8	201705	경기	과천시	문원동	115,070,966	8	75
9	201705	경기	용인시	기흥동	110,018,688	46	34.78
10	201705	경기	화성시	동탄2동	108,444,225	14	35.71
11	201705	경기	성남시	고등동	102,683,883	23	69.57
12	201705	경기	화성시	동탄3동	96,888,327	329	12.77
13	201705	서울	양천구	신정6동	96,380,314	7	14.29
14	201705	경남	합천군	삼가면	96,179,756	26	38.46
15	201705	경기	용인시	동천동	92,660,425	107	18.69
16	201705	부산	기장군	철마면	91,326,160	44	61.36
17	201705	충남	아산시	탕정면	88,421,047	120	17.5
18	201705	경기	성남시	야탑3동	88,103,653	10	30
19	201705	경기	성남시	정자동	86,267,093	129	17.05
20	201705	서울	강남구	도곡1동	85,884,952	64	21.88
21	201705	서울	서초구	반포4동	85,057,067	87	34.48
22	201705	부산	서구	동대신1동	84,640,909	7	42.86
23	201705	서울	서초구	서초4동	84,079,970	113	39.82
24	201705	경기	광명시	하안1동	83,997,915	57	38.6
25	201705	부산	해운대구	우3동	82,738,492	54	16.67
26	201705	경기	하남시	미사2동	80,625,799	26	7.69
27	201705	제주	서귀포시	예래동	79,161,007	53	37.74
28	201705	경기	성남시	삼평동	78,066,648	122	2.46
29	201705	경기	용인시	신봉동	77,957,685	45	28.89
30	201705	경기	부천시	중4동	75,710,038	6	16.67

●●●한식집 전국 지역별 평균매출액(2017년 기준)

순위	광역시도	평균매출(원)	중간값(원)	건단가(원)	표본수(개)
1	서울	32,169,664	15,046,633	33,857	28,450
2	경기	26,666,901	11,855,573	36,436	35,088
3	부산	23,910,830	10,256,385	40,814	10,860
4	대전	22,959,230	10,861,855	36,131	5,537
5	제주	22,354,599	9,963,137	46,732	4,817
6	인천	21,072,492	9,919,623	35,775	7,818
7	세종	20,329,462	10,902,110	39,909	745
8	울산	19,442,148	9,792,476	42,435	4,492
9	광주	19,069,882	10,116,423	40,196	5,113
10	대구	19,002,267	8,817,842	39,667	8,753
11	충남	18,747,296	8,022,431	43,757	8,719
12	전북	16,980,174	8,246,174	41,117	7,095
13	경남	16,871,974	8,626,230	43,886	13,958
14	전남	16,554,196	8,713,111	45,963	8,137
15	충북	16,315,888	8,275,617	39,865	6,844
16	강원	14,276,959	7,006,874	41,973	8,353
17	경북	14,250,619	6,761,820	42,423	12,387

해야 올릴 수 있는 매출규모이다. 따라서 처음부터 과한 목표를 세우기보다 중간값 정도 벌었을 때 유지할 수 있는지 따져보는 것이 편하다.

한식집을 이용하는 고객 특성을 보자. 성별로는 남(57.36%), 여(42.64%) 비율에 큰 차이가 없으나 연령대로 가면 30대(30.07%) 이용자가 가장 많고, 다음이 40대(28.42%), 50대(19.6%) 순이며 20대는 13.29%로 상대적으로 적다. 요일별 이용비율은 주말이 11% 수준으로 낮지만 주중에는 15~17%대로 비교적 고른 분포를 보인다.

이러한 여러 데이터를 종합해보면 한식은 서울과 경기도 매출이 높긴하나 임대료를 감안하면 지방과 큰 차이를 보이지 않는다. 때문에 데이터를 충분히 분석해서 임대료 부담이 적은 입지를 선택해야 한다. 물론 개인사정으로 거주지와 너무 멀면 결정하기가 쉽진 않다. 그렇다고 거리에 연연하다 보면 좋은 입지를 놓치고 나중에 후회할 수도 있다.

또한 당분간 우리 경제가 2%대 저성장 기조여서 내수경기가 살아날 가능성은 적기 때문에 장기전을 준비할 필요가 있다. 그러기 위해서는 투자를 최소화하고, 여러 메뉴를 취급하는 것보다 단품 중심으로 전략을 짜는 것이 좋다. 예컨대 대상고객 소비특성에 따라서 40~50대가 주고객인 지역이라면 감자탕, 대구탕처럼 탕류가 유리할 것으로 보이고, 20~30대 비중이 높다면 김밥, 국수와 같은 한국형 패스트푸드점이 유리할 것으로 보인다.

면류업종 완전정복

국수는 어느 나라가 원조일까? 중국, 이탈리아, 아랍권 등에서 서로 원조라고 우기지만, 인류가 기원전부터 즐기는 음식이었고 세계 대부분의 나라에서 다양한 방식으로 만들어지고 있어 딱히 원조를 따지기는 어렵다.

나는 1975년에 경부선 열차로 상경하다 대전역에서 먹었던 '1분 국수' 맛을 잊을 수가 없다. 기차가 잠깐 정차한 사이 얼른 내려서 후루룩 마시듯이 먹고 다시 타야 했기 때문에 입천장이 데이고 난리가 아니었지만, 국수 한 그릇만 있어도 족했던 시절이었다.

1963년에 국수 한 그릇 값은 28원이었는데, 노동자들은 그것도 비싸서 못 사 먹었다. 그러자 서울시가 시영실비식당을 11군데 열고 절반 이하 가격인 12원에 판매했다는 기록이 있다. 가톨릭노동청년회(JOC)

도 남대문에 '보리싹'이라는 국수집을 차려놓고 노동자들에게 3원에 팔면서 시중의 국수보다 두 배를 더 줬다. 그러자 너무 많은 사람들이 몰려 500여 명이나 되는 사람이 발길을 돌렸다는 당시 기사도 있다.

국수는 1970년대까지만 하더라도 소득수준이 낮은 서민들이 즐겨 먹었던 음식이다. 그러다 1983년 국수 하나만 파는 소위 국수 전문점이 처음 문을 열면서 고급화시켜 별미로 자리 잡게 됐다.

당시 국수의 인기는 대단했다. 1983년에 전문점이 생기자 너도나도 창업을 해서 불과 1년 뒤에는 전국에 2,000개나 생겼다. 당시 국수 전문점을 모집하던 브랜드로는 장터국수(김치말이국수), 다림방, 짱구짱구 등 대여섯 개나 됐다.

어쨌든 국수는 우리나라가 원조라고 우길 수는 없지만, 생면은 1423년 《조선왕조실록》에 기록이 있고, 소면은 1918년 평안남도 남포의 진남포 공장에서 처음 생산했다고 알려져 있다. 국수를 즐기게 된 배경은 어느 나라나 비슷한데, 우리도 국수 면발처럼 길게 오래 살 수 있기를 바라는 마음에서 먹는다고 전해진다.

각설하고, 언급한 국수처럼 면으로 만든 음식들, 즉 우동, 냉면, 베트남쌀국수, 라면, 파스타 등을 비교·분석해보고자 한다. 먼저 국수 전문점을 보자.

빅데이터 분석 결과 점포 수는 1만1,000개이고, 점포당 월평균 매출은 3,000만 원 수준으로 나타났다. 최근 2년간 점포수와 매출은 1~2% 내외로 소폭 상승했지만 결재단가는 오히려 3% 가까이 떨어져 한 번

결재할 때마다 2만3,000원에서 2만2,000원으로 줄었다. 2만2,000원이라는 의미는 보통 두세 명이 같이 가서 한 사람이 결재해서 약간 높게 나온 것이다.

지방에 따라 선호하는 국수가 다르다. 강원도는 막국수와 콧등치기국수가 유명하고, 충청도는 꿩칼국수, 생선국수, 호박국수를 즐겨 먹는다. 반면 전라도는 팥칼국수와 바지락칼국수가 유명하다.

국수 전문점 매출은 서울, 경기가 단연 앞서고 광주, 대전, 인천 등 광역시가 선전하고 있는 반면 강원, 충북이 낮고 경북이 매출이 가장 낮았다.

전국 시·군·구별로 다시 좁혀 보면 가장 잘되는 지역은 서울시 중구가 1위, 서초구가 2위로 나타났다. 지방으로는 경기도 화성이 3위, 광주광역시 서구가 8위에 올랐다. 서울 중구는 다른 업종의 경우 그다지 선전하는 지역이 아닌데 면류는 특히 강세다. 국수뿐 아니라 냉면도 1등, 파스타는 2등에 랭크됐다.

특이한 사실은 베트남쌀국수는 지방에 따라 호불호가 분명한 음식으로 17개 시도 가운데 경인지역, 부산, 경상남·북도와 충북 등 7개 시도에서만 데이터를 파악할 수 있었다. 나머지 시도는 5개 미만으로 가게 숫자가 거의 없어서 분석하지 않았다.

누들업종 가운데 베트남쌀국수를 제외한 모든 업종의 매출이 지난 2년간 소폭 상승했다. 가장 많이 오른 업종은 라면집(10.2%)이었고, 우동과 냉면이 5%대로 비슷하게 올랐다. 반면 베트남쌀국수는 지난 1년간 7%나 하락하여 점점 인기가 떨어지는 것으로 보인다. 우스갯소리지만 얼마 전 베트남에 갔더니 비슷한 쌀국수가 우리 돈 1,000원밖에 안 되던데 우리는 8배나 되는 평균 8,500원을 받아서 좀 덜 찾는 게 아닌가 싶다.

카드 결재단가는 모든 누들업종에서 줄었다. 적게는 2%(냉면)에서 많게는 11%(라면/분식)까지 줄었는데 "전체 매출은 늘었다면서 왜 결재단가는 많이 줄었다고 하느냐"고 의아해할 수도 있을 것 같다. 우리는 여러 명이 식당에 가서 밥을 먹으면 각자 돈을 내기보다 한 사람이 돈을 지불하는 경우가 많다. 그 영향으로 금액이 줄었다는 의미다. 그러니까 국수 먹을 때 만두를 하나 더 시켜 먹던 사람들이 이제는 국수만 먹고 간다는 이야기다. 경기가 그만큼 어려워졌다는 뜻이다.

어떤 고객층이 누들 음식을 즐겨 먹는지 분석해보았다. 고객층을 알면 입지를 정하는 데 큰 도움이 되기 때문이다. 국수는 대체로 남자들이 더 많이 먹는 것으로 나타났는데, 특히 40~44세 남성이 즐기는 것으로 분석됐다. •

다만 베트남쌀국수는 남자의 경우 30대 후반, 여성은 30대 초반의 비중이 가장 높은 것으로 보아 아직은 베트남국수가 장년들에게는 익숙하지 않은 음식인 것으로 파악됐다.

떡볶이 전문점의 고객층도 분석해보았다. 떡볶이는 지역에 따라 많이 다르게 나타났는데 세종과 울산은 남자가 60%로 더 많고, 경부선을 따라 서울, 대전, 부산 등 큰 도시는 거꾸로 여성비율(60%)이 더 높다. 연령대별로는 세종과 울산은 30대가 45%로 20대 이하(15%)보다 3배나 많다.

성별	연령대	국수 · 만두 · 칼국수	김밥 · 라면분식	우동 전문점	냉면	양식(파스타 포함)	동남아 음식 전문점
남성	20~24	0.4	1.1	1.2	0.5	0.5	0.3
	25~29	2.7	5.1	5.7	3.3	3.8	3.6
	30~34	6.4	9.4	9.2	7.5	8.3	9.3
	35~39	8.7	9.7	9.5	8.9	9.3	11.1
	40~44	11.1	10.0	9.4	10.9	10.3	10.8
	45~49	10.7	8.2	7.4	10.0	8.5	7.7
	50~54	8.2	5.4	4.5	7.9	5.8	4.3
	55~59	5.6	3.3	2.4	5.6	3.2	2.3
	60대 이상	5.7	2.4	1.8	6.4	2.4	1.8
여성	20~24	0.9	2.2	2.7	0.9	1.6	1.6
	25~29	2.9	5.5	6	2.8	5.1	6.9
	30~34	4.4	6.7	6.9	4.4	6.6	9.0
	35~39	5.5	7.3	7.8	5.3	8.0	8.9
	40~44	6.9	7.9	8.8	6.2	8.7	7.6
	45~49	6.8	6.8	7.9	6.1	7.6	6.0
	50~54	5.6	4.5	5.0	5.2	4.9	4.1
	55~59	3.8	2.6	2.2	3.8	2.9	2.6
	60대 이상	3.9	1.9	1.7	4.3	2.3	2.0

　서울 서초동에 있는 예술의전당 한 블록 아래에 떡볶이가게가 하나 있는데 아주 잘된다. 이 지역은 반경 200미터 이내에 여성 직원 비율이 70% 이상인 공기관과 카드회사가 자리 잡고 있다. 게다가 이 가게는 청년 둘이 운영하고 있다. 여성소비자에 청년이라는 상품이 매출을 끌

어 올린 결과다.

이러한 분석 결과를 바탕으로 창업하면 좋을 상권을 추정해보았다. 면의 종류에 따라 상권이 다소 다른데 국수는 직장인이 많은 거리, 라면은 상업지역, 우동과 파스타는 역세권이 유리한 것으로 나타났다.

면류업종 가운데 생존율이 가장 높은 업종은 냉면으로 평균 5.3년이었고, 국수와 우동이 4,5년으로 비슷하고, 라면과 파스타는 3.3년으로 좀 짧다.

어린이영어학원 완전정복

　통계청이 2017년에 발표한 우리나라 초·중·고등학교 사교육비 규모는 전년 대비 1.3% 늘어난 약 18조1,000억 원이며 참여학생 비율은 67.8%다. 10명 중 7명이 사교육을 받고 있는 셈이다. 참여학생 1인당 교육비로 나눠보면 초등학생(30만 원), 중학생(43만 원), 고등학생(50만 원)으로 나타났다. '일반교과'의 사교육은 전체 참여학생의 51%가 받고 있고, 교육비로는 19만 원을 쓰고 있다. ●

　일반교과에서 다시 영어교육시장만 추출할 경우 39.1%가 참여하고 있고, 영어교육비로 7만9,000원을 지출하고 있는 것으로 나타났다. 이는 국어(1만6,000원)나 수학(7만6,000원)보다 높다. 물론 이 데이터는 평균이다. 50만 원 이상 쓰는 참여학생 비율도 전국으로 보면 17.1%이고, 서울은 28.8%에 이른다.

● 과목별 학생 1인당 월평균 사교육비 및 참여율(2017년 기준)

구분		사교육비(만 원, %)							참여율(%)						
		전체	일반교과	국어	영어	수학	사회,과학	예체능	전체	일반교과	국어	영어	수학	사회,과학	예체능
2015년		24.4	19.0	1.5	8.0	7.7	0.9	5.3	68.8	54.7	17.3	40.8	42.5	9.7	34.6
	전년대비	1.0	−0.3	−1.0	−2.1	0.1	1.8	5.4	0.2	−1.7	−1.5	−2.1	−2.8	−1.1	2.1
2016년		25.6	19.1	1.6	7.9	7.6	1.0	6.3	67.8	51.0	17.7	39.1	42.3	10.4	37.8
	전년대비	4.8	0.6	8.0	−1.7	−0.7	8.5	19.5	−1.0	−3.7	0.4	−1.6	−0.3	0.7	3.2
초등학교		24.1	14.2	1.3	6.7	4.0	0.7	10.0	80.0	53.5	23.7	40.1	41.3	11.9	64.3
중학교		27.5	24.6	1.4	10.1	10.8	1.4	2.9	63.8	55.8	14.0	48.0	51.4	13.0	20.6
고등학교		26.2	22.1	2.3	7.7	10.4	1.1	3.7	52.4	43.2	11.6	30.3	36.1	5.9	11.7

자료원 : 통계청 사회통계기획과(042-481-2233)

주당 사교육 참여시간은 초등학교와 중학교가 각각 6.8시간, 6.2시간이며 고등학생은 4.6시간으로 나타났다. 이를 다시 사교육 참여유형별로 나누면 학원수강(12만 6,000원)으로 가장 많고 개인과외(3만1,000원), 그룹과외(1만9,000원), 방문학습지(1만1,000원) 등이다.

영어를 포함한 일반교과 수강목적은 학교 보충수업이 76.8%로 가장 높지만, 선행학습 목적수강도 44%에 이른다. 초등학생(어린이)의 사교육 목적으로는 보충수업이 77.4%로 가장 높지만 선행학습(45.1%)과 중학교 진학준비(18.6%)를 위한 교육도 적지 않다. 특히 사교육을 시키지 않으면 불안하기 때문에 보내는 비중이 초등학생에게 가장 높은 33.1%라는 점은 시사하는 바가 크다.

부모의 경제활동 상태에 따라서도 차이가 난다. 아버지가 경제활동을 하는 학생의 사교육 참여율은 70.8%에 달하는 반면에 맞벌이(69.2%)와 외벌이(67.8%) 가정은 더 낮은 참여율을 보인다. 이러한 데이터를 종합해보면 사교육시장은 부모의 수입과 학력이 높을수록, 학생의 성적이 상위권일수록 더욱 유리하다는 점을 알 수 있다.

성적구간별 학생 1인당 사교육 참여율과 사교육비를 보면 상위그룹으로 갈수록 사교육에 의지하는 비중이 높게 나왔다. 구체적으로 보면 상위 10%는 67.8%가 참여하고 교육비로 32만9,000원을 쓰고 있는 반면 하위 20%는 55.9%가 참여하고 17만5,000원의 교육비를 지출하고 있다.

어느 시대, 어떤 상황이 오더라도 정부정책에 의해 영어 사교육 시장 규모는 결코 줄지 않을 것이라는 확신이 업계에는 존재한다. 소비위축으로 학부모의 지갑이 얇아진 최근 1년 동안에도 어린이영어학원의 증가추이로도 이를 쉽게 확인할 수 있다.

그렇다면 이러한 사교육 시장을 기반으로 '일반교과' 분야 중에서 어린이영어학원은 어떻게 유지되고 있을까? 분석 결과 전국평균 학원당 월 매출은 1,610만 원으로 집계됐다. 지역별 편차는 상당히 큰데 가장 매출이 높은 서울은 1,233개 학원에서 월평균 3,380만 원에 이르고, 최근 사교육 열풍이 불고 있는 세종시는 2위로 27개 학원당 월평균 2,220만 원을 올렸다. 상위매출 두 지역의 중간값은 서울이 980만 원, 세종 890만 원인데 평균값과의 격차가 심한 것으로 미루어 상위그룹 학원들이 독주하고 있는 것으로 보인다. **

●●어린이영어학원 전국 매출 현황(2017년 기준)

광역시도(평균)	평균매출	중간값	건단가	표본수
서울	33,791,617	9,803,730	280,907	1,233
세종	22,201,306	8,908,215	238,614	27
대전	21,103,220	9,196,663	253,613	222
충남	19,997,919	10,919,759	253,377	203
경기	19,866,129	8,538,706	272,825	1,741
인천	19,016,510	8,873,090	281,473	356
부산	17,845,124	7,240,491	226,258	472
대구	17,657,139	7,829,779	255,972	426
울산	13,668,997	8,486,853	252,184	170
경남	13,030,047	7,269,377	262,133	391
제주	13,006,173	7,347,217	273,558	51
충북	12,412,351	8,484,871	241,363	176
광주	12,403,547	7,992,318	251,280	234
전북	10,418,389	6,579,846	262,396	262
경북	9,887,729	6,367,675	231,217	275
강원	9,045,684	5,190,139	255,269	166
전남	8,050,849	5,847,897	256,121	150

건당 결제단가는 서울과 인천이 평균 28만 원, 경기와 제주가 각각 27만 원을 내고 있고, 대전·대구·광주 광역시는 평균 25만 원 수준이다. 서울과 지방의 결제건당 금액차가 크지 않는 것으로 미루어 프랜차이즈 학원이 시장을 주도하고 있는 것으로 보인다.

전국에서 가장 월매출이 높은 20개 동을 산출해보았다. 그 결과 서울 삼성2동이 1억4,600만 원으로 1위에 올랐고, 당산2동(1억3,700만 원),

반포4동(1억3,400만 원) 순이다. 통념상 상위에 랭크될 가능성이 높은 강남구 청담동은 30위권 밖이었고, 목1동(5,660만 원)으로 전국 28위에 머물렀다. ●●●

●●●어린이영어학원 전국 동별 최고매출액 순위(2017년 기준)

순위	광역시도	시군구	행정동	평균매출(원)	표본수(개)	5년이상(%)
1	서울	강남구	삼성2동	145,595,098	5	20
2	서울	영등포구	당산2동	137,453,482	7	42.86
3	서울	서초구	반포4동	133,842,632	5	20
4	경기	화성시	동탄2동	127,748,325	9	11.11
5	서울	강남구	도곡2동	119,722,702	7	28.57
6	서울	강동구	강일동	110,675,380	5	40
7	서울	서대문구	연희동	103,256,143	5	80
8	서울	송파구	삼전동	93,037,817	6	33.33
9	경기	화성시	팔탄면	91,457,870	5	0
10	서울	구로구	신도림동	88,289,984	8	50
11	충남	아산시	탕정면	82,979,134	5	20
12	서울	구로구	오류2동	82,504,373	6	66.67
13	경기	남양주시	별내동	80,126,186	7	14.29
14	서울	중랑구	신내1동	78,826,362	12	41.67
15	서울	강남구	압구정동	76,345,497	5	40
16	서울	강북구	삼각산동	76,158,874	8	25
17	서울	마포구	망원1동	69,390,718	5	60
18	서울	노원구	월계1동	68,237,213	7	42.86
19	서울	성동구	행당1동	63,648,426	6	0
20	서울	영등포구	양평2동	61,659,144	5	60

흥미로운 점은 당산2동이 새롭게 떠오르는 어린이상권이라는 점과 화성시 동탄2동과 동탄면, 서울 삼전동, 남양주시 별내동처럼 신도시 젊은 엄마들이 어린이학원 매출을 견인하고 있다는 점이다. 대상이 어린이라는 점을 염두에 두고 상권을 봐야 하는 이유다. 특히 아산시 탕정면(8,300만 원)은 작은 지방 신도시에 20개 어린이학원이 있고, 전국에서 11위에 오를 정도로 번창하고 있다. 삼성이란 기업의 힘이다.

어린이학원 시장을 서울로 한정해서 월별 매출액 추이를 분석해보면 2월과 3월, 8월에 가장 높고, 9월과 10월이 조금 낮지만 월간 차이는 그다지 크지 않다. ●●●●

지역별로는 양천·노원·도봉구 지역의 어린이영어시장 규모가 점진

●●●●어린이학원 월별 매출액 추이 현황

기준년도	평균매출(원)	중간값(원)	건단가(원)	표본수(개)
201606	30,888,915	9,394,185	284,513	1,211
201607	31,517,498	9,742,117	281,609	1,193
201608	36,352,435	9,568,151	275,897	1,174
201609	31,123,942	9,568,151	277,266	1,201
201610	31,581,733	9,568,151	279,611	1,206
201611	33,005,340	9,437,676	275,886	1,218
201612	33,800,010	9,742,117	284,784	1,178
201701	33,797,966	9,655,134	279,299	1,176
201702	37,518,480	9,916,083	292,953	1,191
201703	37,094,857	10,524,965	282,038	1,237
201704	32,047,979	9,742,117	272,861	1,195
201705	36,770,244	10,785,915	284,168	1,233

적으로 상승하고 있고, 마포·강서·강동·동작구 등도 강남 3구의 성장률보다 높게 나타난다. 사교육의 메카, 강남지역이 전국 상위권에 많지 않은 배경은 중·고등학교 시장에 집중되어 있기 때문인 것으로 분석된다. 대치동의 거주인구 연령대에서 35~45세 비중이 타 지역에 비해 높다는 점이 이를 확인해준다. 즉 어린이영어시장은 오히려 신흥 중소형 아파트지역이 강세로 나타나고 있는 것이다.

　이러한 여러 데이터를 기준으로 성공 가능성이 높은 지역을 추출해본 결과, 서울 강남지역에서는 도곡동, 삼전동, 가락2동, 신도림동 등이 유망하며, 강북에서는 월계동, 공릉동, 당산동, 연희동 등에 입지를 잡으면 유리할 것으로 보인다. 지방에서는 표 전국 읍·면·동별 젊은 동순위의 '젊은 동'을 참고하면 도움이 될 것이다. ●●●●● 매출로 추정하면 부산 구서동, 괴정동, 온천동과 울산 효문동, 의정부 호원동, 청주 율량동, 아산 탕정면 등이 성공 가능성이 높은 상권이다.

●●●●●전국 읍·면·동별 젊은 동 순위(2015년 8월 기준)

광역시도	시군구	읍면동	남성(세)	여성(세)	평균연령(세)
충남	계룡시	신도안면	28.1	28.2	28.2
경기	화성시	동탄4동	29.1	29.4	29.2
경북	구미시	양포동	29.3	29.7	29.5
경남	거제시	상문동	29.9	29.8	29.9
세종		아름동	29.6	30.6	30.1
경북	칠곡군	석적읍	30.2	30	30.1
경기	화성시	동탄3동	29.7	30.8	30.2
전남	무안군	삼향읍남악출장소	29.6	30.9	30.3
광주	광산구	수완동	29.7	31.1	30.4
경남	거제시	아주동	30.2	30.6	30.4
경북	김천시	율곡동	30.9	30.1	30.5
경남	진주시	충무공동	30.2	30.8	30.5
전남	나주시	빛가람동	30.4	30.8	30.6
충남	아산시	탕정면	31.0	30.3	30.7
경기	화성시	동탄1동	30.6	30.9	30.8
경북	구미시	진미동	31.3	30.3	30.8
경남	거제시	수양동	30.6	31.2	30.9
세종		한솔동	30.5	31.4	31.0

미용실 완전정복

우리 생활에서 없어서는 안 될 '필수 업종'이 있다. 바로 미용실이다. 먹고 입는 업종도 꼭 필요하지만 선택의 폭이 넓고, 때에 따라서는 미루거나 직접 만들어도 된다. 하지만 머리(hair)만큼은 때가 되면 전문가에게 맡겨야 한다.

미용실 역사를 보면 1920년대 러시아인이 정동 입구에 개점했다는 기록이 있다. 우리나라 사람으로는 1932년에 개화파 여성 오엽주가 종로에 개원한 '화신미용원'이 효시라고 알려져 있다. 당시 오엽주에게 머리를 맡기려면 쌀 두 섬이 들었다. 한 섬은 열 말(144kg)이니까 금액으로 치면 상당하다. 이후 1935년에 이정섭이 '여왕미장원'을 개원한 것이 2호다.

그 후 1967년 '한국통계연감'에는 미용사 시험에 합격한 수자가 1만

7,768명으로 대거 늘어난 것으로 집계됐다. 그즈음 '산업별 임금격차조사'를 보면 미용사 평균임금은 7,780원으로 당시 은행원 임금(18,440원)의 42%에 불과했다. 그래도 당시 미용비(50~150원)를 감안하면 낮은 임금은 아니었다.

몇 년이 지난 1971년, 이·미용실 개수는 3만8,000개로 늘었다. 이발소를 합한 개수이긴 하지만 같은 해 음식점과 다방을 합한 총 개수가 6만 개였으니 그에 비하면 가히 폭발적인 인기를 누린 업종인 셈이다. 이런 상황을 감안하면 남북이 통일될 경우 미용실이 가장 유망한 업종이 되지 않을까 싶다.

그로부터 46년이 지난 2017년, 우리나라 미용실은 공식적으로 6만7,100개인데 비공식적인 미용실까지 합하면 약 8만 개에 이른다. 흐른 세월에 비하면 크게 늘어난 것은 아니지만 '페르미 추정(Fermi esitmae)', 즉 어림셈법으로 추정해도 돈을 벌 만한 상황은 아니다.

어떠한 문제에 대해 기초적인 지식과 논리적 추론만으로 짧은 시간 안에 대략적인 근사치를 추정하는 방법을 '페르미 추정'이라 하는데, 비슷한 개념으로 휴리스틱(heuristic), 즉 경험적으로 어림잡아 계산하는 방법도 있다. 업종을 결정하기 전에 이러한 방법으로 한 번쯤 검토해보는 것이 좋다.

내친김에 미용실에 대해 간단하게 어림셈을 해보자. 모든 업종이 그렇듯 업종을 결정하기 전에 시장규모를 추정하기 위해 어림셈을 하는 습관이 배어 있어야 한다. 미용실을 이용하는 확실한 고객은 여성으로 우리나라 절반을 차지한다. 그리고 이들이 회당 결재하는 건의 단가는 전국 평균 4만1,000원이다. 내가 페이스북에서 여성을 대상으로 설문 조사를 한 결과, 미용실을 가는 횟수는 3~4개월에 한 번이라는 결과를 얻었다.

이러한 숫자를 가지고 어림셈을 하면 미용실당 월평균 400만 원 정도 나온다. 그런데 요즘은 연령대에 따라 다르지만 미용실 고객의 48%는 남성이다. 이렇게 추정하면 월 800만 원 가까이 된다. 전국 미용실당 월평균 매출이 2017년 기준, 800만 원이니까 비교적 근사치로 맞아떨어진다. •

다시 돌아와 지역별 매출을 비교해보자. 가장 매출이 높은 지역은 예상대로 서울인데 1만3,061개 가게에서 월평균 1,600만 원이며, 중간값은 570만 원 수준이다. 다음은 경기도로 1만6,814개에 1,000만 원을 올렸으며, 세종(990만 원)과 대전(9,30만 원) 순이다. 전국 최하위 매출지역은 경북으로 월평균 490만 원에 불과했고, 전남(510만 원), 강원(580만 원), 전북(590만 원)으로 이들 네 지역은 600만 원을 넘지 못하는 저조한 매출을 올렸다.

문제는 중간값이다. 10개 중 5위를 한 가게들의 매출이 월평균 300~570만 원이라는 점을 감안하면 상위 10~20%를 제외한 미용실이 대부분 생계를 유지하는 수준에 그치고 있음을 말해준다. 그럼에도 미용실 개수가 줄지 않는 것은 기술 기반 업종의 경우 업종 전환이 그리 쉽지 않기 때문으로 풀이된다.

문제는 지금의 저조한 매출이 일시적 현상이 아니라는 데 있다. 내가 2012년에 분석한 자료를 보면 당시 서울지역 9,606개 미용실 월평균

● 시도별 미용실 평균매출(2017년 기준)

순위	광역시도	평균매출(원)	중간값(원)	건단가(원)	표본수(개)
1	서울	16,239,433	5,697,844	49,114	13,061
2	경기	10,067,511	4,561,915	41,668	16,814
3	세종	9,920,047	4,684,037	39,692	200
4	대전	9,295,377	4,086,457	39,062	2,346
5	인천	8,807,974	4,272,071	40,416	3,943
6	부산	8,798,870	3,321,268	51,350	3,908
7	충남	8,429,229	3,761,805	43,767	2,566
8	광주	8,077,203	4,007,245	41,362	2,166
9	울산	7,674,988	3,852,295	42,390	1,653
10	경남	7,316,450	4,132,979	40,110	4,272
11	제주	6,988,627	3,832,621	44,590	783
12	대구	6,816,548	3,962,813	40,837	3,304
13	충북	6,625,777	3,516,205	37,895	2,247
14	전북	5,858,988	3,444,908	37,523	2,383
15	강원	5,816,606	3,452,190	36,272	2,272
16	전남	5,089,928	3,366,018	36,072	1,882
17	경북	4,876,488	3,046,213	37,267	3,296
전국		8,041,179			

매출은 960만 원이었다. 5년이 지난 지금은 1,600만 원이니 그래도 상당히 늘어난 것 아니냐고 할지 모르지만 물가와 다른 업종의 상승률을 비교해보면 거의 제자리걸음이라고 볼 수 있다. ●●

그나마 서울을 제외한 다른 지역은 그때나 지금이나 별반 차이가 없다. 당시 2위였던 경기도가 760만 원에서 1,000만 원으로 늘어난 것을

순위	광역시도	총매출(원)	평균매출(원)	점포수(개)
1	서울특별시	92,062,036,919	9,583,806	9,606
2	경기도	84,578,023,346	7,550,935	11,201
3	부산광역시	16,861,975,880	6,956,261	2,424
4	인천광역시	17,580,619,280	6,764,378	2,599
5	대전광역시	9,669,479,781	6,668,607	1,450
6	광주광역시	9,009,000,465	6,575,913	1,370
7	충청북도	8,273,212,285	6,192,524	1,336
8	울산광역시	6,203,834,770	6,191,452	1,002
9	충청남도	9,022,867,973	6,167,374	1,463
10	경상남도	14,645,462,601	5,734,324	2,554
11	전라북도	7,904,853,767	5,543,376	1,426
12	제주특별자치도	2,191,820,916	5,398,574	406
13	전라남도	5,563,065,651	5,364,576	1,037
14	대구광역시	10,049,966,519	5,199,155	1,933
15	강원도	7,511,226,148	5,051,262	1,487
16	경상북도	9,552,956,546	4,868,989	1,962

비롯해서 부산(880만 원→880만 원), 인천(700만 원→880만 원)으로 거의 비슷하다. 오히려 전남(540만 원→510만 원)은 줄었고, 경북(490만 원→490만 원), 강원(510만 원→580만 원) 등도 물가상승률에도 못 미치는 저조한 실적을 보였다. 대체로 고령화가 빠르게 진행되고 있는 지역의 매출 하락이 눈에 띈다. 앞으로 이런 추세는 계속 이어질 것으로 보여 지방 미용실의 시장조정이 불가피해 보인다.

동 단위로 전국에서 가장 많이 버는 상권을 분석해보았다. 1위는 30개의 미용실이 있는 서울 반포4동으로 점포당 9,600만 원의 매출을 올렸다. 그 뒤를 청담동(9,300만 원, 122개), 대치1동(8,300만 원, 25개), 압구정동(6,700만 원, 122개) 등이 차지해 상위매출 미용실의 대부분은 강남 3구에 몰려 있다. 참고로 서울에서 미용실이 가장 많이 있는 곳은 이대 앞인데 128개가 있고, 평균 4,000만 원을 올려서 전국에서 26번 째로 높다. ●●●

5년 전 순위와 비교해보자. 당시 1위였던 청담동은 2위로 내려앉아 순위만 달라졌을 뿐 여전한 강세지역이고, 3위였던 안양 범계동(3,300만 원 →5,100만 원)은 16위로 내려왔지만 매출은 1,800만 원이 더 올랐다. 특히 강남 압구정동(3,200만 원→6,700만 원)은 두 배 이상 올랐다.

불경기 노변경제의 특징은 짧은 치마와 짙은 립스틱이라고 하는데, 여기에 단정한 머리도 포함시켜야 할 것 같다. 불경기의 또 다른 특징은 '가뭄이 들면 물고기가 가운데로 모이듯' 도심지역의 미용실 매출이 크게 상승한 반면 변두리지역은 오히려 줄고 있다는 점에서 그렇다.

문제는 수익성이다. 미용실 평균매출(800만 원)을 기준으로 하면 인건비, 임대료, 재료비 등을 제할 경우 변두리에서는 약 350만 원 정도 벌 수 있다. 그러나 창업하기까지 배워야 했던 비용과 기간, 투자비 등을 감안하면 기술창업자가 번 돈치고는 상당히 낮다.

'평균매출'이라는 것도 브랜드 파워가 있는 프랜차이즈 가맹점을 포함한 금액이어서 개인 창업자들은 이보다 훨씬 낮다. 실제로 미용실의

●●●행정 동별 매출순위(2017년 기준)

순위	기준년월	광역시도	시군구	행정동	평균매출(원)	표본수(개)	5년이상(%)
1	201705	서울	서초구	반포4동	96,292,281	30	50
2	201705	서울	강남구	청담동	92,669,966	122	45.08
3	201705	서울	강남구	대치1동	82,516,325	25	48
4	201705	서울	강남구	압구정동	67,139,196	122	48.36
5	201705	경기	성남시	수내1동	65,099,808	37	43.24
6	201705	서울	송파구	문정2동	64,263,552	30	46.67
7	201705	서울	양천구	목1동	61,922,264	49	38.78
8	201705	서울	서초구	서초4동	61,517,300	36	47.22
9	201705	경기	성남시	서현1동	61,062,047	59	54.24
10	201705	서울	송파구	잠실4동	57,217,021	19	42.11
11	201705	서울	영등포구	여의동	55,879,663	40	60
12	201705	서울	관악구	서원동	52,115,513	27	33.33
13	201705	경기	고양시	장항2동	51,639,640	87	27.59
14	201705	경기	고양시	화정2동	51,608,516	38	57.89
15	201705	서울	중구	명동	51,446,821	49	67.35
16	201705	경기	안양시	범계동	51,391,159	45	44.44
17	201705	서울	강남구	삼성1동	48,050,642	21	52.38
18	201705	서울	서초구	반포3동	47,397,268	15	53.33
19	201705	서울	서초구	방배1동	44,275,313	34	41.18
20	201705	서울	종로구	이화동	44,177,904	6	66.67

'평균매출구간'을 분석해본 결과 상위 15% 수준에 걸려 있었다. 평균매출구간이 상위로 갈수록 그 업종의 수익성이 낮고 하위 간 경쟁이 심하다는 점을 말해준다.

더욱이 미용실도 갈수록 프랜차이즈화되어가고 있는 데다 대형화 추세여서 개인 미용실이 설 자리는 갈수록 줄어들 것으로 보인다. 참고로 우리나라 미용실의 프랜차이즈는 1970년에 등장했다. '이가자 헤어비스'가 1972년에 론칭한 것을 필두로 '박승철 헤어스투디오(1983년)', '이철헤어커커(1988년)' 등이 연이어 나타났다. 여기에 프랑스 브랜드 '쟈끄데상쥬'가 도입되면서 경쟁이 더욱 치열해졌다.

1990년대 들어 미용실은 남성고객을 대거 유인하면서 상당기간 호황을 누리기도 했다. 실제로 남자들만 가는 이발소는 전국에 1만4,200개로 미용실의 4분의 1 수준에 그치고 있다. 남녀성비가 비슷한 점을 감안할 때 남성의 상당수가 이발소 대신 미용실을 찾는다는 것을 알 수 있다. 하지만 1998년, 남성전용 미용실 '블루클럽'과 뒤이어 '나이스가이' 등이 등장하면서 가격 경쟁력에서 뒤진 미용실이 다시 뒷걸음질했다.

이처럼 여러 요인들이 불리해졌는데도 미용실 창업자들은 구태의연한 창업방식을 고수하고 있다. 미용실은 입지 업종, 즉 어디에 자리 잡느냐에 따라 성패가 갈리는 업종임에도 상권분석을 제대로 하고 창업하는 경우는 거의 없다. 대부분 미용카페나 재료상의 소개 혹은 선후배의 가게를 인수하는 등의 방법으로 창업하고 있다는 점이 문제다.

상권분석이 왜 필요한지에 대해 몇 가지만 예시해본다. 미용실에는 월평균 180명이 왔다 가고, 한 사람이 결재한 금액은 4만1,000원이지만 미용요금은 지역별 편차가 크다. 개별점포 데이터를 공개할 수는 없지만 서울 청담동의 경우는 1인당 평균 9만 원(45%)을 쓰는 반면 신촌은 3만 원(43%)을 쓴다. 즉 입지에 따라서 고객수준이 다르기 때문에 자신의 기술수준에 맞는 입지를 찾아야 한다. 그러려면 고객 분석은 필수다.

대표적인 상권인 청담동과 신촌을 좀 더 깊이 분석한 결과, 두 곳 모두에서 여성 고객이 남성 고객보다 3배 가까이 많았다. 하지만 연령대가 청담동은 30~50대까지 고루 나타나는 반면에 신촌은 20대 후반~30대 초반까지가 주류를 이루고 있다는 점이 달랐다.

고객 분석은 단지 가격정책에 국한되는 것은 아니다. 미용실은 특성상 생활밀착형 업종이기 때문에 거주인구에 대한 정밀 분석이 필요하다. 그에 따라 시장규모가 결정되고, 이 결과를 토대로 밀집도를 분석한 다음, 다른 미용실과의 경쟁에서 이길 방법을 찾아내야 하기 때문이다.

이러한 시장환경과 고객이 추구하는 가치를 감안한다면 기술을 충분히 익힌 다음 상권분석을 통해 론칭하는 것이 가장 안전한 창업법이다.

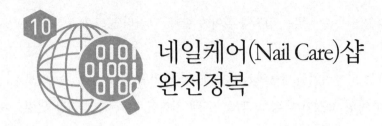

네일케어(Nail Care)샵
완전정복

영국 시장조사기관 'IBIS월드'와 캐나다의 리서치 전문 기업 테크나비오(Technavio)의 보고서를 종합하면 세계 네일케어(Nailcare) 시장규모는 2019년 90억 달러에 이를 것으로 예측된다. 최근 5년간 매년 5% 전후 성장해왔고, 2018년부터는 평균 2.4% 성장할 것이라는 추정에 기초하고 있다.

아름다운 손톱을 가지고 싶다는 욕구는 중국 명나라 때부터 시작되었다고 한다. 당시 귀족들은 평민과는 달리 육체노동을 하지 않았다는 상징으로 인공손톱이 유행했다. 이후 19세기 초, 그리스 상류층 여성들은 손톱 위에 시리아에서 건너온 작은 나무 피스타치오의 빈 껍질을 착용하기 시작했고 이내 유럽 전역으로 퍼져 나갔다. 20세기 후반 들어 인공손톱은 전 세계로 퍼져나갔다. 나도 지난 1993년, 유럽을 갔다가 대형쇼핑몰 2층 작은 가게에서 네일케어살롱을 처음 봤고, 귀국 후 미래형 아이템으로 소개했다.

국내에 본격적으로 알려진 시점은 웰빙(well-being) 바람 덕분이다. 삶의 가치를 건강에 두고 '잘 먹고 잘 살자'를 추구한다는 트렌드인데 자기중심적인 삶을 내포하고 있다. 자신을 위해 투자하기 시작한 것도 이 즈음이다. 이후 미용 분야에 중점을 두고 아름다운 삶을 지향하는 '웰루킹(well-looking)족'이 등장했다. 바로 이 '보이는 것'에 대한 웰루킹 시장이 20~30대 직장 여성을 중심으로 빠르게 확대되고 있다. 최근에는 40~50대 여성과 젊은 직장 남성들까지도 외모 가꾸기에 상당한 돈을 투자하고 있는데 그 이면에는 네일케어(nail care)가 자리 잡고 있다.

우리나라 미용서비스업 시장은 크게 미용, 피부관리, 네일케어(nailcare) 등 세 업종으로 나뉜다. 가장 업종 수가 많은 건 역시 미용실로 87.3%에 이르고, 다음은 피부관리실(10.5%) 그리고 네일케어샵(2.2%)이다. 업계에서는 네일케어샵이 이미 포화점을 넘었다고 하지만 해외보고서를 보면 아직 여유가 있어 보인다.

실제로 미국은 최근 10년 동안 매년 5% 넘는 성장을 보였고, 캐나다에서도 최근 10년간 4.5% 이상 성장했다. 특히 캐나다는 미용서비스 제품의 용도별 매출 비중에서 네일케어 제품이 헤어 관련 제품(30%)보다는 적지만 색조화장품(15%), 피부관리용품(10%), 목욕용품(10%)보다 높은 20%를 기록하고 있다는 점은 시사하는 바가 크다(KOTRA 동향보

고서: 캐나다 네일케어용품 구매트렌드).

　그렇다면 우리나라의 네일케어 시장은 어떤가? 우선 고객층을 보면 여성이 82%로 5년 전 71.5%에 비해 10% 이상 늘어났다. 하지만 남성도 18%나 돼서 네일케어가 여성에 한정된 업종이 아니라는 메시지를 주고 있다. 앞으로 더욱 확대될 가능성을 보여주는 대목이다.

　연령 구간별로 보면 30대가 전체의 40.1%로 가장 많고, 40대가 23% 그리고 20대가 19.1%순으로 이용하고 있다. 유럽에서도 30대의 83%가 한 번 이상 네일케어샵을 찾는 것으로 나타났다는 점에서 세계적으로 네일케어의 주 고객층은 30대인 것으로 확인됐다. 이어서 40대(23%), 20대(19.2%) 순이다.

　계절별로는 노출이 시작되는 5~9월 사이에 주로 찾지만 갈수록 겨울과 여름 간의 편차가 그리 크지 않다는 점도 확인되었다. 요일별 이

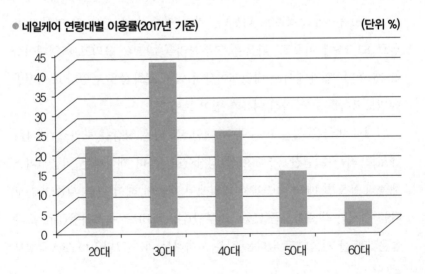

● 네일케어 연령대별 이용률(2017년 기준)　　　　　　　　　　(단위 %)

용현황에서도 일요일(8.18%)이 다소 낮지만 주중과 토요일은 14~16%로 고른 이용률을 보였다. 이용자를 종합하면 30대 여성으로 여름에 가장 많고, 화·수요일이 주말보다 다소 높게 나타난 것으로 확인됐다.

네일케어샵 매출을 보자. 전국 월평균 매출은 2017년 현재, 867만 원으로 나타났다. 가장 매출이 높은 지역은 서울로 1,786개 점포에서 평균 1,710만 원을 올리고 있다. 다음으로는 부산과 충남으로 각 1,000만 원을 조금 웃도는 것으로 분석됐다. 가장 매출이 낮은 지역은 전남으로 490만 원에 불과했으며, 다음으로 경북은 540만 원이다.

2012년에는 전국에서 1,887개 네일케어샵이 영업 중이었고, 월평균 매출은 979만 원이었다. 그러나 2017년 현재, 매출은 5년 전 대비 점포당 100만 원 정도 낮아졌다. 이는 점포 수가 7,304개로 대폭 늘어난 것이 저조한 원인으로 해석된다. 그럼에도 폐업 점포가 크게 늘지 않은 이유는 상당 부분 샵인샵(shop in shop)이거나 규모가 작다는 점에서 고정비용이 차지하는 비율이 작기 때문으로 풀이된다. ●●

만일 신규 창업을 원한다면 한 가지 유념해야 할 것이 있다. 월평균 매출에 매몰돼서는 안 된다는 점이다. 일반적으로 평균값은 상위 25% 수준에서 결정되기 때문에 평균매출을 목표로 한다면 10명 중 2~3등은 해야 가능하다. 따라서 중간값에 기준을 두고 시작하는 것이 무리 없다. 네일케어샵의 중간값은 전국 평균 526만 원에 불과하다.

전국에서 가장 잘되는 곳을 동별로 분석해보았다. 그 결과 서울 이태원 1동에서 영업 중인 5개 점포의 월평균 매출이 7,100만 원으로 나타났고, 5년 이상 된 점포 수도 3개나 됐다. 다음으로는 서초4동(6,800만

●●네일케어샵 전국 매출 현황(2012년 기준)

광역시도(평균)	평균매출(원)	중간값(원)	건단가(원)	표본수(개)
강원	5,870,930	4,687,359	68,390	151
경기	9,832,960	6,165,869	84,927	1,779
경남	7,763,612	5,861,153	86,206	445
경북	5,413,353	2,913,287	69,725	282
광주	8,120,279	4,739,898	83,801	286
대구	8,569,195	5,304,277	78,736	314
대전	9,819,950	5,674,652	94,216	229
부산	10,821,116	4,229,531	120,051	535
서울	17,145,865	6,992,357	101,168	1,786
세종	9,369,006	8,821,296	84,554	19
울산	8,771,856	3,784,919	119,598	124
인천	9,566,848	6,220,143	80,805	464
전남	4,922,382	3,299,087	75,720	174
전북	6,898,758	4,869,426	87,877	177
제주	7,398,660	5,485,005	70,879	104
충남	7,281,493	6,088,634	96,868	235
충북	6,867,181	4,372,561	87,891	200

원), 구의3동(6,200만 원), 도곡2동(6,100만 원) 등이 가장 상위에 오른 상권이다.

상위매출 30위까지 대부분 서울에 포진하고 있다는 점이 다른 업종과 차이가 난다. 서울을 제외하면 부산 우2동(5,230만 원)과 우3동(3,750만 원), 부전2동(3,700만 원)에 45개 점포가 영업 중이다. 경기도는 용인시 성복동(4,400만 원)에는 5개 샵이 운영 중이나 이 가운데 5년

이상 된 가게는 1개에 불과하다. 성남시 심평동(3,570만 원)과 수원시 영통1동(3,480만 원)은 30위 안에 드는 잘되는 곳이다.

결론적으로 네일케어샵은 전망은 나쁘지 않으나 매출이 상대적으로 저조하고 최근 점포 수가 크게 늘어나고 있다는 점을 감안하면 30대 여성을 많이 만날 수 있는 입지를 선택하되 가급적 샵인샵으로 도전하는 것이 보다 안전한 방법이라 할 수 있다. 비록 해외자료이긴 하지만 30~40대 여성의 미용 관련 예산 중 1/3을 네일케어에 소비하는 것으로 보고되고 있어 다소 희망적이다.

4장에서는 대상시장에 따라 무슨 업종이 잘되고 유망한지, 향후 나타날 시장변화에 어떻게 대처해야 할 것인지에 대해 제안하였다. 특히 '고단한 삶'을 살아가는 40대, 신도시로 모이는 청년세대는 어떤 업종에 많은 소비를 하고 있는지 등은 빅데이터가 아니면 알 수 없는 정보를 제공한다. '늙어가는 대한민국'에서 노인시장은 어떤 모습으로 변화할 것인지도 눈여겨보면 좋다.

chapter **04**

빅데이터가 알려준
목표고객 정의

01 대한민국 40대 경제학

통계청은 2016년 3분기 우리나라 40대 가구당 월평균 명목소득이 505만2,000원으로, 전년 3분기보다 0.03% 줄었다고 발표했다. 가구당 소득통계를 시작한 2003년 이후 처음 있는 일이다. 지난 2008~2009년, 미국발 금융위기 때도 40대 가구는 전 연령대 중 유일하게 소득이 증가해서 우리 경제의 버팀목 역할을 했다.

비율로 보면 "0.03% 줄어든 게 뭐 대수냐"고 할지 모르지만, 가장 왕성하고 안정된 허리역할을 하고 있는 40대 소득이 줄어든다는 것은 그만큼 우리 경제가 심각하게 돌아가고 있다는 뜻으로 해석된다. 40대 가구 소득의 감소의 의미가 무엇이고, 이를 극복하기 위한 방법은 무엇인지에 대하여 창업시장을 중심으로 짚어보고자 한다. 통계자료는 통계청과 상권정보 제공 기업인 ㈜나이스지니데이터(www.nicebizmap.

co.kr) 그리고 관련 연구기관의 데이터를 기반으로 분석했다.

대한민국 40대. 이들은 가장 왕성하게 활동하고 소득도 다른 세대에 비해 가장 높다. 그럼에도 대부분의 조사에서 절반 정도는 스스로를 우울한 저소득층이라고 생각한다. 이들이 짊어져야 할 책임과 의무가 너무 무겁기 때문이다.

40대의 지출구조를 보면 크게는 교육비, 부양비, 노후보장저축 등으로 나뉜다. 생활비를 포함하여 수입의 86%가 지출되고 있다. 청소년 자녀를 둔 40대는 교육비로 번 돈의 10.82%(2014년)를 사용하는데, 30대(4.90%)보다 2배 이상 많다. 고령화로 인해 갈수록 부양비도 늘고 있다. 2016년 현재, 40대 가운데 부양책임을 지고 있는 비율은 37.2%로 이들은 15세 미만 소년세대(18.6%)와 65세 이상 노년세대(18.5%)를 양어깨에 메고 간다. 그러다 보니 정작 자신의 노후를 보장해줄 저축은 53%로, 비중이 교육비의 절반 정도다.

이 때문일까? 한국은행이 2008년 6월부터 2013년 6월까지 5년간 대출자 50만 명의 신용등급 변화를 추적한 자료에서, 저신용등급으로 추락한 대출자 가운데 40대 비중은 30%로, 퇴직시기인 50대(23%)보다 더 높게 나왔다. 남편의 불안한 미래를 대신해 창업한 것으로 추정되는 40대 여성의 온라인 창업 비중 또한 2014년 7.5%에서 2016년 상반기에는 8.2%까지 높아졌다. 사정이 이렇다 보니 혹시나 하고 복권을 사는 40대도 많이 늘었다. 작년에 40대가 복권을 산 금액도 8억 원에 가까울 만큼 갈수록 운에 기대를 거는 사람이 많아졌다.

이렇게 고단한 삶을 살아가는 대한민국 40대, 880만 명은 주로 어떤 업종에 돈을 쓰고 있을까? 40대의 소비행태를 짚어보는 것은 이들 세대를 이해하는 데 도움이 될 뿐 아니라 창업자들에게도 유용한 데이터가 될 것이다.

업종은 전국 소상공업과 의료기관 등을 163개로 분류해서 2015년도 신용카드 결재자를 세대별 비율로 환산하였다. 그 결과 40대 비중이 가장 높은 업종은 사교육업종이었다. 입시학원은 72.3%를 40대가 결재했고, 종합학원(70.8%), 외국어학원(63.1%) 등 모든 학원에서 50%를 훨씬 넘는다. ●

물론 소매업종인 교복(76.1%)과 서점(50.4%), 악기(44.2%)는 두말할 나위가 없다.

의료기관에도 상당수 진료과목은 40대 비중이 높다. 치과와 성형외과는 34.1%, 피부과도 33%로 대부분 자녀들의 맵시 가꾸기를 위한 투

● 학원업종의 세대별 고객비중(2015년 기준) (단위:%)

	업종명	20대	30대	40대	50대	60대	남	녀
학문/교육	입시학원	0.6	3.9	72.2	21.6	1.6	38.5	61.5
	종합학원	0.6	5.6	70.8	21.1	1.9	39.2	60.8
	어린이영어	0.5	20.4	68.0	9.6	1.6	39.6	60.4
	외국어학원	2.7	13.5	63.1	18.7	2.0	40.0	60.0
	피아노/음악학원	1.0	27.8	62.0	6.9	2.3	40.0	60.0
	태권도/유도/합기도	1.1	32.6	59.4	4.7	2.2	44.1	55.9
	서예/미술학원	1.8	17.2	57.2	21.7	2.1	37.2	62.8
	실용음악학원	5.6	9.4	54.5	27.2	3.3	42.4	57.6

자로 판단되고, 비뇨기과(41.5%)만이 오롯이 자신을 위한 지출이 아닌가 싶다.

이렇듯 교육과 의료는 대부분 자녀를 위해 사용하다 보니 정작 외식은 저렴한 식당을 찾는다. 사업상 필요한 유흥주점(40.4%)를 제외하면 부대찌개(38.1%), 닭갈비(37.7%), 해장국(36.9%), 삼겹살(34.4%) 등 가벼운 술을 함께 할 수 있는 곳이다. 외식도 자녀를 우선으로 배려하는 업종이 눈길을 끈다. 아이스크림이 38.1%로 나타났고, 도넛과 스파게티 전문점이 37%, 피자 전문점이 35.2% 등으로 40대의 비중이 상당히 높다.

시장조사 전문기업인 마크로밀엠브레인(www.embrain.com)의 자료에 의하면 이렇듯 낮은 객단가 업종을 이용하면서도 2016년에 외식비를 더 줄였다는 40대 응답자가 39.2%나 된다. 이들은 고단한 삶을 더욱 옥죄고 있다. 이를 증명이라도 하듯 유흥주점은 2016년 8월 현재, 전년 대비 수익이 5.7% 줄었지만 소주방이나 포장마차로 향하는 40대의 지출의 합은 최근 2년 새 1,000억 원에서 1,500억 원으로 50%나 늘었다.

40대들은 고단한 자신의 휴식을 위해서는 그다지 돈을 쓰지 못했다. 휴식할 때는 TV를 보거나(45%), 영화관을 찾거나(25.1%) 혹은 당구장에 가는 게 고작이다. 실제로 최근 2년간 전체 당구장 매출은 31억 원에서 63억 원으로 2배 이상 증가했다. 절제된 낭만을 즐기기 위해 스크린골프장(44.5%)이나 낚시용품점(33.4%)에 들르는 정도다.

평균연령 47세인 일본의 40대도 우리와 크게 다르지 않다. 은둔형 외톨이 즉, '히키코모리'족 가운데 40대가 무려 40%에 이른다. 가처분소득이 줄어들면서 돈을 쓰지 못하자, 집에서 나오지 않는 것이다.

그럼에도 국세청의 '국세 통계로 알아보는 생활 밀접 업종 현황'을 보면 2016년 말 현재, 전체 사업자는 689만9,000명으로 1년 전보다 4.4% 늘었다. 이는 지금과 같은 소득감소를 반전시키기 위해서는 창업 외에는 달리 방법이 없다는 점을 말해준다. 저성장으로 기업은 투자를 줄이면서도 직원 밀어내기는 심화될 것이지만 채용에는 인색할 것이기 때문이다. 따라서 불경기라고 움츠리기보다 적극적인 도전정신이 어느 때보다 필요하다. 떠밀려 창업하는 것보다는 능동적인 도전이 당연히 유리하다.

불안한 면도 없진 않다. 40대의 가구당 명목소득이 줄어든 내용을 좀 더 들여다보면 그동안 연간 5% 이상 꾸준히 증가해왔던 근로자소득이 2.9% 줄어든 반면 자영업자들의 사업소득은 5.9% 떨어져, 창업해도 영업이 순조롭지 않을 수 있다.

하지만 나라는 달라도 일본을 보면 희망적이다. 2015년 현재, 일본은 40대가 창업하는 비율이 28.4%로 우리나라(26.3%)와 비슷하고, 창업 당시 종업원 수도 2인 이하가 51.2%로 절반 이상이 어렵게 시작한다. 그러나 창업 후 만족도는 58%로 두 명 중 한 명은 물적 혹은 심적으로 성공한 것으로 나타나고 있다.

일본의 40대를 분석한 '일본 중소기업청' 자료는 또 다른 희망을 준다. 45세 이하에서 부유층은 8%에 불과하지만 45세 이후에 창업해서 부유층으로 진입한 경우가 많았다. 40대에 조금 부족하다고 기죽지 말자는 얘기다.

문제는 무슨 업종으로 할 것인가인데, 앞서 소개한 40대의 소비행태를 다시 눈여겨보면 해답을 찾을 수 있다. 우리나라 인구의 2015년도 중위연령은 41.2세. 수적으로도 880만 명으로 10세 이하(457만 명)의 두 배에 가깝다. 따라서 40대를 목표고객으로 하는 업종을 선택하면 승산이 있다는 얘기다. 더욱이 육아 경험자가 아이의 심리를 더 잘 알듯이 40대는 40대가 더 잘 알 수 있기 때문에 마케팅에도 유리하다.

만일 자영업이 체질에 안 맞는다면 그간의 인맥과 커리어를 살려 사회적기업이나 소셜벤처 쪽으로 눈을 돌려보는 것도 좋다. 지속가능하고 이타적인 아이디어만 있다면 정부의 다양한 정책자금과 인적 네트워크를 활용할 수 있어 리스크를 크게 줄일 수 있을 뿐 아니라 더불어 동행하는 큰 가치를 나눔으로써 만족도가 배가될 것이다.

SNS에서 회자되는 말 가운데 공감 가는 내용이 있다. "20대는 정답이 있는 세상에서 살고, 30대는 정답이 없는 세상에서 산다. 반면에 40대는 정답을 만들어가면서 세상을 산다." 스스로 정답을 만들어가는 40대의 지혜가 작동되기를 기대해본다.

'청년동(洞)'에서는
어떤 업종이 잘될까?

　창업할 때 미리 검토해보아야 할 사항은 참 많다. 대상 업종의 지속 여부를 판단하는 데 도움이 되는 창업 트렌드, 창업에 필요한 자금조달 방법 그리고 영업 활성화를 위한 마케팅전략 수립 등 현실적인 문제에서부터 상당한 지식이 요구되는 문제들도 있다.

　무엇보다도 대상 상권의 잠재고객에 대한 분석은 공개된 자료가 많아서 반드시 분석해봐야 한다. 입지선정과 마케팅에서 대단히 중요한 요소이기 때문이다.

　잠재고객은 거주인구와 유동인구로 나뉜다. 유동인구를 통제하고 거주인구 중심으로 서울지역을 분석해보았다. 특히 거주인구의 나이를 일렬로 세웠을 때 가장 젊은 층이 많이 사는 동(이하 '청년동')을 중심으

218

로 접근해보았다. ●

이에 앞서 한 가지 염두에 두어야 할 메가 키워드가 있다. 바로 '고령화'다. 전체 인구에서 65세 이상 노인인구가 차지하는 비율이 14%인 우리나라는 2017년 8월, 이미 고령사회(14%)에 진입한 만큼 갈수록 인구의 평균연령이 높아져갈 것이다.

이렇듯 늙어가는 대한민국에서 평균연령 30대인 청년동(洞)이 있다는 것은 상당히 고무적이며 흥미를 끈다. 서울의 청년동으로는 송파구 위례동이 가장 젊은 33.1세다. 요즘 아파트 프리미엄이 수억 원이나 붙었다는 위례동은 서울 송파구, 하남시, 성남시 등 3개 기초자치단체권이 모두 포함된 신도시다. 서울 외곽이면서도 강남권과 접했다는 점 때문에 젊은 엄마들이 선호하는 지역으로 부각되고 있는 듯하다. 기타 청

● **서울시 청년동 TOP 10의 평균연령(2016년)**

시도	시군구	읍면동	남(세)	여(세)	평균연령(세)
서울특별시	송파구	위례동	32.6	33.6	33.1
서울특별시	송파구	잠실2동	34.2	34.9	34.5
서울특별시	노원구	상계8동	34.3	36.4	35.4
서울특별시	노원구	중계1동	34.7	36.8	35.8
서울특별시	광진구	광장동	35.4	36.4	35.9
서울특별시	양천구	목1동	35.7	36.3	36
서울특별시	강서구	발산제1동	35.2	36.7	36
서울특별시	강남구	대치1동	35.1	37.1	36.1
서울특별시	강남구	역삼2동	35.6	36.5	36.1
서울특별시	양천구	목5동	35.2	37.3	36.3

자료원: 안전행정부

년동으로는 강남구 대치1동, 강서구 발산1동, 광진구 광장동, 노원구 상계8동과 중계1동, 송파구 잠실2동, 양천구 목1동 등이 35세 이하 동으로 올라 있다.

그렇다면 청년동에서는 어떤 업종이 잘될까? 학원이 가장 잘되는 업종으로 나타났는데 이 가운데 외국어학원 매출이 높았다. 대치동1동에는 외국어학원과 종합학원이 나란히 3~4위에 올랐다. 학원 수도 다른 지역에 비해 월등히 많았다.

대치 1동에는 외국어학원이 19개가 있는데 2016년 9월 기준으로 지난 1년간 월평균 매출이 3억4,000만 원이었고, 종합학원은 48개로 2억9,000만 원이나 올렸다. 그래서 호기심이 또 발동했다. 평균연령이 많은 소위 장년동에서도 학원이 잘될까? 분석 결과 평균연령이 45세 이상인 중년동 가운데 유일하게 청량리동에서 종합학원이 6위에 올라 있었다. 그런데 평균매출은 강남구 대치동의 2억9,000만 원에 턱없이 부족한 9,000만 원에 불과했다.

사실 청량리동은 동대문구의 중심가이기 때문에 종합학원이 10위권 안에 들었을 뿐 실제로는 학원이 대부분 청년동에 있다는 점을 확인할 수 있었다. 청년동 10개 가운데 학원이 잘되는 그 외 지역으로는 광진구 광장동, 노원구 상계8동과 중계1동 등이 있다.

의료기관도 청년동에서 상위권에 올랐다. 모든 의료기관이 다 잘되는 건 아니지만 20~30여 개 진료과목 가운데 딱 2개 과목이 유난히 잘됐다. 바로 치과와 피부과다. 그러나 지역에 따라 평균매출은 상당한 차이를 보였다.

대치 1동에서는 두 의료기관 모두 월평균 매출이 1억6,000만 원 수준이었고 같은 강남권인 송파구 잠실2동은 피부과가 2억3,000만 원, 치과가 1억4,000만 원으로 높게 나타난 반면에 노원구 상계8동은 치과가 4,800만 원으로 나타나 큰 편차를 보였다. 소득수준이 높은 동의 매출이 월등히 많다는 얘기다.

치과 얘기가 나온 김에 잠깐 말머리를 돌려 일본의 청년세대 얘기를 해보자. 얼마 전 시장조사차 일본을 방문했을 때 만났던 교토의 간사이외대(關西外大)의 정연권 교수는 "요즘 일본에서는 치과와 접골원이 잘된다"고 이야기를 꺼냈다. 요즘 일본 청년들은 취업 스트레스를 받아서 단것을 많이 먹다 보니 치과가 잘되고, 자신감을 잃어서 남을 똑바로 쳐다보지 못하고 몸을 움츠리고 다니다 보니 접골원이 잘된다는 것이다.

아닌 게 아니라 교토 어느 지역을 가도 우리나라에서는 사라진 접골원이 군데군데 눈에 띄고, 치과도 다른 의료기관에 비해 많았다. 이러한 현상에는 휴대폰을 과하게 사용하는 사람이나 노인들도 한몫했을 테지만, 나는 우리나라의 미래를 보는 것 같아 '웃픈' 마음이 들었다. 우리나라 청년들이 모두 일자리를 지역소비를 견인했으면 하는 바람이다.

다시 돌아와서 청년동에서 잘되는 일반 업종으로는 강남권에서는 제과점, 강북권에서는 중국음식점이 강세를 보였다. 제과점이 상위권에 오른 지역은 강남구 대치1동, 송파구 장지동, 양천구 목1동 등이었고,

중국음식점은 광진구 광장동이 분석 대상 162개 업종 가운데 3위, 노원구 상계8동이 7위, 양천구 목1동이 9위로 나타났다.

특이한 점은 평균나이 36세인 강서구 발산1동의 경우, 사진관 매출의 50%를 30대가 올려줬다는 점이다. 사진관이 잘된다는 것은 요즘 성인들이 사진관을 잘 찾지 않는다는 점을 감안하면 유아기 기록사진을 많이 남겨야 하는 30대가 소비의 중심축이기 때문으로 보인다.

이런 점을 염두에 두고 추론하면 실제로 30대가 많이 사는 곳은 발산1동이 아닌가 싶다. 나이를 일렬로 세워놓고 보면 중간값에 30대가 많다는 뜻이다. 나이를 모두 더해서 거주인구 수로 나눈 것이 평균연령이니 평균값을 끌어내리려면 어린아이가 많아야 하기 때문이다.

참고로 우리나라 전체 인구는 현재, 5,130만 명인데 연령대별로 나눠보면 40대가 900만 명으로 가장 많고, 50대가 820만 명, 30대가 780만 명이다. 이에 반해서 10대는 600만 명으로 뚝 떨어지고, 10세미만은 460만 명으로 10세 미만은 지금의 40대 인구의 절반 정도에 그친다.

청년동에서 잘되는 업종을 요일별로 분석했다. 그 결과 강남구 대치1동은 제과점이 1위 업종인데 가장 매출이 낮은 요일은 수요일이고, 금요일과 일요일에 각 19%로 높게 나타났다. 합하면 거의 40%에 가까운 매출을 이 두 요일에 올리는 것이다. 반면 대치동에 있는 피부과는 수요일에 63%나 올렸고, 발산1동의 치과도 일반 자영업에서는 대체로 가장 낮은 매출을 보이는 요일인 수요일에 23%나 올렸다. 아마도 일반 직장인이 몰리지 않은 요일에 학생들이 예약을 하기 때문이 아닐까 추측

된다.

광진구 광장동의 골프용품점은 주말에만 83%(토요일 32%, 일요일 51%)의 매출을 올렸다. 이 수치만 보면 광장동에서 골프샵을 열어 주 이틀만 영업해도 될 것 같은 기분이 든다. 그 외 주말에 잘되는 업종으로는 슈퍼마켓이 대체로 매출이 높았고, 학원, 치킨 전문점, 국수집 등이 잘되는 것으로 나타났다.

하루를 쪼개서 다시 시간대별로 분석해봤다. 아침시간대에 매출이 10%를 넘어서면 굉장한 비율인데 여기에 해당하는 업종으로는 편의점이 평균 11%, 슈퍼가 10% 그리고 골프연습장이 15%다.

일반적으로 총 매출액에서 항목별로 차지하는 비율을 인건비와 재료비를 각 30%, 수도광열비를 포함한 기타 잡비를 10~15%, 그리고 임대료를 10% 정도 잡는다. 그러니까 아침 9시 이전에 10% 매출을 올린다면 임대료를 버는 수준이니까 아주 즐거운 일이다.

12시~오후 6시까지 소위 한낮에 잘되는 업종은 피부과, 내과, 비뇨기과, 약국 같은 요양기관이었는데 65~85% 정도를 올렸다. 이들 업종은 영업시간을 감안하면 당연한 결과다. 유치원도 65%가 12시~오후 6시까지 올린 매출인데 예측 가능한 결과다.

다른 업종에서는 사진관 매출의 80%가 12시부터 6시까지 올리는 매출 비중이고, 중국음식점도 60%를 넘어가는 걸로 봐서 젊은 동에서는 직장인들보다 전업주부들이 이들 업종의 매출을 올려주고 있지 않나 생각된다.

앞서 고령화의 속도를 언급했지만 우리나라는 노인 비율이 14%를 넘어섰다. 물론 일본은 20여 년 전인 1994년에 이미 고령사회로 접어들었다. 참고로 세계에서 인구가 다섯 번째로 많은 인도네시아나 말레이시아, 필리핀 등은 2045년이 돼야 고령사회로 진입할 것으로 예측되고 있다. 좀 엉뚱한 결론이지만 팍팍한 대한민국에서 자영업자로 살아가느니 이 기회에 청년의 나라 동남아시아로 진출해보는 것은 어떨까?

'중년동'에서는
이런 업종으로 창업하라

청년의 대척점에 있는 중년, 평균연령 46세 이상 거주인구 비중이 높은 지역에서는 어떤 업종들이 우세할까? 평균연령 얘기가 나왔으니 잠깐 덧붙이자면 전국적으로 평균연령이 가장 높은 지역은 전남 고흥군 소록도(65.5세)다. 하지만 특수지역인 만큼 이곳을 제외하면 경북 의성군 신평면 거주인구의 평균연령이 63.7세로 가장 높다.

서울에서 행정 동 기준으로 평균연령 47세 이상인 동은 총 8개로 강남구 수서동, 강서구 가양2동, 구로구 가리봉동, 동대문구 청량리동, 용산구 남영동, 종로구 창신1동, 중구 광희동 그리고 가장 연령대가 높은 중구 을지로동(52.3세)이다.

나이가 많은 사람들이 산다고 하면 가장 먼저 떠오르는 업종이 의료기관일 것 같다. 의료기관 가운데는 치과, 내과, 이비인후과 등이 상위에 올랐고, 요양기관으로 폭을 넓혀 보면 거의 모든 동에서 약국이 10위권 안에 들어 있다.

치과는 중년이 되면 대부분 가게 되는 곳이고, 중·장년들은 어디가 아프면 일단 내과부터 가는 경향을 보인다. 허리가 쑤셔도 내과를 가고, 머리가 아파도 내과를 찾는 게 일반화돼 있다. 실제로 노인들이 다수인 읍·면 지역을 가면 어김없이 내과가 자리 잡고 있음을 볼 수 있다.

약국이 '중년동'에서 잘되는 이유도 비슷할 듯싶다. 웬만하면 병원 가기 전에 약국에서 해결했던 중년층의 습관 때문이 아닐까. 중년에게 익숙한 한의원은 강서구 가양 2동에서 월평균 1억7,000만 원, 종로구 창신1동에서 6,800만 원의 매출을 올렸다. 일반적으로 도농(都農) 간 접점인 터미널 인근과 영등포역 등에서 잘되는 업종임을 감안하면 도심 안의 동에서 매출이 높다는 점은 중년동의 효과라고밖에 볼 수 없을 듯하다.

기타 의료 관련 업종으로는 의료기기판매점이 상위권에 들어 있다. 특히 용산구 남영동의 의료기기판매점은 2억 원의 매출을 올릴 정도로 잘됐고, 그 뒤를 이어 강남구 수서동이 월평균 1억1,000만 원, 종로구 창신1동은 7,000만 원대 수준이다.

일반 자영업종 가운데 월평균 매출이 높은 업종을 순서대로 정렬해 보았다. 그 결과 매출 상위 10위 안에 든 업종은 대부분 객단가가 낮은 업종들이었다. 다른 젊은동 지역에서는 상위권에 들지 못한 치킨 전문점, 호프집이 10위 안에 들었고 냉면 전문점도 매출이 적지 않았다. 특히 냉면의 경우 중구 광희동에서는 무려 월평균 2억 원의 매출을 올렸고, 을지로동에서도 1억8,000만 원이나 벌고 있다.

같은 면류업종이라도 '청년동'에서는 국수, 쌀국수 등이 잘되는 반면에 중년동에서는 냉면이 더 인기 업종이라는 것이 확인됐다. 자동차정비센터(카센터)도 중년동에서는 유망 업종으로 랭크됐다. 중구 광희동에 있는 자동차정비센터는 월매출 1억9,000만 원을 올리고 있고, 구로구 가리봉동은 1억5,000만 원, 용산구 남영동도 1억2,000만 원 그리고 청량리동 역시 자동차정비센터가 10위 안에 들었다. 참고로 우리나라 자동차 등록대수는 2016년 말 현재, 2,180만 대로 그 가운데 40~50대 소유자 비율이 60%에 이른다. 이들 동(洞)으로 가면 자동차정비센터가 실패하지는 않을 것 같다.

언급한 매출상위 업종만 보면 연령대와 상관없이 여타 다른 동과 큰 차이가 나지 않은 것 같아 '중년동'만의 특이점을 찾아보기 위해 업종을 보다 넓혀서 분석해봤다. 첫눈에 들어온 업종은 건강관련 업종과 향수(鄕愁)업종이었는데, 다른 지역에서는 보기 드물게 이와 관련된 업종이 잘되는 것으로 나타났다. 앞서 언급했지만 의료기기 전문점이 잘되는 것과 맥락을 같이하는 건강식품판매점이 매출상위 업종에 올랐고, 사라져가는 목욕탕도 중구 광희동에서는 1억2,000만 원이나 올렸다.

분석대상 163개 업종 가운데 찐빵집도 10위 안에 든 '중년동'이 바로 중구 광희동이다. 이곳에 찐빵집은 3개가 있는데 월평균 1억3,000만 원이나 올렸고, 평균 생존기간도 6년으로 장수하는 업종으로 나타났다.

요일 중에서는 토요일에 매출의 24%를 올렸고, 하루 중에는 12시부터 오후 3시 사이에 하루 매출의 33%를 팔았다. 2,657세대에 6,096명 (2015년)이 살고 있는 광희동에서 무슨 찐빵이 그리 잘 팔릴까 싶어 지도를 들여다보니 동쪽은 동대문에서부터 서쪽으로는 중구청에 이르기까지 대형 패션시장이 늘어서 있었다. 쇼핑객들이 허기를 달래기 위해 간간이 찐빵을 사 먹는 것 같기도 하다. 어쨌든 찐빵은 중년층이 주 고객이고, 토요일 그리고 이른 오후에 상당한 매출을 올려준 셈이다.

지하철 3호선이 중앙을 관통하는 또 다른 장년동, 수서동은 주류와 묶이는 업종들이 상위에 올랐다. 갈비·치킨·족발 전문점, 소주방 등이 10위 안에 들었고, 연계 업종인 노래방도 월평균 8,300만 원이나 올릴 정도로 잘됐다. 다만 이 지역 4개의 노래방 업력은 1.8년에 불과한 점으로 미루어 최근에 특별히 잘되는 대형 노래방이 오픈한 것이 아닐까 추측된다.

중년동을 따로 추려내서 분석한 이유는 고령사회로 접어들면 자영업 시장에 변화가 오지 않을까 생각되기 때문이다. 참고로 우리나라 평균연령은 2017년 현재, 41.3세이며 일본은 47세(후생노동성, 2016년)다. 우리나라가 일본의 현재 평균연령과 같아지는 시점은 2030년으로 그때가 되면 46.2세(통계청/ 장래인구 추계)가 된다.

일본의 경우를 보면 18년 전인 1997년에 평균연령이 현재 우리나라와 비슷한 40.5세였고, 중위값도 비슷했다. 다시 말하면 '잃어버린 10년'의 중간 무렵에 40세가 대칭이었다는 뜻이다. 그로부터 얼마 후 다시 제2의 잃어버린 10년이 시작됐다. 바로 그 시기, 즉 2000년대 들어 자영업 시장의 판도는 크게 달라진다.

이전에는 젊은이들의 도전정신이 빛났다. 해외에서 도입되는 신업종이나 스스로의 아이디어로 창업한 사례가 많았다. 1997년 당시 내가 '아이디어 스파크'라는 회사를 방문할 때마다 아이디어를 사고팔기 위해 상담하려는 사람들로 북적였던 기억이 새롭다. 그러나 2000년대 들어 그러한 경향은 안정지향 업종으로 바뀌었다. 즉 신업종보다 전통적인 업종들이 강세를 보이기 시작한 것이다. 달라진 것이라면 음식 단가를 올리지 못했거나 오히려 내려갔다는 점만 다르다.

우리나라도 비슷한 환경으로 가고 있다. 쇠고기 값이 오르자 돼지고기가 잘 팔리고, 고급뷔페가 사라지는가 싶더니 저가 뷔페가 급성장을 하고, 고급커피가 뜨는가 싶더니 최근에는 저가 커피점이 성장세인 점 등을 보면 그 시절 일본과 맥이 닿아 있다. 이러한 점에 비추어보면 평균연령이 높아질수록 탕류나 일반 한식, 중국음식점, 냉면집, 고기, 족발 같은 전통적 업종들이 안정세를 이어갈 것으로 예상할 수 있다.

평균연령이 높아지면 나타나는 또 다른 현상은 음식업에서 소매업, 서비스업으로 그 비중이 옮겨간다는 점이다. 실제로 일본의 자영 소매업 종사자 수는 71만6,000명으로 요식업의 41만 명보다 30만 명이나 많다(일본 통계청, 2015년).

이번에는 우리나라를 보자. 국세청이 자유한국당 심재철 의원에게 제출한 국감자료를 보면 우리나라는 최근 10년간(2004~2013년) 음식과 소매업, 서비스업의 창업 비중이 19%대로 비슷하지만 폐업비율은 음식업이 22%로 소매업(20.5%)이나 서비스업(19.8%)보다 더 높다. 따라서 미미하지만 음식업에서 소매업, 서비스업으로 조금씩 이동하고 있음을 알 수 있다.

좀 다른 얘기지만 2017년 9월에 일본 총무성이 발표한 자료를 소개한다. '2020년이 되면 일본 여성의 절반이 50세를 넘긴다. 2024년이면 전 국민의 3분의 1이 65세 이상이 된다. 이 때문에 2025년엔 임종을 맞을 장소가 마땅치 않게 되고, 2027년엔 수혈할 혈액이 부족해지며, 2033년이면 세 집 중 한 집이 빈집이 된다. 2040년이면 지방자치단체의 절반이 소멸한다.' 금방 닥쳐올 우리의 미래를 보는 듯해서 머리가 쭈뼛 선다.

일본의 이야기지만 어쨌든 '늙어가는 대한민국'의 자영업 시장에서 살아남기 위해서는 신업종보다 노인층을 끌어들일 수 있는 전통업종으로, 고가보다 소득이 줄어도 구매 가능한 저가정책으로 가야 한다는 점 그리고 음식업보다 소매업 혹은 서비스업으로 방향을 틀어보는 것이 오래갈 수 있는 조건임은 분명하다.

세대별 소비패턴은 이렇게 다르다

창업하려면 가장 먼저 해야 하는 일이 소비자 분석이다. 내가 팔려고 하는 상품이 어떤 사람들에게 매력을 줄 수 있는지 혹은 내가 하려는 업종이 어떤 계층에서 선호하는지를 알아야 그에 따른 후속조치, 예컨대 상품디자인, 판매가격, 입지 등을 결정할 수 있기 때문이다. 이 기회에 창업자들에게 논란이 되는 문제 한 가지를 살펴보고 소비패턴을 알아보는 것이 순서일 것 같다.

입지 업종을 창업할 때 일반적으로 두 가지 방법이 있다. 먼저 입지를 선정하고 그곳에 어울리는 업종을 선택하는 방법이 있고, 업종을 선택한 다음 입지를 찾아나서는 방법이 있다. 두 방법에는 일장일단이 있고, 창업자가 처한 환경에 따라 다르게 접근할 수 있어 한마디로 가부를 이야기하는 것은 옳지 못하다.

하지만 분명한 것은 상가주인이 아니라면 후자가 더 유리하다는 점이다. 상품을 먼저 선택하고 이러한 상품을 선호하는 집단이 주로 거주하는 입지를 찾아나서는 것이 유리하다. 입지를 먼저 선정한 경우 자신의 창업 가치나 역량과 다른, 입지에 맞는 업종을 선택할 가능성이 높기 때문에 만족도가 그만큼 떨어져 자신이 창업을 통해 추구하고자 하는 가치가 훼손될 수 있다. 소비패턴을 알고 업종을 결정하는 것은 그래서 더욱 중요하다.

이 분석을 위해서 카드 빅데이터를 기반으로 총 6개 업태의 163개 자영업종의 평균매출액을 산출하였다. 매출액에 영향을 준 고객을 10세 단위로 세분화해서 각 세대가 대상 업종의 매출에 얼마나 기여했는지를 분석했다. 여기에는 남녀 구매비율도 포함했다.

그 결과 30대가 소비를 주도하는 업종은 29개였고, 50대는 20개 업종에서 주 고객층으로 나타났다. 나머지 114개 업종은 모두 40대가 견인하는 업종이었다. 반면 20대는 1개 업종에서 우위를 보였고, 60대는 전혀 없었다.

30대가 주로 이용하는 업종을 보면 유아복(51%), 소아과(60%)로 역시 자녀와 관련된 업종에 많이 투자하고 있음을 알 수 있다. 특이한 사실은 디지털 선도세대임에도 오프라인 사진관 이용자 비율이 50%로 유치원(55%)에 버금갈 만큼 굉장히 높았다. 이는 아이들 사진첩을 제대로 만들어주기 위해 전문사진관을 찾는 것으로 풀이된다. 기타 업종 가운데 30대가 40%를 넘는 업종으로는 산부인과, 완구점 등 출산·육아와 관련된 업종이다.

음식업에서는 샌드위치, 도시락, 떡볶이 등 간편식 업종에서 30대가 가장 많았다. 아이들에게 돈을 많이 써서 절약도 해야 하지만 생산적 시간 소비를 위해서 먹는 시간을 줄이려는 노력이 엿보이는 소비행태가 그려진다. 하지만 의외의 업종도 눈에 띄었다. 안마시술소 고객의 45%가 30대였다는 점이다. 분석하기 전에는 50대가 아닐까 예측했는데 50대는 10%에 불과했다.

다음으로 40대를 보자. 이들의 소비내역을 보면 '등골브레이커'라는 단어가 바로 떠오를 정도로 40대는 교육서비스업에서 소비의 꼭짓점에 서 있다. 입시학원, 종합학원의 75%는 40대가 돈을 내고 있고, 태권도·미술·음악 할 것 없이 온갖 학원이란 학원은 모조리 40대가 가장 많이 매출을 올려준다. 어디 그뿐인가? 치과, 성형외과, 피부과 등 소위 맵시 전문 의료기관에도 40대가 가장 많은 돈을 낸다. 이들 의료기관의 상당비율은 의료보험 무풍지대여서 냈다 하면 몇 십만 원을 호가한다.

자식들 교육비에다 몸매 가꿔주는 데도 써야 하는 것도 버거운데 비뇨기과에도 환자의 41%가 40대인 걸 보면 상하좌우로 피곤한 세대인 것만은 분명하다. 그래서일까? 먹는 것에서라도 좀 아껴보려고 부대찌개, 콩나물국밥, 감자탕 등 밥과 술을 한꺼번에 해결하는 음식점을 주로 이용하고 있다.

이번에는 50대로 넘어가보자. 이들 세대의 소비패턴은 비교적 단순한데, 두 번째 소비(The second consumption) 업종에서 다른 세대에 비해 많이 쓰는 것으로 나타났다. 여기에서 '두 번째 소비'는 내가 정의한 용어로, 한 번 구매한 내구 소비재가 일정 기간 사용하여 낡거나 해져서 다시 구매해야 하는 소비생활용 상품구매를 말한다.

이와 관련한 업종으로는 벽지나 창호, 주방용품, 보일러, 커튼, 가전 등인데 언뜻 봐도 결혼하고 20~30년쯤 지나 일생에서 한 번쯤 재구매해야 할 시점의 제품들이 대부분이다. 음식업에서는 추어탕집, 사철탕집, 복집과 같이 탕류업종에서 우위를 보였고, 한정식 이용고객도 50대가 가장 많았다. 어릴 때부터 익숙한 업종이면서 건강식이라는 공통점이 있다.

전술한 세대와 비중 면에서는 약하지만 20대와 60대의 소비패턴을 살펴보자. 우선 20대는 이미 밝혔지만 단 한 개 업종, 비디오감상실에서 전체의 50%나 될 만큼 압도적 비중을 차지했다. 20대 비중이 다른 업종에 비해 높은 곳은 소주방이었는데, 손님 가운데 20%를 20대가 차지했다. 굳이 빅데이터 분석이 아니라도 세대의 특성으로도 가늠이 가능한 결과다.

60대 손님 비중이 높은 업종은 보청기, 의료기기, 인삼제품, 주방용품 그리고 한복집 등이다. 그렇다고 60대가 다른 세대에 비해 가장 많이 차지하는 업종이라는 의미는 아니다. 총 이용고객 가운데 60대 비중이 20% 이상인 업종이라는 뜻이다. 통상 보편적 업종에서 60대 비중이 10% 이하라는 점을 감안하면 상당히 높은 수치여서 따로 추려본 것이다.

반대로 60대가 소비를 거의 안 하는 업종도 있다. 대표적으로 떡볶이집, 토스트 전문점, 비디오감상실, 이자카야 술집 등은 3%에 머물러 있다. 60대에게 전혀 필요 없는 교복 전문점 이용자 가운데 60대가 2%니까 대비해보면 3%가 극히 낮은 수치임을 금세 알 수 있다.

업종에 따라 남성과 여성의 차이점도 발견된다. 일반적으로 남성은 먹고 마시는 것에, 여성은 맵시업종에 투자하는 경향이 있다. 남자들이 매출을 많이 올려주는 업종으로는 안마시술소, 여관, 모텔, 당구장, 낚시터, 스크린골프장 등이다. 이 가운데 안마시술소는 92%가 남자이며 절반에 가까운 46%가 30대. 여관과 모텔은 78%가 남자이며, 이 가운데 30대가 35%로 가장 높지만 20대도 18%나 된다. 30대가 안마를 이렇게 자주 받고 있고, 모텔의 22%를 여자가 내고 있으며, 20대가 여관비를 20% 가까이 내고 있다는 사실은 빅데이터를 분석해보기 전에는 몰랐던 사실이다. 당구장과 낚시터, 스크린골프장 등은 남성 비중이 85% 전후로 단연 높고, 룸살롱과 바(Bar), 일반 유흥음식점은 90%대로 그야말로 남성 독점업종이라고 할 만하다. 음식으로는 탕류가 역시 남자의 음식이라는 생각이 들 만큼 높은 비율을 차지하고 있는데, 설렁탕·해물탕·사철탕·국밥 등의 비중이 상대적으로 높게 나타났다. ●

여성이 매출을 주도하고 있는 업종으로는 여성의류에서 여성고객 비율이 83%로 나타났는데, 이는 당연한 듯하다. 요가와 단식도 80%가 여성이다. 몸매 가꾸기 업종인 비만·피부관리가 75%, 피부과도 73%로 남

● 세대별 소비패턴(2016년 기준)

	30대	40대	50대
생활 서비스	사진관(50.2%), 발 · 네일케어(37.8%)	남성미용실(41.5%), 세탁소 · 빨래방(39.7%), 자동차정비 · 카센터(34.3%), 비만 · 피부관리(31.2%)	
소매 · 유통	유아복(50.9%), 완구점(45.1%), 아동복(38.9%), 편의점(41.4%), 한복 · 민속옷(32%)	교복(76.1%), 서점(50.4%), 가구(36%), 골프용품(36.8%), 인테리어소품(31.5%), 이동통신기기(30.8%)	여성의류(38.9%), 바닥 · 벽지 · 창호 (34.7%), 건강식품 (34.2%), 보일러 · 냉 난방용품(34.2%), 일반가전제품(33.2%), 커튼 · 침구(34%)
음식	이자카야(41.1%), 샌드위치전문점 (39.9%), 찜닭전문점(39.4%), 토스트전문점(36.1%), 커피전문점(35.5%)	룸살롱 · 단란주점(44.1%), 콩나물국밥(38.3%), 제과점(37.6%), 중국음식(35.2%), 샤브샤브전문점(34.2%)	사철탕전문점(37%), 추어탕전문점(34.2%), 복전문점(33.9%), 한정식전문점(30.2%)
여가 · 오락	안마시술소(45.4%), 볼링장(38%), 요가 · 단식(35.1%), 모텔 · 여관(34.5%)	스크린골프장(44.5%), 골프연습장(39%), 노래방 (36.5%), 헬스클럽(35.3%)	
의료 · 건강	소아과(58.6%), 산부인과(49.6%)	비뇨기과(41.5%), 안경점(35.2%), 이비인후과(34.7%), 치과(34.1%), 한의원(33.2%), 성형외과(34.1%), 의료기기 · 용품(32.3%), 약국(26.9%)	안과(35.5%), 보청기(33.5%), 내과(27.6%)
학문 · 교육	어린이집 · 유치원 (54.4%)	입시학원(72.2%), 종합학원(70.8%), 어린이영어학원(68%), 외국어학원(63.1%), 피아노 · 음학학원(62%)	자동차운전 · 연수 (40.5%), 고시원(28.1%)

성의 3배다. 반대로 보면 남성비율이 25%나 된다는 점도 과거와 견주

어 보면 흥미로운 결과다.

 그렇다면 언제 어디서나 창업해도 좋을 업종은 없을까? 내가 관심을 가진 하나의 가설은 "중국집 고객은 성별 혹은 연령대별로 고른 비중을 가진 업종일 것이다"이다. 분석 결과 30~40대가 65%로 대부분을 차지한 반면, 20대는 60대와 비슷한 8%에 불과했다. 의료기관 중에서 내과가 20대를 제외하고 30~50대에서 각 20%대로 고르게 분포되어 있고, 예상 밖의 결과지만 고시원도 20~50대까지 분산되어 있었다.

 또 다른 가설로 "건강식품은 남자가 더 많이 살 것이다"라고 생각했지만 예상 외로 남자보다 여자(62%)가 더 많이 구매했고, 60대보다 50대 비율이 더 높았다. 네일케어숍은 여자가 대부분일 것 같았지만 분석 결과 남자 비율이 24%나 됐고, 20대가 가장 많이 이용할 것으로 생각했던 서점은 3.2%에 불과한 반면 40대가 50%로 압도적이다. 서점을 다시 남성 대 여성으로 나눠 봤더니 '41대 59'로 여성이 책을 더 많이 사는 것으로 나타났다. 사는 사람이 읽기 위해 사는지, 아니면 주기 위해 사는지는 알 수 없으나 어쨌든 대한민국 출판업계는 40대 여성이 먹여 살린다고 봐야 할 것 같다.

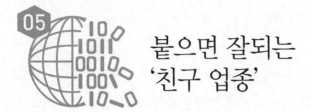

붙으면 잘되는
'친구 업종'

일반적으로 창업자들은 점포끼리 가급적 떨어져 있어야 좋다고 생각하지만 빅데이터를 분석해보면 업종에 따라 그렇지 않은 경우가 훨씬 많다. 과거 샌프란시스코에 갔을 때 맥도널드 옆에는 늘 '스무디' 가게가 붙어 있었다. 현지인에게 물었더니 "느끼한 걸 먹고 입가심하기에는 스무디가 안성맞춤"이라는 의견을 들었다. 피자를 주문하면 콜라가 따라오는 것과 같은 이치다.

실제로 상당수 업종은 서로 상관관계가 있다. 비슷한 상품을 파는 가게가 붙어 있으면 잘되는 업종이 있는가 하면 어떤 업종은 파는 상품은 다르지만 서로 관련성이 있어야 잘되는 업종이 있다.

본격적으로 이야기하기에 앞서 먼저 이해하고 넘어가야 할 것이 있다. 모든 업종의 특성을 딱 두 가지로만 분류하면 산재(散在) 업종과 집재(集在) 업종으로 나뉜다. 산재 업종은 흩어져 있어야 잘되는 업종을 말하고, 집재 업종은 모여 있어야 유리한 업종을 일컫는다.

과거에는 산재 업종 수가 많았는데, 갈수록 집재 업종이 더 많아지고 있는 추세다. 분류하는 방법은 비교적 간단하다. 컴퓨터나 내구재처럼 고객이 비교하고 구입하는 업종은 집재 업종이 유리하고, 편의점이나 치킨 전문점처럼 품질이 평준화되고 정가판매가 일반화된 업종이라면 떨어져 있는 것이 좋다.

이렇듯 대부분의 업종은 주력상품에 따라 간단한 구분이 가능하다. 하지만 이런 공식이 성립되지 않는 상호 시너지효과를 내는 소위 '친구 업종'에 대한 연구는 지금까지 없었다. 친구 업종을 추정해내는 간단한 방법으로는 고객 대척점 연결(어린이학원+네일케어), 소비패턴 연결(주점+노래방), 코디네이션 연결(청바지+티셔츠), 스토리 연결(고급미용실+드레스샵) 등이다.

'고객 대척점 연결' 업종으로는 어린이학원과 네일케어샵이 있다. 둘은 전혀 다른 업종이지만 친구 업종이다. 어린 자녀를 둔 30대 중반 부모세대가 네일케어의 주 고객층이기 때문이다. 실제로 네일케어 대상 고객을 분석해보면 30.5%가 30대 여성으로 20대(26.9%)보다 월등히 높다. 이러한 상권에는 소아과도 대부분 붙어 있다. 즉 어린이 대상 업종과 30대 여성업종이 친구 업종인 것이다.

'소비패턴 연결' 업종을 보자. 주점 주변에는 오락과 음료, 한식 등이 친구 업종이다. 술을 마시기 전에 한식집을 먼저 가고, 주점을 나와서는 편의점을 들러 노래방으로 연결되는 패턴을 보인다. 실제로 동일인이 편의점에서 결재한 후 노래방에서 결재한 시간차가 불과 15분이라는 점은 두 업종 간 순차구매 비중이 높다는 점을 말해준다. 따라서 편의점도 주점과 노래방 사이가 최적의 입지가 된다.

다음으로 '코디네이션 연결' 업종을 보자. 여의도 KBS 본관 주변에는 옷가게가 없다. 언뜻 생각하면 '여긴 연예인이나 출연자들이 많이 돌아다니고, 음식점밖에 없으니까 옷가게 하면 잘되겠네?' 하고 생각할 수 있다. 하지만 옷을 사려는 사람은 여러 곳을 비교해보며 사고 싶어 하지 식당에 밥 먹으러 왔다가 옷가게가 하나 보인다고 덜렁 들어가 사지 않는다는 얘기다. 옷가게는 집재 업종이기 때문이다.

그렇다면 옷가게는 무조건 같이 뭉쳐 있어야 잘되는 것일까? 남성정장 전문점이 여러 개 나란히 있거나 속옷 전문점이 여러 개 모여 있다고 해서 시너지효과를 내기는 어렵다. 남성복이라면 정장, 세미정장, 와이셔츠, 넥타이처럼 상호 연관성이 있는 제품군(群)으로 묶여 있어야 시너지효과가 있다.

청바지 업종이 여러 개 있는 것보다 바로 옆에 티셔츠 가게가 붙어 있다면 효과가 어떨까? 시드니 오페라하우스 건너편에 가면 청바지 가게 옆에 티셔츠 가게가 있고, 그 옆에서 유명한 화가가 티셔츠에 그림을 그려주는 가게가 붙어 있다. 관광객들이 지나가다가 티셔츠를 사서 그림을 그려 갖고 가는데, 지나다가 다시 청바지 가게에 들어가는 경우가 상당히 많다. 청바지에 티셔츠, 거기에 스토리까지 입혀주니까 관광객들의 발길이 끊이질 않는다. 서로 욕심 부리지 않고 상생할 수 있는 이런 모델이 우리나라 자영업계가 고민해야 할 문제이기도 하다.

역시 시드니 다운타운 지하철 지하상가에서는 선물의 집이 있는데, 그 옆에 제과점이 있고, 또 바로 옆에서 한 남자가 출생일 역사를 브로슈어로 즉석에서 제작해주는 작은 가게가 있다. 서로 추천해주는 상생 영업을 하고 있어 생일선물을 하려는 사람들로 늘 북적인다.

하나의 스토리로 묶인 '스토리 연결' 업종도 함께하면 유리하다. 청담동에서 신사동으로 이어지는 상권을 보면 이런 시너지효과를 낼 친구업종을 찾아볼 수 있다. 이곳에는 미용실과 드레스샵, 폐백음식이 친구업종이다. 분류하면 고급 미용실은 서비스, 드레스샵은 소매, 폐백은 음식업종이어서 업태부터가 완전 다르지만 세 업종은 '결혼'이라는 스토리로 묶여 있다.

이들 업종이 신사동과 이대 앞에 포진한 이유가 바로 여기에 있다. 지금은 이대 앞에 있던 드레스샵들이 상당수 강남으로 이전했는데, 그 이유는 미용실 단가에서 찾을 수 있다. 이대 앞 미용실의 1인당 평균 결제액은 3만5,000원인데 반해 강남은 9만 원으로 상당한 차이가 난다. 고급미용실이 강남에 몰려 있다는 얘기다. 즉 일상의 머리손질은 이대 앞을 향하지만 예식과 같은 중대사인 경우는 신사동이나 청담동으로 간다는 것을 의미한다. 당연히 드레스샵은 강남으로 따라갈 수밖에 없다.

조금 더 깊이 분석해보면 스토리업종의 시너지효과는 보다 분명해진다. 신사동, 청담동의 미용실은 언급한 것처럼 평균 9만 원이지만, 고급미용실의 결재단가는 49만 원에 이르며 주말에 32.5%의 매출을 보인다. 폐백이나 드레스샵도 주말 비중이 비슷하다.

이렇게 전혀 다른 업종이면서도 같이 모이면 유리한 친구 업종이 있다. 물론 같은 업종끼리 모여 있는 소위 집재 업종도 많다. 대표적인 업종이 의류, 전자제품, 화장품, 가구와 같은 소매업종과 의정부 부대찌개, 충남 병천순대, 춘천 닭갈비, 강구 대게처럼 지역 특유의 전통업종으로 골목을 이루는 경우가 그것이다. 또한 수원 팔달문 지동시장 근처에 있는 '통닭골목', 대구 대명동에 20여 개 점포가 있는 '막창골목' 등이 대표적이고, 일반 상권에서는 서울 삼각지의 대구탕, 신당동 떡볶이, 장충동 족발, 낙원동 아구찜, 연희동 중국음식 골목도 있다. 지금은 많은 가게가 떠나긴 했지만 옛날에는 을지로 '냉면골목'도 유명했다.

물론 이런 유형에 해당되지 않는 업종도 두 종류가 있다. 그 하나는 '목적구매형' 업종이며, 다른 하나는 '입지맞춤형' 업종이다. 목적구매형은 꼭 그 가게가 아니면 구하거나 먹을 수 없는 경우 혹은 커뮤니티로 연결된 업종들이 해당한다. 대게나 장어구이, 와인바가 대표적이다.

입지맞춤형은 일반 고객을 대상으로 한다기보다 그 주변 상인을 대상으로 하는 경우가 많다. 일례로 '함바집'을 들 수 있다. '함바'는 일제 강점기 때 공사장에서 노동자들이 숙식을 할 수 있도록 지은 임시건물을 말하는데, 원래 일본어인 '한바(飯場)'에서 온 말이다. 우리말로는 '현장식당' 정도로 이해하면 되겠다.

이런 현장식당은 주변에 다른 음식점이 없고, 허름한 가게에 덩그러니 하나만 있는 경우도 있다. 입지특성상 식당이 들어설 상권이 아닌 공장이나 건설현장 주변에서 근로자나 인부를 대상으로 하는 영업행태다.

지금까지 제시한 소비행태는 신용카드를 사용하는 개인들의 당일 결재동선을 추적해서 분석한 것이다. 따라서 창업자들은 하고자 하는 업종이 집재 업종인지 혹은 산재 업종인지를 우선 파악하고, 산재 업종일 경우 상호 시너지효과를 낼 수 있는 업종들과 나란히 입지를 정하는 것이 보다 안전한 길이 될 것이다.

06 고령사회에서 나타날
빅 아이디어

고령화라는 말은 우리에게 익숙한 단어가 된 지 이미 오래다. 특히 베이비부머의 대규모 은퇴가 진행 중이어서 더욱 와닿는 단어이기도 하다. 노인인구가 많아지면 노인의 일자리 창출이 가장 큰 과제다. 관점을 바꿔보면 노인을 대상으로 한 사업 기회도 그만큼 늘어나는 시기로 볼 수 있다.

고령사회(Aging Society)는 유엔이 정한 개념인데 전체인구 중 노인인구의 비율을 두고 따진다. 먼저 고령화사회는 전체인구에서 노인이 차지하는 비율이 7%를 넘어서는 시기를 말하고, 고령사회는 노인인구 비율이 14% 이상이 되는 시점, 그리고 노인인구가 전체인구 가운데 20%를 넘어가면 그때는 초고령사회라고 한다.

우리나라는 2000년에 이미 7.4%로 고령화사회로 진입했고, 2018년

8월 말 현재, 노인인구는 725만7,000명으로 14%에 이르는 고령사회가 됐다. 그런데 통계로만 그렇지 실제로 지역에 따라 이미 초고령사회로 진입한 지역이 적지 않다. 광역시·도별로 보면 전라남도가 21.4%에 이르고, 경상북도도 18.8%나 된다. 특히 248개 시·군·구 가운데 전남 고흥(38.7%), 경북 의성(37.7%)·군위(36.6%), 경남 합천(36.4%) 등 93곳에서 65세 이상 인구가 전체 20% 이상을 넘어서 이미 '초고령사회'다.

인구고령화는 복지예산을 늘리고, 국가 성장을 더디게 하지만 한편으로는 이들을 대상으로 한 창업기회는 그만큼 많아진다. 다른 나라를 보더라도 고령사회로 넘어가면서 노인대상 사업들이 폭발적으로 성장하는 경우가 많다.

노인문제는 크게 네 가지 관점에서 접근이 가능하다. 빈곤, 질병, 외로움 그리고 역할상실이다. 근본적으로 이 가운데 빈곤과 질병문제는 정부가 책임져야 할 문제이며, 외로움과 역할상실은 정부뿐 아니라 민간시장에서도 여러 가지 창업 기회요인이 있다. 사실 빈곤과 질병은 무조건 정부의 책임이라고 할 수 없다. 자기부담이 가능한 노인을 위한 프리미엄 서비스를 구축하면 의외의 사업기회를 얻을 수 있다.

대표적인 나라가 일본이다. 일본은 노인비율이 2012년 10월 말에 이미 25%에 이르는 넘어 초고령사회에 진입했고, 2016년에 이미 27%를 넘었다. 오래전부터 노인을 대상으로 한 다양한 사업들이 나타났다.

노인 수가 늘어나면서 가장 먼저 자리 잡은 업종은 실버타운과 상조회사다. 우리나라도 그랬지만 초기 실버타운들은 대부분 어려움을 겪거나 망했다. 수요가 없어서라기보다 입지를 외곽이나 지방에 뒀기 때문이다. 노인문제 중 외로움을 등한시하고 질병관리만 목적으로 했기 때문인데 소위 가치제안에 실패한 것이다. 이런 실패를 거울삼아 새롭게 나타난 모델이 도시형 실버타운이다. 외출이 편리하고 무엇보다 외로움을 극복하는 데 효과적이다. 삿포로에서는 여기에 한 가지 획기적인 서비스를 추가했다. 실버타운에 보육실을 갖춰 아이를 무료로 봐주는 제도를 도입했는데 그 결과 주변에 젊은 부부들이 대거 몰려들었다. 건설회사와 노인, 맞벌이가정 모두에게 이로운 모델로 소문이 나면서 그야말로 대박을 터뜨렸다.

상조회사도 1990년대 중반에 조합에서 주로 운영했다. 하지만 지금은 민간기업들이 대거 참여하여 초기 부작용을 딛고 어엿한 유망업종으로 올라 있다. 수목장도 그중 하나다. 부부 수목장이 아니라 친구와 함께 묻히고 싶어 하는 노인이 대상이다. 생전에 친한 친구와 예약해두고 죽으면 같은 나무에 묻히는 것이다.

온라인에서는 '인터넷 산소(e-tomb)'가 다시 떠오르고 있다. 일종의 사이버공동묘지인데 흥미로운 사실은 처음 등장한 2000년경에는 산소에 갈 시간이 없는 자녀들이 부모를 기리기 위해 인터넷 산소를 만들었지만, 지금은 부모들이 스스로 만들고 있다는 점이다.

세상에 흔적이라도 남겨두고 싶은 무연고 노인들이 스스로 가입해서 미리 자신의 지나온 기록과 사진들을 개인 홈페이지를 관리하듯 챙겨 올려놓는다. 누군가가 자신을 기억해주기를 바라는 마음으로 이승에서의 마지막 흔적을 미리 남겨두는 것이다.

이와는 반대로 생전의 기록을 말끔히 지우고 싶어 하는 욕구도 있다.

일반적으로 이 세상에 미련이 없는 노인들인데 이들은 인터넷에 범벅돼 있는 자신의 신상과 사진, 기록들을 죽고 나서 말끔하게 정리해주기를 바라는 마음으로 300달러를 선뜻 지불하고 떠난다. 이러한 서비스를 하는 회사가 바로 라이프인슈어드(www.lifeensured.com)인데 벌써 5만여 명의 회원이 등록했다.

그래도 이 정도는 양반이다. 수년 전 일본을 들썩이게 한 보도가 있었다. 한 잡지사가 설문조사 결과를 발표했는데 65세 이상 여성 3명 중 1명이 "남편과 함께 묻히고 싶지 않다"고 했다. 그동안 사랑하지 않으면서도 경제적인 이유 때문에 함께 살았는데 죽어서까지 같이 있어야 할 이유는 없다는 것이다. 이때부터 '사후(死後) 이혼'이란 용어가 등장했고, 같이 묻히기를 거부하는 여성들은 자기가 묻힐 묘지를 구입하는 경향이 나타났다. 이들이 선호하는 묘가 바로 공동묘(共同墓)다. 공동묘는 무연고 사망자들을 위해 유족을 대신해 유골을 관리해주는 묘지인데, 이 사업은 생겨난 지 불과 8년 만에 800여 개로 늘어날 정도로 인기를 누리고 있다.

'유품(遺品)정리서비스업'도 최근 급성장하고 있다. 사후에 망자의 유품을 잘 정리해서 태우거나 기부하는 등의 뒤처리를 해주는 사업인데, 이미 140여 개 업체가 시장에 뛰어들었다. 대부분 무연고자이지만 때로는 자녀에게 물려줄 만한 유산이 없어 버림받은 노인도 더러 있다. 우리나라도 최근 사회적기업이 몇 개 생겼다.

이처럼 쓸쓸한 사업과는 다르게 따뜻한 사업도 있다. 외로움을 많이 타는 노인을 위한 '사회적가정 꾸리기' 사업인데, 세대별로 한집에 모여 사는 주거행태다. 노인은 집을 제공하고, 각 연령대별 세대는 각자 역량을 사회적가정에 제공한다. 예컨대 한창 일해야 하는 40대는 생활비를, 20대는 궂은일을 도맡아 하는 식이다.

'동거인 주선사업'도 있다. 여유 있는 독거노인들이 갈 곳 없는 5~10세 아래의 동성을 동거인으로 맞아들여 자신이 죽을 때까지 함께 살아주면 얼마간 남은 돈을 주는 조건이다. 통상 1,000만 엔 정도로 계약하는 것이 보통인데 대부분 여성 노인들이 고객이다.

'안부 상차림 서비스업'도 있다. 일주일에 한 번 직접 찾아가 밥상을 차려서 같이 먹으면서 한 주 동안 있었던 얘기를 들어주고 이런 내용을 자식에게 전달해주는 서비스업이다. 같은 세대의 건강한 노인이 병약한 노인을 돌봐주기 때문에 세대 간 격차가 없고, 서로 의지가 되어 욕심을 부리는 일도 없다.

노인 샌드위치 배달업도 잘된다. 나이가 들수록 이가 성치 않아서 일반 샌드위치도 씹기 어려운 경우가 있다. 그래서 노인을 위한 부드러운 샌드위치를 개발해 배달해주고 안부도 확인해주는 일종의 사회서비스 업종이라 할 수 있다.

'대척점 사업'도 인기를 끌고 있다. 우스갯소리로 다섯 살에 스스로 팬티를 입을 줄 알면 성공한 것이고 75세에 스스로 팬티를 입을 수 있다면 역시 성공한 것이라고들 하는데, 대척점에 있는 연령대의 행동에서 힌트를 얻으면 된다. 일반적으로 중·고등학교 때 수학여행을 가는데 반대로 65세쯤에 두 번째 수학여행을 가는 프로그램이 인기업종이 됐다.

그런가 하면 '영정 제작 서비스업'도 있다. 노인이 되면 "아침에 일어나봐야 살아 있다는 것을 느낄 수 있다"고 할 정도로 언제든지 불상사가 찾아올 수 있다. 죽음은 예고 없이 찾아오기 때문에 상주들은 경황이 없어 영정사진으로 쓸 만한 사진을 찾기가 어렵다. 그래서 미리 자신이 좋아하는 사진으로 직접 영정을 만들어 맡겨두는 것이다.

'유서 보관 서비스업'도 새롭게 각광을 받고 있다. 우리나라도 그렇지만 돈이 많은 노인들이 죽고 나면 자녀들 사이 유산분쟁이 벌어진다. 가족 간 분쟁을 미연에 방지하기 위해 미리 유언을 해두는 것이다. 물론 생각이 바뀌면 수시로 유언장을 바꿀 수도 있는데, 법적인 문제를 고려하면 변호사가 하는 것이 좋을 것 같다.

고령화로 인한 사회적 문제는 또 있다. 많은 농촌과 교외 지역에 버려진 가옥이 900만 호가 넘는다. 이대로 가면 2040년쯤 일본의 시정촌(읍·면)의 절반이 소멸할 가능성이 있다고 추정된다. 이러한 빈집활용 사업이 앞으로 크게 성장할 전망이다. 제주도에서 인기를 얻고 있는 '한 달 살아보기' 프로젝트를 접목하면 '귀농 전 1년 살아보기' 같은 프로그램 개발이 가능하다.

또한 이러한 빈집을 플랫폼으로 만들어 캠핑장이나 작은 기업의 연수장 혹은 농촌문화체험장으로 활용하는 방안도 고려해볼 수 있다. 일본은 현재 대표적인 고령도시인 삿포로, 센다이, 히로시마, 후쿠오카 등의 지역 거점 도시에 고령화에 따른 도시모형 개발에 주력하고 있다.

이러한 서비스업만 있는 게 아니다. 최근 일본에서 노인이 역주행하는 사건이 자주 발생한다. 감각이 무뎌지거나 치매 초기에 걸리면 가족도 모르는 경우가 허다하다. 그래서 나온 상품이 역주행시 경고를 하고 그래도 주행할 경우 차단막이 닫히는 기능을 하는 설치물 제조업이 하나둘 생겨나고 있다.

세대 간 협업사업도 다양하게 등장할 것으로 예상된다. 예컨대 청년과 노인의 상생형 푸드트럭 같은 모형이다. 청년은 노동력을 제공하고, 노인은 투자를 해주는 방식이다. 세대 간 갈등도 풀고, 동시에 일자리도 창출하는 모델로 2018년부터 우리 정부도 직접 지원에 나선다.

이처럼 고령사회에 접어들면서 다양한 노인형 사업들이 대거 나타날 것으로 보인다. 업종에 따라 도입시기가 다를 수 있지만 초고령사회로 치닫는 지금, 노인을 대상으로 하는 이런 사업들이 점점 성장하는 사업모델임은 분명하다.

07 팔도유람, 이곳에 가면 돈이 보인다

창업계획을 세울 때는 크게 두 가지 패턴으로 시장을 살펴본다. 그중 하나가 위에서 아래로 보는 방법, 이른바 탑다운(Top-Down) 방식이고, 다른 하나는 아래에서부터 위로 보는 바텀업(Bottom-Up) 방식이다. 일반적으로 창업할 업종이 특정되거나 방향이 정해진 경우가 아니면 탑다운 방식으로 시장을 보는 것이 좋다. 먼저 글로벌 시장 트렌드에서 로컬 시장으로 점차 범위를 좁혀 보되, 좁히는 과정에서 방향성을 정하고, 그 방향에 속한 업종 리스트 가운데 가장 즐겁게 잘할 수 있는 업종을 찾으면 된다.

상권을 볼 때도 이 패턴에 준해 분석하면 비교적 안정적인 업종을 선택할 수 있다. 서울 및 수도권과 광역시 등 8곳의 동별 상권 사이즈를 분석하고 그 가운데 상위 3개 상권을 산출해 소개한다. 풀어쓰면 "한

도시에서 장사가 가장 잘되는 동 가운데 1, 2, 3등이 어디인가?"다.

동은 법정동(法定洞)과 행정동(行政洞)으로 구분되지만, 실효적 측면에서 행정동을 기준으로 분석했다. 상권의 크기 순위는 소상공인 업종을 192개로 분류하고, 전국 3,495개 동별로 이들 업종의 매출을 모두더해서 그 값이 큰 순서에 맞춰 일렬로 세운 뒤 '상위 3개' 행정동을 선정했다.

참고로 행정동은 주민 행정의 편의를 위하여 설정한 행정구역이며, 법정동은 개인의 권리·의무 및 법률행위 때 주소로 사용되는 동 명칭이다. 예를 들면 서울 서초구 고속터미널 옆 동네인 반포동은 법정동 이름이고, 이 반포동이 지금은 반포본동과 반포1~4동의 5개 행정동으로 분할되어 있다. 이렇게 분할된 동이 바로 행정동이다. 상권 분석은 별도로 동을 구분하지 않더라도 행정동을 기준으로 분석하는 것을 원칙으로 한다.

우선 서울부터 보자. 서울은 25개의 구에 363개의 동이 있다. 자영업종 192개의 총 매출액을 일렬로 세워봤더니 맨 위에 올라온 동이 '역삼1동'이었고, 2위가 종로1~4가동, 3위가 서교동(홍대, 합정)으로 나타났다.

1위인 역삼동 상권은 지하철 강남역과 역삼역 구간의 양쪽 상권으로 보면 되는데, 이곳은 광화문과 더불어 사무실이 가장 밀집된 상권이다. 역삼1동은 1인가구 비율이 서울에서 가장 높은 35%나 되는 상권이다.

특히 청년기 여성(25~35세) 구간이 현저히 높아서 주변의 잘되는 업종을 쉽게 예측해볼 수 있는 상권이기도 하다.

3위인 서교동은 홍대 앞에서 합정동으로 점점 세력을 넓혀가고 있다. 2011년에 클럽데이가 잠시 중단했을 때 다소 위축됐다가 클럽데이가 부활하고, 공항열차가 개통되면서 다시 활기를 띠고 있다.

다음으로는 경기도를 보자. 경기도에서 1위 동은 수원시청이 있는 인계동으로 나타났고, 분당의 서현1동이 2위, 영통구청이 있는 수원시 매탄3동이 3위를 차지했다. 매탄3동은 1990년에 매탄동에서 계속 분동해서 지금도 인구가 늘고 있는 수원의 중심 상권이다. 과천은 시인데도 인구가 7만 명 조금 넘는 수준인데 반해 매탄동은 동인데도 1~4동을 합하면 10만 명이 넘는다.

서울은 인구가 줄고 있는데 경기도 매년 늘고 있다. 면적은 경상남도와 비슷한데 2017년 6월 통계를 보면 인구는 경남(345만 명)의 4배에 가까운 1,315만 명이나 된다. 앞으로 수년간은 소득 양극화의 영향으로 서울에서 밀려난 가구가 계속 이주할 것으로 예상된다. 때문에 저가형 사업 모델들은 경기도가 유망 지역이 될 것이다.

이번에는 '제2의 도시' 부산으로 가보자. 내가 어렸을 때는 '부산' 하면 떠오르는 동이 남포동과 광복동이다. 지금도 당연히 순위 안에 들 것으로 예상하고 분석했다. 하지만 순위 안에 두 동은 없었고, 부전2동이 1위로 나타났다. 부전2동은 롯데호텔이 있는 서면인데 부동의 1위로 자리하고 있다.

2위는 해운대구 우1동(동백섬과 해운대 백사장 인근)인데 아파트 값이 서울 강남보다 더 비싼 곳도 있을 정도이고, 동일본 대지진 이후에 일본사람들이 이사하려는 문의가 꽤 많았던 곳이기도 하다. 3위 역시 해운대구에 있는 중1동(중동)이다.

이번에는 우리나라 소득 1위, 울산으로 살짝 비켜 들어가보자. 울산은 태화강을 중심으로 시가지가 형성되었고 방어진, 염포, 장생포항을 중심으로 도시가 형성되어왔다. 서쪽으로는 경남 밀양시, 경북 청도군, 남쪽으로는 부산 기장군, 경남 양산시, 북쪽으로는 경북 경주시에 접하고 있다.

울산은 면적은 1,060km²로 서울의 1.7배에 이르지만 광역시 중 세종시를 제외하고 가장 인구가 적은 120만 명이다. 세대당 인구수는 전국 어느 도시보다 높은 2.62명으로 전국평균인 2.47명보다 높고, 가장 낮은 강원도의 2.28명에 비해 월등히 높은 도시다.

이렇듯 활기찬 울산은 버스터미널이 있는 삼산동이 1위 동이고, 과학기술대가 있는 울주군 범서읍이 2위, 남구 우거동이 3위인데 이곳에는 울산대학교가 있다. 대학들이 있는 지역이 강세인 점이 다른 지역과 차이를 보인다.

조금 다른 이야기지만 과거에 궁금했던 것 가운데 하나가 '소득이 높으면 트렌드도 앞서갈까?'였다. 하지만 분석 결과 소득과 트렌드는 별개였다. 서울과 울산을 비교해서 패션 트렌드를 분석해본 적이 있는데 격차가 3~4년 정도로 나타났다. 그렇더라도 트렌드와 행복은 동행하는 것이 아니니까 소득이 높으면 좋을 것 같다.

조금 더 올라와서 대구로 가보자. 예상대로 성내1동이 1위인데 '동성로'라고 해야 이해가 잘될 것 같다. 대구 중앙파출소에서 대구역 사거리까지 직선거리로 1킬로미터가 채 안 되는 지역인데, 이곳 역시 부산 부전동처럼 청춘들이 북적이는 지역이다. 다음은 북구 산격2동인데 여기에는 경북도청과 경북대학교가 있다. 3위는 달서구 진천동으로 나타났다.

이렇게 전국 시장을 분석하다 보면 앉아서도 팔도를 유람하는 기분이 들 때가 있다. 이번에는 경부선을 따라 '대전발 0시50분'과 '1분 우동'의 고장 대전으로 올라가 보자.

대전에서는 시청이 버티고 있는 둔산2동이 가장 잘나가는 지역으로 올라 있고, 2위는 유성구 온천1동으로 이 주변에는 온천이 많고 한밭대학교가 있다. 3위는 탄방동인데 행정동과 법정동이 동일한 곳 가운데 하나다. 탄방동은 인구가 3만 명에 불과하지만 도산서원이 있고, 주거와 사무실 등이 적절히 조화를 이루는 지역이어서 전통업종이라면 1위인 둔산2동보다 탄방동이 더 유리한 상권일 수 있다.

대전을 뒤로하고 다시 남서쪽으로 167킬로미터를 내려가면 무등산 수박이 생각나는 광주와 만나게 된다. 광주 하면 보통 전통적인 금남로가 떠오를 테지만 실제로는 금남로가 2등이고, 서구 치평동이 1등이다. 얼마 전 특강을 위해 치평동에 간 적이 있어 주변을 둘러보았다. 이곳의 거리 양쪽에 유명 옷가게와 최근 문을 연 대형 아웃렛이 있고, 뒷길에는 유흥가와 식당들이 즐비했다. 고급호텔도 예전에는 무등산 쪽 호텔이 유명했지만, 지금은 치평동으로 명성이 옮겨졌다.

다른 이야기지만 외지에 출장을 가면 가장 신경 쓰이는 것이 '맛집'이다. 기대하고 들어간 음식점에서 맛이 없으면 여행 기분마저 망치는 경우가 종종 있다. 그래서 터득한 방법이 있다. 첫 번째는 그 인근 관공서를 찾아가 물어보는 것이다. 두 번째 방법은 경찰지구대 그리고 마지막으로 택시기사에게 묻는 방법이다. 광주 송정역에서 맛집에 데려다달라고 했더니 택시기사가 바래다준 곳이 치평동이었다. 치평동이 소매업, 서비스업뿐 아니라 음식업도 앞으로 부동의 1위 동이 될 가능성을 보여주는 징후들이다.

마지막으로 인천을 훑어보자. 인천에는 300만 명이 살고 있으며 전국 주민등록 인구를 기준으로 5.66%가 거주한다. 인천에서는 하루 동안 70명이 출생하고, 37명이 사망한다. 47쌍이 결혼하는 반면에 19쌍이 이혼하는 도시가 인천이다.

이러한 인천의 시장 규모는 남동구 구월1동이 1위로 나타났다. 인구수는 2만9,000명으로 다른 동에 비해 많다고는 할 수 없다. 하지만 지방마다 대부분 번화가에 로데오거리가 있는데 이곳 구월1동에 바로 인천의 로데오거리가 있다. 다음으로는 부평구 부평동이고, 3위는 논현

2동으로 인구수는 3만4,350명이다.

　지금까지 대한민국 주요 도시의 상권 현황을 빅데이터를 통해 들여
다보고, 소상공인 업종의 시장 규모가 가장 큰 도시별 빅 3동을 추출해
제시했다. 창업할 때는 이러한 시장 현황을 감안해서 접근하는 것이 좋
다. 하지만 무조건 파이가 크다고 맛있는 것은 아니므로 창업할 때는
다각도로 들여다보는 지혜도 필요하다.

팔도유람,
동별 추천 업종 베스트

자영업종 가운데 우리나라 광역시에서 가장 잘되는 행정동(洞) 1, 2, 3위는 앞에서 소개했다. 그렇다면 선정된 각 동에서는 어떤 업종이 유망할까? 동별 유망 업종을 알아보기 위해 총 자영업종을 192개로 나누고, 최근 3년간 매출 성장성, 안정성, 구매력 지수 등 다섯 가지 요인을 종합적으로 분석해서 10개 업종을 추출하여 대표적인 업종을 중심으로 소개해본다.

먼저 서울를 보자. 서울에서 자영업종별 매출 종합 1위는 '역삼1동'인데 9호선 신논현역에서 뱅뱅 사거리까지, 그리고 동쪽으로는 강남역에서 역삼역을 거쳐 선릉역까지를 포함한 꽤 큰 동이다. 매출이 가장 안정적인 업종으로는 민속주점과 비디오감상실이 1~2위로 나타났고, 꼬치구이 전문점과 동물병원도 10위에 랭크됐다.

지방대학이나 원거리에 있는 관공서들의 통근·통학버스가 이곳에 서고, 전국에서 1인가구 비율이 가장 높은 지역인 데다 미혼여성이 가장 많이 거주하는 지역이라는 특이성 때문에 관련 업종이 두각을 보인 것으로 해석된다.

다음으로 '종로 1~4가동'을 보면 낚지·떡볶이·치킨 전문점이 상위권에 있고, 족발집이나 벽지가게도 10위 안에 들어 있다. 좀 의외이긴 하지만 음악학원과 자전거가게도 잘되는 업종으로 나왔다. 3위 상권 '서교동(홍대, 합정)' 상권에서는 순대, 떡볶이, 커피가 잘 팔리고, 추어탕과 홍어 전문점·오리고기집도 눈에 띈다. 클럽들이 많아서 그런지 실용음악학원 업종도 10위로 랭크되어 있다.

조금 내려가 전국 인구의 24.5%가 사는 경기도를 보자. 1위는 수원시청, KBS 수원센터, 나혜석거리 등을 끼고 있는 '인계동'인데 이곳에서는 악기판매점, 주방용품, 조명기구점 등이 상위권이고 병·의원으로는 비뇨기과가 4위로 나타났다.

분당제생병원이 있는 2위 상권 '서현1동'은 분당이라 좀 고급스러운 음식이 잘되지 않을까 싶었는데 의외로 소박한 토스트 가게와 콩나물국밥, 곰장어 전문점 등이 상위에 올라 있고, 병·의원 중에서는 안과가 가장 잘되는 지역이다. 경기도 3위는 영통구청이 있는 수원시 매탄3동인데 스크린골프장, 이자카야, 아이스크림 가게 등이 잘되는 편이다.

이번에는 부산으로 내려가보자. 부산에서 1위는 역시 부전2동(서면)인데 서면로터리에서 북쪽으로는 부암역까지, 서쪽으로는 1킬로미터 정도까지 소위 황금상권을 끼고 있는 동이다. 이곳에서는 스파게티·찜닭·아이스크림·도시락 전문점 등이 전도유망한 업종으로 나타났다. 찜닭은 서울의 일부 대학가에서 명맥을 유지하는 데 반해 서면에서는 아직도 많이 찾아볼 수 있는 업종이다.

부산의 208개 읍·면·동 가운데 2~3위가 바로 해운대에 있다. 해운대는 해운대역에서 바다를 바라보고 왼쪽이 좌1동, 좌2동, 좌3동 등으로 구분되고 오른쪽으로는 우1동, 우2동이 있는데 벡스코가 있는 곳이 우2동이고, 우1동은 요트경기장과 해운대해수욕장을 끼고 있다.

바로 '우1동'이 2위인데 삼계탕과 설렁탕·순두부 음식점 등이 유망하고 매운탕집도 상위에 올랐다. 이렇게 보면 얼큰한 탕류가 해운대에서는 괜찮은 것 같다. 3위 역시 해운대구에 있는 중1동(중동)인데 가구점과 타이어점, 주방용품점이 안정적으로 영업 중이며, 음식점으로는 막창·초밥·횟집·삼겹살 전문점 등이 10위 안에 들어 있다.

가구소득 전국 1위인 울산으로 가보자. 울산은 56개 읍·면·동이 있는데, 삼산동은 버스터미널, 농산물도매시장, 유명호텔 등을 두루 끼고 있어 유동인구가 많은 곳이다. 이곳에서는 음식점으로는 찜닭, 샤브샤브, 설렁탕 전문점 등이 잘되고, 입시학원과 편의점도 매출 10위권 이내에 속한다.

2위는 과학기술대가 있는 울주군 범서읍으로 세탁소와 낚지 전문점 등이 잘되는데, 이곳은 광역시 중에서 고령화지수가 높은 농촌에 속해서인지 한의원도 잘되는 편이다. 3위는 울산대학교가 있는 남구 우거동으로 이곳에는 사철탕과 식료품점·막창구이도 상종가 업종이며, 약국·내과·치과 등이 잘되는 의료기관에 올랐다.

다음으로는 대구로 가보자. 대구에서는 동성로가 있는 성내1동이 1위인데 이곳에는 헬스클럽, 비만·피부관리실 등 맵시업종이 잘되고, 이동통신기기나 보청기도 잘되는 편에 속한다. 비만·피부관리실은 최근 가장 매출이 떨어진 업종인데, 유독 성내1동에서는 잘되고 있다. 이동통신기기와 보청기, 이 두 업종은 소비계층이 비교적 대척점에 있는데 잘되는 업종에 동시에 나오는 걸 보면 청년 중심거리였던 과거와 달리 동성로 유동인구 성향이 많이 달라진 것 같다.

2위는 북구 산격2동으로 여기서는 김밥·오리고기·죽 전문점이 잘되는 업종으로 나온다. 욕실인테리어, 벽지 등도 상위 업종이다. 인테리어 업종이 잘된다는 것은 가게 주인이 자주 바뀐다는 뜻이니 자영업종은 어려운 시장이라는 의미이기도 하다.

3위는 달서구 진천동으로 대구 1호선 지하철이 중앙을 관통하는데 진천역과 월배역 등 2개 역이 진천동 안에 있다. 주거지역임에도 2개 역이나 들어 있다는 것은 그만큼 면적과 인구가 많다는 건데 실제로 22개 동이 있는 달서구 인구 61만 명 중 10%인 6만1,000명이 진천동에 살고 있다. 이곳에서는 죽·한정식 전문점 등이 잘되고, 자전거·레저용품이 유망한 업종으로 나타났다.

조금 올라와서 대전으로 가보자. 대전은 78개 행정동에 153만 명이 거주하고, 60만 가구에 평균 2.57명이 한집에 살고 있는 도시이다. 가장 큰 자영업 시장은 둔산2동이다. 정부 대전청사와 대전시교육청까지 포진해 있어서 주거인구 4만 명보다 유동인구가 2.5배나 많은 일평균 10만 명에 이르는 사업하기 딱 좋은 상권이다. 이곳 역시 음식점이 10위 안에 많이 들어 있는데 아구찜·도넛·피자 전문점이 1, 2, 3위에 올랐고, 해장국집, 중국집, 치킨 전문점, 김밥집 등이 10위 안에 드는 업종이다. 학원으로는 태권도, 의원으로는 소아과가 잘되는 것으로 나타났다.

2위는 유성구 온천1동으로 이 주변에는 온천이 많고, 한밭대가 있다. 여기서는 기사식당과 쌈밥·토스트·두부요리점 등이 잘되고, 서비스업종에서는 스포츠센터와 동물병원이 유망하다. 3위는 탄방동인데 음식점으로는 찐빵, 만두, 한정식, 냉면, 우동, 보리밥이 잘되며 소매업종으로는 스포츠용품, 서비스업은 세탁소가 1위에 랭크됐다.

광주는 어떨까? 1위 동은 서구 치평동으로 식음료업종으로는 주점 매출이 가장 높고, 동물병원과 안경점도 광주의 다른 지역에 비해 월등히 높다. 소매업종에서는 골프용품이 192개 업종 중에 10위에 랭크됐다.

2위동 충장동(금남로 4, 5가)에서는 콩나물국밥 매출이 가장 높고, 속옷 전문점과 보청기 용품점도 10위 안에 들었다. 요즘 지방에서는 고령화의 영향으로 보청기가 잘되는 경향이 있다. 3위 광산구 첨단2동은 과학기술원, 남부대학교, 조선대학교, 첨단산학캠퍼스, 광주보훈병원 등이 들어선 곳으로 두부요리·파전·조개구이 전문점이 잘되는 업종에 올랐다.

마지막으로 300만 명이 살고 있는 인천을 보자. 인천은 로데오거리가 버티고 있는 남동구 구월1동이 1위로 헬스클럽과 요가원이 잘된다. 먹는 업종으로는 복집, 뷔페, 경양식집이 10위 안에 들어 있다. 다음은 부평구 부평1동인데 이자카야, 닭갈비, 샌드위치, 찜닭 등이 5위 안에 들어 있고, 초밥과 죽 전문점도 10위 안에 있다. 소매업으로는 여성의류가 2위로 아주 잘되는 업종에 속한다.

인천에서 자영업시장 3위 지역인 논현2동은 유아교육과 완구점이 잘되는 업종에 올랐다. 이런 업종이 잘된다는 건 거주인구 중 30대 비율이 높다는 것을 의미하는데, 실제로 30대 비율이 18.12%나 돼서 도시 평균 15%를 훨씬 넘고 있다는 점이 확인됐다. 젊은 여성들에게 인기 업종인 네일케어도 10위에 올랐고, 의료업종으로는 이비인후과가 잘되는 지역으로 꼽혔다.

지금까지 빅데이터 분석을 통해 주요 도시의 상권 크기별 주요 유망 업종을 소개하였다. 참고할 점은 추천 업종이 단지 매출이 높은 업종이 아니라 경쟁자가 적고 매출의 높낮이가 크지 않는 안정적인 업종을 중심으로 선정했다는 점을 감안해서 창업에 참고했으면 하는 바람이다.

날씨만 미리 알아도 반은 성공한다

세계적으로 기상이변이 속출하고 있다. 미국의 동부지역에는 최고 1미터가 넘는 폭설로 7억 달러의 경제적 손실을 입기도 했고, 유럽과 중국은 예상치 못한 물난리로 일부 도시가 마비되기도 했다. 우리나라도 겨울에는 더 춥고, 여름에는 더욱 더워진 열대성 기후로 바뀌고 있다. 이러한 날씨에도 대형 쇼핑센터나 서점들은 호기를 맞았고, 미국은 난방 수요 증가로 유가가 급등하는 등 일시적이지만 긍정적인 징조로 나타나기도 했다.

이처럼 날씨는 산업과 업종 혹은 상품에 따라 호불호의 양면성을 동시에 갖고 있다. 과거에는 '어떤 옷을 입을까?', '우산을 가지고 나가야 할까 말아야 할까?' 정도의 단순한 정보가 필요했다면 이제 날씨는 우리 생활경제와도 중요한 정보가 되었다.

옛날에도 동지섣달에 눈이 많이 오면 오뉴월에 비가 많아서 풍년이 들고, 산에 띠구름이 걸리면 날씨가 맑고, 서산에 구름이 걸리면 비가 온다거나 곡우에 비가 안 오면 논이 갈라져 흉년이 들고, 벚꽃 싹이 일찍 바래면 여름 날씨가 좋다는 정도의 예측 수준에 머물렀다.

그러나 지금은 빅데이터를 활용해서 장기예보나 국지정보 혹은 확률예보도 가능하다. 미리 대비할 수 있다는 점에서 날씨를 잘 활용하면 기대 이상의 효과를 얻을 수 있다.

실제로 세계 경제의 80%는 직·간접적으로 날씨의 영향을 받고 있고 GDP의 10%가량이 날씨에 의해 좌우되기도 한다. 그동안 날씨는 농업, 어업, 스포츠 등 일부 산업에 제한적으로 활용됐으나 오늘날에는 산업 전반에서 다양하게 이용되고 있다.

매년 반복되는 예측 가능한 날씨 덕분에 유통업계는 대체로 대응 프로그램들을 상당 수준 준비해왔다. 비교적 예측이 쉬운 장마철에는 유통업계에서 다양한 날씨마케팅을 펼치고 있고, 자영업 시장에서도 상당 부분 활용되고 있다.

백화점이나 마트 같은 대형 유통업체들은 비가 오면 강수량과는 상관없이 평균 10% 이상 매출이 떨어지는 게 일반적이어서 다양한 방법으로 유인마케팅을 한다. 비 오는 날 당첨확률 높은 추첨권 증정, 장마철에 장마상품 구입 시 50% 할인, 레인커버 제공, 놀이공원 입장료 반값 등의 마케팅이 있는데, 몇몇 할인전략은 자영업에서도 적용할 만하다.

자영업에서는 유통업체보다 좀 더 세밀한 날씨마케팅이 필요하다. 성공한 사례 몇 가지를 보면 모 제과 프랜차이즈는 기상·매출 관계데이터 분석을 통해 '날씨 판매지수'를 개발하여 지점에 보급해 한 달 만에 조리빵 매출을 30% 끌어올리기도 했고, 어느 김밥 전문점에서는 날씨 변화를 예측한 재료 구입으로 30% 이상 원가를 절감해서 점포당 월 150만 원 정도 매출 상승효과를 보기도 했다.

날씨 예측을 잘해서 대비한 경우와 그렇지 않은 가게의 매출 변동 폭은 30% 정도라는 것이 정설이다. 특히 유통소매업에서는 경기보다 마케팅, 마케팅보다 날씨를 더 중요하게 생각하는 경향도 있다.

외국에서도 날씨마케팅을 잘 활용해서 순식간에 돈을 번 사례들이 꽤 많다. 고전이긴 하지만 중국은 2015년에 1주일간 내린 기록적인 폭우로 '타오바오왕'이라는 쇼핑몰에서 우산 판매량이 전년 동기 대비 900%나 늘었고, 장화도 3배나 많이 팔려서 대박을 터뜨렸다.

일본에서는 비만 오면 우산 판매가 급증하는데 '방사능 비'에 대한 우려 때문인 것으로 알려져 있다. 참고로 세계에서 가장 우산이 많이 팔리는 국가는 일본으로 2015년 한 해 동안 1억3,000만 개가 팔렸다. 그런가 하면 장마철에 패션코디를 해주는 앱을 개발한 기업은 지난해 장마 덕분에 단숨에 인기앱 반열에 오르기도 했다.

미국의 아웃도어브랜드인 '할리한센'은 점포 내부에 기상모니터링 장비를 두고 기후에 따라 실시간으로 진열을 다르게 하는 시스템을 개발하여 적용하고 있다. 마치 막간의 연극무대처럼 날씨에 따라 움직이게 하는 시스템이다.

최근에 와서 이렇게 다양하게 쓰이는 날씨 정보는 1940년대 미국에서 시작됐다고 알려져 있다. 나는 1992년 일본에 갔다가 민간사업자가 포인트 예보를 하는 걸 보고 색다른 느낌을 받았다. 당시 우리나라는 기상청이 독점하고 있어 사업화하기가 불가능할 때였다. 일본의 포인트 예보는 1988년에 민간사업이 시작되어 주로 낚시, 골프, 서핑 등에서 적용되고 있었다. 우리나라에서는 1997년에 민간 날씨정보 제공업체가 사업을 시작했지만 일반인에게는 여전히 생소한 서비스다.

온도의 변화는 자영업에 어떠한 영향을 미칠까? 나의 빅데이터 분석과 동의대 김현주 교수의 논문을 통해 종합해보면 아이스크림 전문점은 섭씨 21도에서 매출이 늘기 시작하고 31도부터는 오히려 떨어지는 결과를 보이고, 냉면 전문점은 18도에서 늘어나고 28도에서 티핑포인트가 된다.

소매업에서는 24도가 되면 민소매 판매가 급증하고, 21도에서는 5부 소매옷 판매가 증가하기 시작한다. 22도에서는 개량한복을 구매하는 고객이 늘어나고, 18도가 되면 하복 착용이 시작되는 시점이다. 16도에서는 춘추복을 착용하기 시작하고, 11도가 되면 동복을 찾는 고객이 늘어난다. 기온이 급강하한 다음 날은 겨울상품이 많이 팔리는데, 특히 낙차가 클수록 매출은 늘어난다.

강수 여부에 따라 판매 품목에 차이가 나기도 한다. 비가 내리는 날에는 유독 오디오, TV, 냉장고 등 대형 가전제품이 잘 팔린다. 대형 가전은 값도 나가고 집 안의 분위기도 생각해야 하기 때문에 온 가족이 모여서 살지 말지를 의논해야 하는 제품의 특성이 반영된 결과다. 비가 올 때는 유독 흰색 옷이 더 잘 팔린다. 상식적으로 젖으면 얼룩질까 봐 더 기피할 것 같은데 기분을 밝게 하려고 구매하는 것이 아닐까 생각된다.

100mm 이상 큰 비가 왔다면 익일보다 이틀 후에 가장 많이 팔린다. 평소의 맑은 날보다 약 20~30% 정도 매출이 더 오른다. 실제로 맑은 날 소매업 평균 거래건수는 28건인데 반해 비 오는 날은 19건, 비 온 이틀 뒤에는 35건으로 나타났다.

날씨가 맑을 때는 니트, 점퍼, 긴바지 등이 잘 팔리고, 비 올 때는 대부분의 상품 매출이 떨어지지만 반팔 면티, 긴팔 면티, 스커트 등은 맑은 날과 차이를 보이지 않고 팔린다.

그렇다면 혹시 날이 덥거나 비가 오면 로드샵보다 인터넷 쇼핑몰 매출이 더 늘지 않을까 싶어 관련 데이터를 분석해봤다. 결론은 식품류를 제외하고 쇼핑몰에서 날씨는 구매에 큰 영향을 주지 않는 것으로 나타났다. 날씨보다는 오히려 기온에 더 민감한 상품도 있다. 예를 들면 기온이 0~5도일 때는 양주가, 6~10도일 때는 소주가 가장 많이 판매되고, 기온이 30도 이상일 때는 0도일 때보다 맥주 판매량이 70% 이상 늘어난다. 장마처럼 오래 비가 오는 날은 콜센터가 바빠진다. 근처 식당에 배달시키는 전화가 늘어나기 때문이다.

이처럼 날씨는 여러 분야에서 다양한 결과를 만들어낸다. 미국의 한 컨설팅회사 보고서를 보면 뉴욕증시의 경우 맑은 날의 수익률은 24.8%로 궂은 날의 수익률보다 3배 가까이 높게 나타났다. 영국이나 프랑스 증시도 평균적으로 맑은 날 수익률이 흐린 날보다 2배 이상 높은 것으로 나타났다.

이런 데이터를 기초로 했는지 모르지만 도쿄 증권거래소 부근의 한 고급음식점은 날씨를 보고 다음 날 손님 수를 예측해서 식재료 시장을 보는데, 날이 굳으면 30%를 낮춰서 구매한다. 점장은 "날씨가 굳으면 주식해서 손해 보는 사람이 많고, 외식을 안 하고 주점으로 바로 갑니다"라고 말한다. 어쨌든 이 가게는 버리는 게 그만큼 적어서 실제로 이익이 늘어난다는 것이다.

과거에 우리나라 여의도의 한 식당도 주가에 따른 가격변동제를 도입해서 주가가 오르면 값을 같이 올리고, 떨어지면 밥값을 내려 영업하기도 했다.

이제는 '경기보다는 마케팅, 마케팅보다는 날씨'라는 말이 어색하게 들리지 않은 시대이다. 요즘처럼 변덕스러운 날씨에는 온도 마케팅을 잘 활용하는 것이 저성장기를 효과적으로 넘길 수 있는 방법 중 하나가 아닐까 싶다.

1인가구와 함께 성장할 '솔로 이코노미 (solo economy)'

창업에서 절대로 피해 갈 수 없는 메가트렌드(Mega-Trend) 중 하나가 1인가구의 증가다. 〈나 혼자 산다〉, 〈미운 우리새끼〉 등의 TV 프로그램이 인기를 끌고 있고, 일본에서도 혼자 사는 중년이 밥 먹기 위해 식당을 전전하는 모습을 그린 TV 심리다큐 〈고독한 미식가〉가 얼마 전까지 인기리에 방영된 적이 있다. 모두 1인가구의 흐름을 상징적으로 보여준 프로그램들이다.

〈고독한 미식가〉에서 주인공은 혼자 자유롭게 먹을 수 있는 음식점을 찾아 헤매는데 본의 아니게 가장 자주 찾는 곳이 햄버거와 같은 패스트푸드점, 회전초밥, 돼지고기된장국집, 오뎅집, 조림집, 구운만두집이다. 건강에 별반 도움이 안 된다는 걸 알면서도 주인공은 이런 음식점을 찾아간다. 건강에 좋은 음식은 1인분을 팔지 않기 때문이다.

건강을 염려해서 들르는 음식점에서도 샐러드, 채소볶음, 돌김을 섞은 해산물볶음, 카레덮밥을 먹는데 이걸로는 속이 허해서 나오다가 타코야끼를 먹는다. 그것도 부족해서 집에 오면 다시 과자를 주워 먹는 애처로운 모습도 보여준다.

솔로 이코노미(Solo economy). 우리말로는 '1인가구 경제생활' 정도로 해석할 수 있는데, 주택이나 전기제품, 식품 등 혼자 사는 사람들을 대상으로 하는 상품시장을 말한다. 예전에는 경제력 있는 솔로들을 '여피족(young, urban, professional)', '예티족(young, entrepreneurial, tech-based)' 등의 용어로 표현했는데 요즘은 본인이 원하는 시기까지 독신문화를 즐기는 '네오(新) 싱글족'이라는 표현을 쓰기도 한다.

관련 기관의 자료에 따르면 우리나라 1인가구 수는 2017년 현재, 580만 가구로 전체 가구 대비 28%를 차지하고 있다. 전체 소비시장의 15%인 65조 원을 '혼족'들이 쓰고 있다. 우리와 대비되는 일본도 총 5,200만 가구 중 1인가구가 32%인 1,700만 가구에 달하는데, 이는 부부와 자녀로 구성된 세대보다 140만 가구나 더 많은 숫자다. 여기에 직장 혹은 학교 때문에 부득이하게 혼자 지내야 하는 경우까지 합하면 무려 55.5%가 1인가구의 삶을 경험하고 있다.

언젠가 국회에서 독신남녀에게 '독신세'를 걷어야 한다는 내용의 보고서가 이슈가 된 적이 있다. 캐나다에서는 17세기에 자녀들이 결혼적령기(아들 20세, 딸 16세)까지 결혼을 못하면 부모에게 벌금을 부과했다는 기록도 있다. 어쨌든 외로움을 먹고 크는 솔로시장은 우리나라뿐 아니라 전 세계적으로 이슈가 되고 있다.

그렇다면 솔로경제 시대를 맞아 어떤 업종에 눈독을 들이는 게 좋을까? 사실 통칭해서 1인가구고 하지만 크게 세 가지로 분류할 수 있다. 청춘 외에도 노인 1인가구, 사별이나 이혼 등으로 인한 중년 1인가구 등이다. 어떤 대상이냐에 따라 비즈니스는 상당히 다르다. 그러나 혼선을 피하기 위해 이 책에서는 자발적 솔로시장을 중심으로 엮어본다.

우선 솔로이코노미의 대표적인 업종은 애완동물 시장이다. 1,000만 명 넘는 사람이 애완동물을 키우고 시장규모는 2조 원에 달하는데, 이 규모는 갈수록 커질 것이 확실하다. 일본도 2016년 말 현재, 총 가구 수의 28%가 애완동물을 키우고 있고, 시장규모도 15조 원을 넘는다.

일본에서는 애완동물 시장이 커지면서 나타난 틈새 업종도 많다. 인기 업종은 애견목욕탕이나 애견무덤사업, 애견보험 그리고 애견시터 파견업 등을 들 수 있다. 애견보험은 애완동물을 구입하고 나서 1개월 이내 죽는 확률이 20~30%에 이르다 보니 분쟁의 여지가 많아 한 애견 사업자가 개발했는데, 일본에서는 대중화되었다. 우리나라에서도 일부 보험사가 진행 중이다. 애견시터는 출장 중인 주인을 대신해서 돌봐주기도 하고 퇴근 전에 산책을 시켜주는 등의 서비스 직종인데 주로 여대생들이 하고 있다. 애견유치원 사업도 최근 각광을 받는 업종 중 하나다. 강아지 건강관리와 기본기 훈련을 시켜주는 곳이다. 미국의 스냅트 랙스사가 개발한 애완동물 목걸이에 부착하는 GPS를 활용한 추적시스템(Tag The Pet Tracker)과 유사한 앱도 개발되어 이미 서비스 중이기도 하다. 최근 우리나라에서 '펫택시' 업체 10여 곳이 여객운송비의 3배 이상을 받고 있는데도 성업 중이다.

다음으로는 룸투룸(room to room)을 기치로 내세운 1인가구 전문 이 삿짐센터다. 2005년에 228개에서 2017년에 무려 1,300개로 크게 늘었다는 점이 성장 가능성을 짐작케 한다. 우리와는 다르게 포장이사는 물론이고 주소이전, 각종 사회서비스 계약해지 및 이전에 이르기까지 부가서비스까지 대신해준다. 싱글들은 이사를 자주 하는 것이 특징이다. 실제로 일본에서는 5년 이내에 1인가구가 이사하는 경우가 30%나 되기 때문에 이삿짐센터뿐 아니라 1인가구를 위한 임대정보 서비스업 등도 잘되고 있다.

솔로들을 위한 업종은 이 외에도 각종 대행업, 생활서비스업, 중개업 등 다양하게 나와 있다. 이들은 인간관계가 소홀해져서 외롭고 고독하다는 사람들이 많아 솔로여행기획업, 동호인모임정보 제공업, 매칭서비스업 등도 유망하다.

청춘 1인가구들을 대상으로 한 업종으로는 회전초밥, 도시락 슬라이스치킨처럼 남의 눈치 안 보고 먹을 수 있는 슬립업종이 있다. 빨리 먹을 수 있는 서서 먹는 식당, 스텐드바 타입의 떡볶이 전문점, 깡통안주만 사서 맥주는 원가로 마실 수 있는 '통조림바' 같은 스피드식당도 다수 등장할 것으로 보인다. 최근 커피 전문점 할리스의 강남 일부매장에서는 1인 테이블 중심으로 꾸몄는데 야간에도 자리가 없을 정도로 꽉 찬다. 청춘 1인 시장이 이미 시작됐다는 증거다.

1인가구의 또 다른 키워드는 '단절'이다. 잦은 이사로 인해 주변과의 소통이 필요하지 않기도 하지만, 참여에 인색한 경우도 있다. 일본의 부동산 포털 홈즈(Home's)가 18~34세 1인가구를 대상으로 조사한 바에 따르면 '이웃을 만나도 인사하지 않는다'는 사람이 51.9%나 되고, '이웃 간 모임이나 반상회 등에 참석하지 않는다'는 응답자도 70%에 이를 정도로 주변에 관심이 없다.

이에 따라 혼자 휴식하거나 즐길 수 있는 업종, 소위 시간소비형 업종이 집합주택 상권에서 인기 업종이 됐다. 게임기 대여업, 만화방 등이 대표적이며 동네 상권의 네일케어샵도 점점 느는 추세다. 계속적인 규제에도 불구하고 '만남계' 사이트들이 잘되고 있는 이유도 이와 무관하지 않다.

도쿄와 요코하마를 중심으로 1인식 식재료 배달서비스업체인 '디너서비스'는 봉고트럭을 이용해 중년여성들이 배달하고 있는데 배달차가 1,200대나 될 정도로 급성장했다. 내가 만난 대표는 화장품판매 시스템에서 아이디어를 얻었다면서 과거 일제시대 나주에서 근무한 경험이 있다고 소개했다.

서구에서도 솔로이코노미가 위력을 키우고 있다. 미국 1인가구 비율은 29%, 유럽도 33%, 특히 스웨덴은 49%로 가장 높은데 이곳에서 잘되는 업종 가운데 하나가 커뮤니티형 셰어하우스다. 방은 따로 있지만 베란다를 같이 쓰는 구조로, 숙박을 공동으로 해결하는 우리나라 셰어하우스에 공동체 가치를 더한 모델쯤으로 이해하면 된다.

뉴욕은 1인가구 비율이 가장 높은 곳이면서 주택임대료가 비싸서 '옷

장대여업'이 호황을 누리고 있다. 철 따라 옷을 보관해주고 아침저녁으로 가져다주고 가지고 갈 뿐 아니라 관리까지 해주는 서비스업이다. 여기에 영상을 통해 의상 코디까지 해주니까 아주 편리하다. 서비스 수수료가 상당히 비싼데도 잘되는 편이다.

솔로이코노미의 또 다른 키워드는 '초간편(No-frills chic)'이다. '군더더기 없는 멋' 혹은 '저가격 고품질 제품구매 성향' 등으로 정의할 수 있다. 〈타임〉은 이와 같은 소비 행태를 뉴 노멀(new normal)이라고 정의하면서 '싼 것(cheap)이 멋진 것(chic)'이라는 평을 내놓기도 했지만, 그럴듯한 표현일 뿐 실제로는 초저가를 지향하는 우울한 소비행태라고 할 수 있다. 고용 없는 저성장시대를 맞아 미래가 불안한 1인가구는 씀씀이를 줄일 수밖에 없다.

이런 점에서 1인 불고기점, 그램(gram)으로 달아 파는 소매점, 리필 전문점 등도 관심 업종이다. 한국형 패스트푸드점, 이른바 김밥집, 죽집 등과 설렁탕, 북어국 같은 탕류업종도 솔로이코노미 시대에 창업 아이템으로 무난할 것이다.

다시 일본 1인가구 실태를 보자. 일본은 자의든 타의든 혼자 살아본 경험이 있는 가구 수가 55.5%에 이른다. 세대별로 보면 50대 남성이 73%로 가장 많고, 20대 남성은 45.3%, 20대 여성은 45.5%다. 학교나 직장 문제로 부득이하게 혼자 살아야 하는 경우가 많지만 1인가구 비율은 급속도로 늘어나고 있다. •

그렇다면 이들은 어떤 상품을 구매할까? 우선 가전제품 구매가 두드

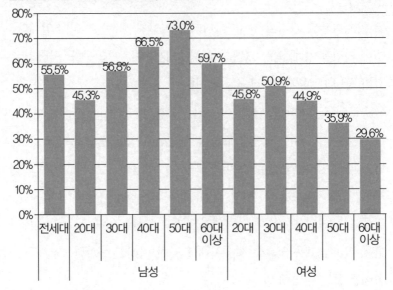

● 일본의 세대별 1인가구 경험 비율(2016년 기준)

러진다. 이 가운데 냉장고는 남성 53.4%와 여성 66.4%가 새로 구입했다. 그 외에도 식생활에 필수제품인 밥솥, 세탁기, TV, 전자레인지 등을 구입한 것으로 나타났다. 굳이 구분하자면 가전이라기보다 개전(個電)용이다.

그 외 생활에 필요한 커튼, 조명기구와 수납장, 알람시계 등이 인기 품목 반열에 올라 있다. 눈에 띄는 제품은 로봇청소기다. 일반적으로 혼자 살면 가장 하기 싫은 것 가운데 하나가 청소인데, 로봇이 그 시장을 파고든 것으로 보인다.

이들의 식생활을 보면 또 다른 사업 기회를 찾을 수 있다. 1인가구의 식생활 비목을 보면 직접 조리해서 식사를 해결하는 비중은 16.6%에 불과하고, 39.4%가 외식을 위주로 생활하고 있으며, 44%는

HMR(Home meal replacement) 식품을 위주로 해결하고 있다. 이들 식비를 합산하면 월평균 2만7,000엔이다.

우리나라 싱글족들이 함께 밥을 먹는 모임만 1600여 개, 솔로 탈출용 앱 회원은 100만 명을 돌파했고, 그 수는 갈수록 늘어나는 추세다. 산업연구원 자료를 보면 1인가구의 소비지출 규모가 2010년 60조 원에서 2020년 120조 원으로 2배 급증할 것이고, 2030년에는 194조 원으로 늘어나면서 4인가구 소비지출 규모(178조 원)를 넘어설 것으로 예상하고 있다. 1인가구의 월평균 소비지출 규모 역시 2010년 88만 원에서 2020년 100만 원으로 확대될 것으로 내다봤다. 이를 4인가구의 1인당 소비지출 규모와 비교하면 2020년 1.4배, 2030년 1.5배 수준이다. 이러한 국내외 솔로시장을 종합해본다면 반려동물, 개전, HMR, 대행업 가운데 1인가구로 특화한 서비스들이 각광을 받을 것으로 예상된다. 특히 솔로를 위한 전문여행사는 프로그램만 잘 설계한다면 급성장할 것으로 보인다.

5장에서는 불황기를 헤쳐나갈 유망업종을 제안하였다. 입지업종에서는 어떻게 대처해야 하고, 기술기반 업종의 성공 해법은 무엇이며, 새롭게 떠오르는 교육사업으로는 어떤 분야가 있는지 등을 국내외 사례를 통해 모델링하였다. 특히 소비자가 참여하는 비즈니스는 어떤 것들이 있으며 미디어에 매몰된 마케팅보다 효과적인 내부 마케팅 방법론은 무엇인지 등을 집중 조명하였다.

chapter 05

빅데이터로 추론한
저성장기 필승사업

불황을 먹고사는 초저가 업종

　포털사이트의 검색창에서 '초저가'를 치면 연관검색어로 의류, 항공권 등은 기본이고, 가전제품, 자동차, 스마트폰과 함께 최근에는 '맛집'도 보여준다. 물론 과거에도 이런 저가음식점이 없었던 것은 아니지만 대부분 장터국수, 자장면 등 일부 품목에 제한적으로 등장했다. 하지만 '초저가＋맛집'으로 구글링을 하면 30만 개 이상이 산출되고, 여기에는 피자·돈가스·떡갈비 전문점은 물론이고, 심지어는 쇠고기 무한리필점까지 거의 모든 업종을 망라하고 있다.

　일반적으로 '저가(低價)' 하면 비슷한 말로 염가, 싼값, 헐값 등이 있다. 예전에는 이런 단어만으로도 싸다는 느낌을 받은 때가 있었는데, 요즘은 '초(ultra)'라는 접두어가 붙지 않으면 저가는 당연한 가격처럼 느껴지기도 한다. 과거에 일본 파트너회사와 공동으로 우리나라와 일본에서 "불경기 때 가장 먼저 저가를 선택하는 품목"을 조사한 적이 있는데 의류(60%)와 내구재(30%)가 대부분을 차지했다. 두 나라 소비자들은 경기가 안 좋으면 불요불급한 의류나 가구 등에서 가장 먼저 소비를 줄인다. 때문에 대상 업종들은 소비자들을 불러들이기 위해 어쩔 수 없이 초저가 전략을 쓸 수밖에 없다. 하지만 2004년 조사 당시에는 사정이 어려워도 먹는 것에는 초저가 음식을 찾지 않았는데, 요즘에는 서비스업은 물론이고 음식업까지 저가를 찾는 사람들이 늘고 있다.

노량진의 한식 뷔페 전문점을 지상파 방송 취재진과 방문한 적이 있다. 1인 단가가 4,500원인데, 12시가 되면 30여 분씩 기다려야 할 정도로 사람이 몰린다. 통상 그 정도 맛이라면 최소한 8,000원은 받아도 되는 수준이다. 성공비결을 묻자 젊은 주인은 1인당 접시를 하나만 쓰게 해서 버려지는 음식을 최소화했고, 인건비를 줄였다고 했다. 초저가로 값을 내린 대신 다른 방법으로 이를 극복하고 있었다.

강서구의 한 곱창집은 국산 곱창임에도 1인분(200g)을 9,000원에 팔고 있다. 평일에도 2시간은 기다려야 자리 잡을 수 있을 만큼 손님이 많다. "다른 가게에서는 1만6,000원에 팔아도 원가 비중이 높다고들 하는데 이렇게 싸게 팔면 많이 팔아도 남는 게 없지 않아요?"라고 했더니, "그래도 못 파는 것보다는 낫죠" 하는 대답이 돌아왔다.

초저가 시장의 흐름은 크게 두 가지로 나타난다. 오픈할 때부터 초저가 매장으로 창업하는 경우도 있고, 기존 자영업자들이 가격파괴를 하는 경우도 있다. 평균 1만7,000원 하는 치킨을 7,000원으로 파는 프랜차이즈도 있고, 한두 부위만 컵에 담아 1,000~2,000원에 파는 테이크아웃 치킨집까지 생겨났다. 5,000원대의 커피 전문점을 900원대의 테이크아웃점이 공격하고 있고, 해장국이 3,500원, 서비스업인 피부관리실은 9,000원, 커트를 5,000원으로 내린 미용실도 어렵지 않게 찾아볼 수 있다.

이러한 초저가 흐름은 다른 나라도 별반 다르지 않다. 특히 일본은 가히 초저가 천국이라 할 정도로 초저가 업종이 두드러지게 나타나고 있다. 익히 알려진 균일가 '100엔샵'은 여전히 인기를 누리고 있고, 우리나라에서는 자리 잡지 못하고 철수했지만 초저가 커피점 '도토루'도 일본에서 가맹점이 2017년 10월 현재, 1,450개에 이를 만큼 안정적으로 성장하고 있다. 최근 유럽을 갔을 때도 '1유로샵'을 어렵잖게 볼 수 있을 만큼 초저가는 세계적인 추세다.

가격을 정상가 대비 30% 이상 낮춰 파는 '서서 먹는 식당'은 이제 흔해졌고, 인건비를 줄여 가격을 낮추기 위해 자동차회사의 폐로봇을 들여와 라면을 끓여주는 로봇라면 전문점도 생긴 지 오래됐다. 미국의 불황기에 초저가의 상징처럼 여겨지던 '그램샵(무게를 달아 파는 가게)'도 일본으로 건너와 빠르게 자리 잡아가고 있다.

초저가 업종의 성장의 배경에는 소득 양극화(polarization)가 있다. 중산층 비중이 줄어들고 상류층과 빈곤층으로 이분화되는 현상인 양극화의 개념이 말해주듯 빈곤층의 증가는 자연스럽게 소비 절제를 불러온다. 때문에 이들을 끌어들이기 위한 초저가와 같은 극단적 전략이 필요한 것이다.

'베르트랑 경쟁모형'에 따르면 완전 경쟁시장에서는 시장가격이 한계비용까지 내려가게 된다. 사회주의처럼 계획경제 아래서는 시장규모에 따른 생산이 이루어질 수 있지만 자유시장 경제에서는 완전 경쟁을 해야 하기 때문에 '0원'을 향해 내려갈 수밖에 없는 것이다.

그렇다면 이 시점에 일본에서 초저가 업종이 두드러지게 성장하고 있는 배경을 조금 더 들여다볼 필요가 있다. 우리나라도 일본의 '잃어버린 20년'을 닮아가고 있다는 일부 전문가들의 의견을 염두에 두고 보면 외형상 성공한 정책으로 평가받는 '아베노믹스'를 단순히 남의 나라 정책으로 치부하기는 어렵다.

아베노믹스의 핵심전략 중 하나는 경기 회복과 디플레이션을 탈피하기 위한 대담한 양적 완화조치다. 그 결과 수출 기업은 호조를 띠고 있고, 주가는 최근 2년간 두 배로 올랐다. 하지만 급격한 엔화 약세는 수입 비용 증가를 가져와 중소기업들은 직격탄을 맞았다. 엔화 약세로 인해 노동자의 실질 임금은 24개월 연속 마이너스로 이어지고 있다. 주가가 올라서 수익을 보는 계층 역시 저소득층이 아니라 주식투자를 할 여력이 있는 중산층 이상에게만 그 혜택이 돌아간다. 현재 1달러가 120엔 대로 환율은 2007년과 같지만, 실질적으로는 당시보다 30% 정도 약세를 보인다고 일본 전문가들은 평가한다. 그만큼 일본 소비자들은 더욱 가난해지고 있는 것이다.

우리가 주목해야 할 부분이 바로 이 점이다. 디플레이션을 염려해서 일본의 정책을 답습할 가능성이 없지 않다. 이 경우 양극화는 더욱 심해져서 자영업에서의 '피치마켓(peach market)'은 몰락하고 결국 초저가 업종의 '레몬마켓(lemon market)'이 자영업 시장을 지배하게 될 가능성이 있기 때문이다.

사실 초저가 전략을 쓴다는 것은 여러 이유가 있다. 그중 가장 큰 이유는 소비자들이 지갑을 열지 않기 때문에 손해만 보지 않으면 팔겠다는 강한 메시지가 반영된 것이다. 이렇듯 초저가 전략은 업종을 불문하고 다양하게 나타날 것으로 예상된다. 그런데 많이만 팔면 잘되는 것일까? 대답은 "그렇지 않다"는 데 있다.

오래전에 부천에서 다른 가게보다 30%가 싼 정육식당을 창업한 사람이 있었다. 40여 평의 가게에서 하루 매출을 200만 원 올렸는데도 폐업하고 말았다. 이 정도면 상식적으로 큰돈을 벌 수 있을 것 같은데 왜 가게 문을 닫았을까? 막상 결산을 해보니 원가 비율이 판매가 대비 40%대로 높아지고, 고객 수가 늘어나다 보니 인건비가 두 배로 들었던 것이다. 식점 성공 조건 중에서 중요한 것 하나가 원가 비율이다. 성공한 일본의 한 외식체인 업체는 마지노선을 36%로 보고 있다.

해외 사례에서 든 100엔샵이나 디스카운트스토어는 우리처럼 자영업 수준이 아니라 대기업이다. 때문에 사입가가 현저히 낮고, 위탁판매를 하거나 PB상품 개발 등의 방법이 가능해서 초저가전략도 충분히 먹힐 수 있다. 이러한 배경이 없는 자영업에서 무턱대고 초저가를 통해 많이 판다고 해서 성공하기는 어렵다.

그래서 다소 편법을 쓰는 업종들도 더러 있다. 일부 품목에 대해서만 싸게 붙여서 고객유인 효과를 얻으려는 속셈이다. 잘 알려진 한 세탁편의점은 와이셔츠 한 벌 세탁에 1,200원으로 붙여놨지만 실제로 가면 고급세탁을 유도해서 2,000원을 받고 있고, 평균 객단가 1만 원이라는 화장품가게도 실제로 가보면 2~3만 원대 화장품이 대부분이다.

그렇다면 사람들은 어느 정도 싸게 팔아야 초저가라고 인식할까? 나도 궁금했던 터라 SNS에 의견을 물었다. 그 결과 맨 먼저 올라온 답이 '공짜'였다. 물론 웃자고 한 이야기지만 이제 웬만큼 싸게 팔아서는 초저가라는 느낌이 안 들 정도로 소비자들의 감각이 무뎌졌다는 얘기다. 어쨌든 정의된 바는 없지만 전체적인 의견을 종합해보면 의류는 70% 이상, 음식은 40% 이상 싸게 파는 가격을 초저가라고 할 수 있다. 남는 게 별로 없는 초저가 전략을 도입하는 등의 필사적인 노력에도 불구하고 40대 자영업자의 평균소득은 도시근로자 소득의 52%에 불과하다. 이 비율은 2001년의 68%보다 무려 16%나 떨어진 수치여서 우려되는 바가 크다.

요즘 소상공인들은 물론이고 창업자들도 이런 현상이 얼마나 계속될 것인지에 궁금해한다. 결론부터 말하면 피부에 와닿을 만큼 좋아지는 일은 이제 없을 것이다. 단순히 일본 경제를 닮아간다는 우려나 작금의 경기 때문만은 아니다. 소비자행동 측면에서 보더라도 절약해야 하는 상황이 3~4년 이어지면 습관적으로 지출을 하지 않게 된다. 1997년 IMF 구제금융사태, 2003년 카드대란, 2008년 서브프라임모기지 사태가 연타하면서 소비자들은 주머니를 잠가버렸다.

게다가 돈을 써야 하는 중장년들이 고령화로 인해 그렇잖아도 미래가 불안하던 참인데 최근 불거진 연금논쟁이 각성제 역할까지 하는 바람에 소비심리를 더욱 어렵게 만들어버린 것도 하나의 이유로 충분하다.

어쨌든 여러 업종들의 초저가전략은 거스를 수 없는 흐름이다. 그렇다고 무작정 초저가만을 추구하다 보면 많이 팔고도 실패하는 우를 범할 수 있다. 따라서 초저가로 인한 높은 원가 비중을 인건비나 임대료 등 다른 지출을 줄이는 방법으로 극복해나가는 지혜가 필요하다. 그러나 무엇보다도 경기가 회복되어 이러한 극단적인 전략을 쓰지 않더라도 다 같이 잘되는 날이 오기를 기대해본다.

무료서비스로 어떻게
돈을 버는가

동서독 통합으로 세상이 시끄럽던 1990년, 대전에 산다는 한 청년이 찾아왔다. 생활정보지를 만들려고 한다면서 정보를 제휴하자는 제안을 했다. 그는 독일에서 공학박사 학위를 받은 청년으로 함께 공부하던 세 친구와 함께 무가지를 만들어보겠다는 것이었다. "아니 신문을 공짜로 배포한다고?" 언뜻 이해되지 않았지만 그는 독일에서 무료 생활정보지가 있는데 그 모델을 그대로 갖고 온 것이라면서 한국에서 충분히 승산이 있다는 판단이 들어 귀국했다는 것이다.

당시 나는 PC통신에 유료정보서비스를 준비하고 있던 터라 무료로 신문을 배포한다는 말에 상당히 충격을 받았다. 신문은 당연히 돈 주고 구독해야 한다는 관념이 박혀 있던 때라 반신반의했다. 하지만 그는 멋지게 성공했다. 그 생활정보신문이 바로 〈교차로〉다.

5년 후, PC통신 에뮬레이터로 독점적 지위를 갖고 있던 '이야기(대표: 이영상)' 프로그램에 대항마로 '새롬데이터(대표:오상수)'가 무료로 출시됐다. 한동안 긴가민가하던 이용자들이 대거 새롬을 다운받으면서 유료를 고집하던 '이야기'는 위세가 점점 저물어갔다.

그로부터 다시 2년 후 웹 기반의 사이버 시장이 열리면서 강남에서 카페를 운영하던 또 다른 청년이 웹메일을 누구나 무료로 사용하도록 하겠다고 나섰다. 지금은 크라우드컴퓨팅이 일반화되어 문제를 해결했지만, 당시만 해도 컴퓨터 하드가 꽤나 비싼 시절이라 그 많은 용량을 어떻게 감당할지 궁금했다. 하지만 이 청년 역시 보기 좋게 성공했다. 이 청년이 바로 '다음'의 이재웅 창업자다. 우리나라 온·오프라인에서 무료 비즈니스모델은 이렇게 시작된 것이다.

세계적으로 보면 무료 비즈니스모델은 이보다 훨씬 전부터 있었다. 1901년 창업한 질레트가 소모품을 팔기 위해 본체를 싸게 파는 비즈니스모델을 선보였고, 1920년에는 CBS가 광고를 통한 수익모델을 채택한다. 1995년에 야후(Yahoo)가 포털사이트 광고 수익을 기반으로 한 비즈니스모델의 효시로 이름을 올리게 된다.

우리는 뉴스에서 영상 심지어는 클라우드서비스까지 공짜로 사용하는 것이 당연한 시대에 살고 있다. 공짜가 이제 소비자들의 심리적 기준가(anchor price)가 된 것이다. '한메일'의 유료화, '프리첼' 커뮤니티 유료화, 네이버 '지식인'의 모델이 된 '디비딕닷컴' 유료화 전환 시도는 결국 네이버, 야후 등 무료사이트들로 이용자가 넘어가는 계기가 됐다. 유료화가 사업의 존망을 결정지을 정도로 중요해졌다.

이런 공짜비즈니스가 어떻게 가능한 것일까?

오프라인에서는 인쇄나 복제약처럼 대량 생산할 경우 생산 비용이 급격히 낮아지는 일부 업종을 제외하고 대부분 고정비가 들기 때문에 원가 제로를 구현하기가 쉽지 않지만, 기술로 이루어진 상품들은 대량 생산으로 갈수록 원가는 제로로 수렴하기 때문에 무료서비스가 가능한 것이다.

경제학에서 보면 '베르트랑의 경쟁이론'처럼 완전 경쟁시장에서 가격은 한계비용(marginal cost)까지 내려가게 된다. 언급한 에뮬레이터도 처음 개발할 때는 돈이 많이 들었지만 무제한 복제가 가능하다 보니 결국 생산원가가 거의 들지 않았기 때문에 한계비용 제로(0)로 서비스가 가능했던 것이다.

그럼 무료서비스를 이용해서 어떻게 돈을 벌 수 있는가?

구글(google)을 통해서 설명해보자. 구글은 기본적으로 검색엔진(Google Search), 문서도구(Google Docs), 구글지도(Google Maps) 그리고 메일(Gmail)이 주된 서비스인데 아래 네 가지 모델에 대입하면 무료서비스가 매몰비용이 아니라는 것을 알게 된다.

먼저 관심경제(attention economy) 모델이다. 이용자의 관심을 끌어서 수익으로 연결하는 것이다. 제품이나 서비스를 무료로 제공하면서 주의를 끌면 후원, 광고 또는 브랜드 마케팅을 통해 수입을 창출할 수 있다. 구글은 광고효과를 얻기 위한 도구로 '애드워즈' 및 '애드센스'를 제공하고 있다.

이용자 규모를 늘려서 집단화한 다음 여기에 시장을 만드는 방법이다. 예를 들면 축제를 연 다음 여기에 모여든 사람들에게 팔 수 있는 상품 가게에게 수수료를 받거나 자리세를 받는 방법과 같은 맥락이다.

두 번째로는 공짜경제(Free economy) 모델이다. 나중에 수익을 얻을 수 있기를 희망하여 비용 없이 제품 또는 서비스를 제공하는 것이다. 구글이나 네이버 같은 검색엔진이 여기에 해당하고 페이스북과 같은 SNS 또한 같은 맥락이다. 이들은 이렇게 모인 사용자들의 로그분석을 통해서 타깃광고를 할 수 있다. 체험을 하게 해서 상품의 가치를 느끼는 사람들 가운데 더 사용하려면 그때부터 돈을 내게 하는 방법도 있다. '에버노트(Evernote)'는 일정한 용량만큼 무료로 사용하게 해서 유용성을 확인하게 한 다음 용량이 넘치면 그때부터 돈을 받는다. 마인드 맵을 서비스하고 있는 에드로(Edraw)도 같은 방법으로 이용자를 끌어모으고 있다.

세 번째는 네트워크 경제(Network economy) 모델이다. 자사 사이트에서 다양한 네트워크를 형성하게 도와주고 가치를 공유하도록 해서 자사 콘텐츠의 정당성과 브랜드 가치를 확보하는 것이다. 이렇게 조직된 네트워크는 충성도가 강하고 전파 속도가 커서 트래픽을 증가시킬 수 있다. 트래픽 증가는 곧 광고수익이나 거래 수수료 수익으로 이어진다. 여행자들의 숙박문제를 현지 문화체험으로 승화시킨 '에어비엔비'나 대리운전의 안전성과 신속성을 담보로 급성장한 '카카오택시', 식당 거래의 편리성을 해결한 '배달의 민족' 등이 좋은 예다.

마지막으로 선물경제(Gift economy) 모델을 들 수 있다. 공짜 및 관심

경제와 유사하지만 현금교환보다는 선물, 정보 또는 서비스를 제공하는 가치제안에 역점을 둔다. 위키피디아(Wikipedia)는 선물경제의 좋은 예다. 구글도 검색포털을 확장하기 위해 선물경제를 개념을 이용했다.

이를 종합하면 어떤 방법을 사용하든 먼저 이용자 수를 늘린 다음, 이들의 데이터를 마이닝(Data mining) 하여 다양한 수익구조를 만들어 내는 방식이다. 가장 기본적이고 일반화된 수익모델은 광고지만 이용자 수가 많고 네트워크가 다양하면 보다 세분화된 수익모델 설계가 가능하다. 예를 들면 고객의 상품 검색 성향을 분석하여 맞춤서비스를 추천함으로써 구매 효과를 높여 수수료 수익을 높인다거나 여행 혹은 맛집 네트워크의 분석을 통해 관련 상품을 출시하거나 연결해주는 수익모델도 가능하다.

무료 서비스로 가능한 비즈니스모델은 주로 어느 분야에서 가능할까?

우선 소프트웨어 분야를 들 수 있다. 대표적인 모델이 플랫폼이다. 이용자들이 찾아올 만한 필요성이 있는, 예컨대 검색 포털을 비롯해서 배달, 대리운전 같은 양자 간에 상호 이익이 되는 플랫폼이 가장 좋은 모델이다. 최근 청년들의 관심사인 '앱(App)'도 같은 맥락이다. 다만 대상고객을 차별화할 수 있고, 반복 이용이 가능한 콘텐츠를 유인할 수 있어야 한다.

다음으로는 정보공유시장에서 찾을 수 있다. 정보는 물리적 상품보다 생산원가가 비교적 적게 들고, 한 번 만들어진 정보는 무제한 복제를 통해 한계비용 제로로 갈 수 있다. 예를 들어 책은 물리적 도구인 종이 자체에 근본적 가치가 있는 것이 아니고 종이라는 도구에 담은 콘텐츠에 가치가 있다. 때문에 디지털 책으로 변환하더라도 본래의 가치에 변화가 없는 것이다. 이처럼 디지털로 변환해도 본래의 가치가 훼손되지 않는 정보재는 무료 서비스가 가능한 분야다.

오프라인에서도 불가능한 건 아니다. 일본 와세다대학 앞에는 이색적인 카페가 하나 있다. 커피를 공짜로 주는 카페인데 이용시간도 24시간 제한이 없다. 소위 로드샵 공짜서비스 모델이다. 원가가 상당히 들텐데 어떻게 가능할까? 명문대 학생들의 구인효과를 높이고자 하는 대기업의 지원이 있기 때문이다. 그래서 출입자에 대한 제한이 있다. 학생증을 가진 30세 미만 대학생과 대학원생만 가능하다. 이와 같은 무료 카페는 와세다대학을 비롯해서 도쿄대, 게이오대, 도시샤대 등 상위권 대학 앞에만 있다. 이런 공짜 모델을 '3자간 시장모델'이라 한다. 즉 판매자와 구매자가 비용을 부담하는 게 아니라 제3자가 무료 제공한 커피 값을 지불해주는 방식이다.

이런 아이디어는 어떨까? 미용실 프랜차이즈 회사가 미혼 남녀들에게 개인카드 기재를 조건으로 커트를 무료로 해주는 대신 이 데이터를 결혼중매사이트로 발전시키고, 성사될 경우 비용을 받거나 후원 기관으로부터 대가를 받는 모델. 일반적으로 미용실에서는 쉽게 개인적인 이야기를 나누는 점을 착안해서 생각하면 일반 중매사이트보다 효과적인 매칭이 가능할 것으로 보인다.

'비화폐시장 모델'도 있다. 이른바 봉사활동이나 기부 등이 여기에 해당한다. 이러한 무료 서비스는 직접 화폐로 보상받는 가치보다 사회적 가치를 더 중시하는 비즈니스모델이다. 기부를 받아 사회공헌 활동을 하는 사회적 협동조합이 여기에 해당한다. 다만 메인 비즈니스로는 수익성을 담보하기 어렵기 때문에 일반 시장을 향한 프리미엄 서비스를 동시에 전개하는 투 트랙 전략이 필요하다.

'내부 상호보조 모델'도 유용한 방법이다. 이는 무료 제공하는 제품의 혜택을 소비자가 다른 유료 제품에 돈을 지불해서 무료화한 부분의 비용을 회수하는 방법이다. 예를 들어 휴대폰을 공짜로 받으면 반드시 2년 이상의 통신사업자의 계약이 필요한 경우처럼.

여담이지만 나는 MBC의 〈손에 잡히는 경제〉 창업패널로 14년을 출연했고, 현재는 KBS의 〈생방송 토요일아침입니다〉에서 5년째 방송을 하고 있다. 그런데 2000년대 중반까지는 방송에 한 번 출연하면 수십 통의 전화 상담을 받았지만 지금은 거의 없다. 그 이유인즉 과거에는 오직 출연자와 통화를 통해서만 그 정보를 얻을 수 있었지만 지금은 핵심 키워드 하나만으로 인터넷을 통해 관련 정보를 얻을 수 있기 때문이다. 따라서 정보재를 가지고 유료화하려면 인터넷에서 찾기 어려운 노하우나 경험을 가진 정보라야 가능하다. 일반적인 정보는 그래서 공짜로 갈 수밖에 없는 것이다.

공짜서비스 비즈니스모델로 창업하려면 어떤 조건이 필요할까?

우선 시간과 공간의 제약 없는 놀이터(Field)를 만들어야 한다. 플랫폼이 대표적이다. 그런데 놀이터를 구축하려면 초기자금이 상당히 필요하다. 또한 수익이 언제 발생할지 모르기 때문에 운전자금 확보가 절대적이다. 해결방법으로는 펀딩을 받을 수도 있지만 수익을 빨리 내라는 투자자의 재촉 때문에 그르치는 경우도 종종 있어 그보다는 가치를 공유하는 기업과 협업을 통해서 해결하는 방법이 가장 안전하다.

다음으로는 확장성과 지속가능성 여부다. 현존하는 무료 서비스의 사례와 유형별 시장을 점검해보고 가급적이면 경쟁 없이 승선할 수 있으면 아주 좋다. 사실 무료는 시장 진입 때 단기간에 수요를 확대하는 전략이기도 하지만 경쟁자를 따라잡거나 새로운 경쟁자의 출현을 막을 수 있는 강력한 무기다.

동일한 조건에서 동일한 서비스로 경쟁하면 먼저 창업한, 소위 선도 기업을 선호하는 것이 소비자의 특성이다. 때문에 최고보다 최초가 유리하다. 다만 유료와 무료의 경쟁에서는 후발주자라도 무료가 따라잡을 수 있다. 현재는 MS의 '익스플로러'가 대세지만 처음에는 1994년 '넷스케이프'가 대중화에 앞섰다. MS가 무료배포 전략으로 약점을 극복해 선두에 오른 것이다.

얼리버드를 위한
아침사업이 뜬다

'아침산업'을 검색창에 입력하면 똑똑한 검색엔진에서 "'아이산업'으로 검색하시겠습니까?"라고 키워드가 바르지 않음을 정중하게 알려준다. 구글에서도 'morning industry'를 치면 도어락 회사가 나오고, 'morning market'을 쳐도 각국 여행지의 아침시장 풍경을 보여주는 사진뿐이다. '아침산업'은 보편화된 용어가 아니라는 뜻이다.

그래서 새롭게 정의를 내려보기 위해 '아침'을 국어사전에서 찾아보니 '날이 새면서 오전 반나절쯤까지의 동안'으로 설명되어 있다. 웹스터 영어사전에서도 'the early part of the day', 즉 '하루 중 이른 시간'을 말하는 것으로 봐서 아침의 개념을 정확하게 몇 시부터 몇 시까지로 구분하는 건 어려운 것 같다.

그래도 시간의 구간을 정하는 것이 아침산업을 규정하는 데 편할 듯해서 "출근 전 3시간을 생산적으로 소비하려는 사람들에게 필요한 제품이나 서비스를 제공하는 사업의 총칭"으로 두고 관련 사업을 정리해본다. 대표적인 업종으로는 HMR(Home meal replacement)형 음식업종과 학원 같은 역량개발 지원사업, 헬스클럽과 같은 체력단련사업 그리고 미용실과 같은 맵시서비스업 등이다.

우선 가정대용식(HMR)형 업종부터 보자. HMR은 일품요리의 형태로 집이나 외부에서 별도의 조리가 필요 없이 그대로 먹거나 간단히 데워 먹을 수 있는 식사대용 음식을 말하는데, 이러한 식재(食材)로 영업하는 대표적인 음식점이 '죽 전문점'이다. 월평균 1,400만 원 매출을 올리고 있는 죽 전문점은 서울·경기 지역에 47%의 점포가 몰려 있으면서도 전국 대비 총 매출액 비중이 57%나 되는 도시형 업종이다. 이러한 도시형 패스트푸드업종으로는 김밥·토스트·떡볶이·도시락 전문점 등이 있는데 이들 업종의 성장배경은 크게 세 가지로 요약할 수 있다.

경기침체로 인해 소비자들의 주머니가 얇아져 끼니를 가볍게 때우려는 경향이 첫째 이유이며, 고용환경이 악화되어 생존을 위해 시간을 효과적으로 소비하려는 직장인들이 늘어나는 것이 둘째 이유다. 세 번째는 60%에 이르는 맞벌이가정의 바쁜 아침으로 인해 집 밖에서 식사를 해결해야 하는 생활환경의 변화 때문이다.

이 가운데 세 번째 이유를 곰곰이 생각해볼 필요가 있다. 통계청 자료를 보면 아침을 거르는 20대가 45%나 되고, 30~40대는 20%가 아침을 먹지 않는 것으로 나와 있다. 아침을 거르는 이유로는 '좀 더 자고 싶어서(38%)', '습관적으로 먹지 않아서(29%)' 그리고 '입맛이 없거나 소화가 안 돼서(23%)'였다. 아침산업에서 공격대상이 되는 고객은 바로 '좀 더 자고 싶어하는 사람들'인데 10명 중 4명이나 된다.

아침산업에서 최고의 수혜 업종은 단연 편의점이다. 편의점의 3대 인스턴트식품, 예컨대 컵라면·샌드위치·햄버거 시장이 최근 들어 매년 15% 이상 성장해온 것만으로도 쉽게 증명된다. 얼마 전에는 한 편의점 기업에서 도시락을 먹을 수 있도록 공간을 제공하는 '편의점카페'를 강남에 론칭했는데 다른 점포에 비해 1.5배나 더 많이 벌고 있다.

특히 도시락과 삼각김밥 등 소위 미반상품 매출이 전체 매출의 20% 가까이 되고, 대부분 아침시간에 매출이 오른다는 점에 주목할 필요가 있다. 일본에서는 슈퍼마켓이나 편의점에서 '슈퍼오벤또'라는 도시락을 팔고 있고, 테이크아웃 음식점들이 앞다퉈 먹을 수 있는 공간을 만드는 등 편의점 매출의 30% 이상을 도시락이 차지할 정도로 인기몰이를 하고 있다는 사실도 참고할 만하다. 혼자 해 먹기에는 마땅찮은 1인가구가 늘어날수록 이러한 현상은 더욱 두드러질 것으로 예상된다.

이러한 여세에 힘입어 편의점 수는 매년 늘어나 2017년 10월 현재, 3만5,000개가 전국에 포진되어 있다. 동년 5월 유통업체 매출이 6.3% 증가한 것과 비교하면 편의점 매출은 10.5% 올라 오프라인 부문 매출 증가세를 이끌었다. 또 다른 아침 업종인 제과점도 전년보다 5.1%나 올랐다.

이들 업종 외에도 아침에 문 여는 식당으로는 해장국, 동태국, 북엇국, 설렁탕과 같이 주로 국물이 있는 일품 음식점들이 있다. 이들 업종의 장점은 회전율이 빠르고, 식재 손실이 적어서 매출 대비 순이익 비율이 높다는 데 있다.

일부 전문가들은 건강을 위해서 아침밥을 먹지 말라고 권하기도 한다. 아침을 거르는 사람이 늘어나면 아침식당은 더 어려워지지 않을지 우려하는 자영업자들도 있을 듯하다. 수년 전 〈미국임상영양학회지(The American Journal of Clinical Nutrition)〉에 실린 연구논문에서는 흥미로운 연구 결과를 발표했다. 연구진은 살을 빼려는 사람들에게 그동안 아침식사를 했든 안 했든 지금부터 아침식사를 하라고 주문했다. 16주 후 조사했더니 모든 실험 참여자의 몸무게에는 큰 변화가 없었다.

또 다른 연구에서도 비슷한 결과가 나왔다. 표준 체형의 참가자 33명을 대상으로 실험했는데, 아침을 먹은 사람이 먹지 않은 사람보다 오전 시간에 더 활발하게 일을 했고, 하루 전체로 보면 평균 500칼로리 정도를 더 소비한 것으로 나타났다. 그러니까 다이어트를 위해 아침식사를 거르는 것은 몸무게와는 별 상관 없을 뿐 아니라 오히려 오전 업무에 소홀할 수 있다. 실제로 최근 5년간 아침산업 업종의 매출을 분석해봤더니 샌드위치와 토스트만 다소 떨어졌을 뿐, 만두, 라면은 올랐고, 해장국, 죽, 설렁탕 등은 매년 비슷한 수준이었다. 아침식사와 연관된 업종을 전체적으로 보면 완만한 상승세이거나 평년작 수준으로 이어져 왔다는 점이 확인되었다.

이제 '역량개발 지원사업'을 보자. 검색창에서 "직장인+새벽반"을 치면 80%는 외국어가 뜨는 건 예나 지금이나 별반 차이가 없다. 다만 외국어 비중이 영어와 일어에서 중국어로의 비중이 커졌다는 점이 다를 뿐이다.

외국어학원은 우리나라에 1만여 개가 영업 중인데 평균매출은 3,940만 원이고, 평균생존율은 3.5년으로 나타났다. 수강생 1인당 결제액은 29만 원으로 가구당 사교육비에 버금가는 지출을 하고 있다. 흥미로운 점은 다른 지역에 비해 울산광역시가 전년 대비 5.6% 성장해 전국에서 가장 높은 상승률을 기록했다는 점이다. 대기업 직장인들이 많아서 소득은 높지만 그만큼 살아남기 위한 고투가 엿보이는 대목이다.

외국어뿐아니라 SNS 마케팅, 자서전 만들기 등 다양한 교육프로그램들이 직장인을 대상으로 이루어지고 있고, 협회나 단체 등 조직에 가입된 사람들은 인적 네트워킹을 위한 조찬 모임도 활발히 활동하고 있어 '조찬모임대행업'이라는 뉴비즈니스가 인기 업종이 될 가능성도 커졌다.

'아침산업' 하면 빼놓을 수 없는 또 다른 업종이 운동이다. 가장 많이 하는 아침운동이 헬스클럽, 휘트니스센터 등인데 다소 성장세가 꺾인 미국이나 일본에서는 24시간 오픈형 헬스클럽으로 세력을 넓혀가고 있다. 밤잠 없는 사람들이 늘고 있는 추세여서 24시간 오픈형은 조만간 우리나라에도 도입될 가능성이 크다. 특히 최근 들어 고객이 원하는 시간에 맞춰 함께 운동해주는 개인 헬스트레이너가 새로운 직종으로 각광을 받고 있다. 운동산업을 견인하고 있다는 점에서 업계로선 긍정적인 현상으로 보고 있다.

헬스클럽 이야기가 나온 김에 정책제안을 하나 해본다. 일본에서는 헬스클럽을 복지 프로그램의 네트워크로 활용하려는 시도가 있다. 전국에 포진되어 있는 헬스클럽들이 노인의 운동을 유도해주면 정부가 보상을 해준다는 프로그램이다. 정부는 질병 예방으로 복지예산을 절감해서 좋고, 헬스클럽은 수익모델이 하나 더 생기는 셈이다. 좋은 모델이어서 우리도 검토해보면 좋을 것 같다.

마지막으로 아침산업에서 빼놓을 수 없는 업종이 이·미용실이다. 빅데이터를 분석해보면 미용실은 9만여 개로 월평균 800만 원으로 매출이 저조하지만 매년 조금씩 늘어나고 있다. 반면 이발소는 갈수록 줄어들어 2009년에 1만4,100여 개였던 것이 2017년에는 1만1,000여 개로 8년 만에 3,000개가 없어질 정도로 침체된 상태다. 다행히 최근 들어 청년 이발사들이 일부 등장해서 이발소의 명예회복이 이루어질 가능성도 배제할 수 없다.

사실 미용실은 이미 2007년부터 포화상태였다. 그럼에도 줄지 않고 있는 것은 미용사들이 외줄타기를 하고 있기 때문이다. 미용기술로 또 다른 직업을 가질 수 있는 확장성이 없어서 "못 먹어도 고"를 할 수 밖에 없다는 점이 안타깝다. 여기서 유념에 둬야 할 점이 있다. 어떤 업종을 하더라도 확장성을 염두에 둬야 한다. 창업을 준비한 사람은 귀가 닳게 들었겠지만, 불확실성의 시대에 수시로 갈아타야 하는 직종이나 업종의 속성을 감안하여 선택하는 것이 보다 안전하게 나아가는 방법이다.

일본의 한 작가는 "아침을 먹지 마라"라고 하고, 독일의 한 작가는 "저녁을 먹지 마라"고 했다. 하지만 아침을 먹는 것이 건강에 좋다는 건 검증된 사실이기 때문에 시장규모는 줄지 않을 것이다. 출근 길목에 아침 업종 가게를 차리면 당분간 큰 무리 없이 영업할 수 있을 것으로 보인다. 아침산업이라고 해서 아침에만 장사하고 말라는 이야기는 물론 아니다. 아침 매출이 하루 매출에서 차지하는 비중이 큰 업종이라는 의미이다. '삼시 세끼'를 제대로 서비스할 수 있어야 가게 문 닫고 집에서 점심 먹는 일이 없을 것이다.

저성장기를 헤쳐나갈 사업아이디어

불황이 길어지면 대부분의 사업이 어려움을 겪게 된다. 하지만 역설적이게도 불황이기 때문에 잘되는 사업도 꽤 있다. 태풍은 우리에게 재해만 주는 것 같지만 녹조와 무더위를 없애주고, 바닷물을 뒤집어서 물고기들에게는 도움을 주는 긍정적인 효과를 준다. 불황도 일부 시장에서는 긍정적인 영향을 준다.

대표적으로 청소기능(swiping out)을 꼽을 수 있다. 체질이 약한 기업을 밀어내고 방만한 기업은 슬림화해서 건강한 시장생태계로 거듭나는 환경을 조성한다. 700만 개를 넘나들던 소상공 업종이 600만 개로 줄어든 점이나 매년 10만 개 이상 창업하던 것이 지금은 8만 개 수준으로 줄어서 포화시장을 조절한 것도 같은 맥락이다.

거품 낀 상품들이 가격을 내리게 되어 소비자 입장에서도 가계에 도움이 된다. 일반적으로 소비행태는 크게 세 가지로 나뉜다. 첫째는 충동 소비다. 목적 없이 쇼핑하다 눈에 차면 즉각 구입하는 무절제한 소비인데, 주로 성장기에 나타나는 보편적 소비행태다. 둘째는 이성 소비이다. 미리 구입할 목록을 갖고 가격을 견주어가며 구매하는 것으로 불황기에 나타나는 중산층의 소비행태인데, 소위 가성비를 따져 구매한다. 세 번째는 지성(知性) 소비로, 꼭 필요한 제품은 다소 값이 비싸더라도 구매한다. 마니아와 고수입자들의 소비유형이다.

불황기에 주목해야 할 소비행태는 바로 이성 소비다. 즉 중산층 이하의 소비행태를 눈여겨보면 불황 탈출의 해법을 찾을 수 있다. 어차피 저소득층은 경기와 상관없이 싼 제품을 이용할 수밖에 없고, 고소득층은 횟수는 줄일지라도 눈높이를 낮추지 않는다. 다시 해석하면 중산층 이하는 저가로 수렴하지만, 고소득층은 구입횟수를 줄일 뿐 자존심을 낮추지는 않는다는 의미다.

불황기에 저가 지향 소비자를 대상으로 하는 업종은 어떤 것들이 있을까? 기존 사업자의 경우 간단한 방법으로도 저가 지향 소비자를 타깃으로 삼을 수 있다. 상품의 가격을 상당 부분 낮추는 수익모델을 개발하는 것이다. 고깃집에서 6,000원대 점심메뉴를 한정 판매하거나 치킨집에서 테이크아웃형 메뉴를 개발해 저가모델로 전환하는 식이다.

서비스업에서도 대구에서 출발한 '하이크리닝'처럼 독립세탁소에서 협동조합 결성을 통해 세탁편의점으로 전환하거나 회당 4~5만 원 하는 가사도우미서비스업 같은 홈케어서비스도 화장실 청소, 냉장고 정리와 같이 업종을 쪼개서 수수료를 3만 원 수준으로 낮추는 등의 방법도 권장할 만하다.

고가의 커피 전문점보다는 1,000원대 저가형 모델로 참여하거나 매장 입구에서 통조림을 소매가로 판매하고 맥주 값만 받는 소위 '통조림바' 같은 비즈니스모델도 저가 지향 소비자들에게 어필하기 좋은 아이템이다.

'서서 먹는 식당'도 콘셉트가 비슷하다. 자리를 적게 차지하고 고객순환을 빨리 해서 저렴한 가격을 유지하며 수익을 낼 수 있다. 일찍이 일본에서 시작된 비즈니스모델인데 실제로 서서 먹게 하는 대신 일반가보다 25% 정도 싸게 팔지만 월 말에 정산해보면 정상가격보다 약 10% 정도 더 버는 구조다. 면류(noodle)업종에서 적용하면 유용할 것이다.

이러한 저가 전략은 급성장을 하고 있는 항공사의 가격정책에서 그 답을 찾을 수 있다. 저가항공을 타면 근사한 식사 대신 패스트푸드가 나온다. 하지만 실제로 비행기를 타는 것은 목적지를 가기 위한 것이지 식사를 하기 위한 것은 아니다. 마찬가지로 상품의 본질은 유지하고 다른 서비스를 줄이는 방법이다.

불황기에 유망한 또 다른 사업을 보자. '불황' 하면 가장 먼저 떠오르는 단어는 아마 '폐업'이 아닐까 싶다. 그렇다면 폐업과 관련된 사업들은 어떤 것들이 있을까? 우선 소규모 철거용역을 들 수 있겠다. 가게나 사무실을 사용하다가 나가려면 입주자가 철거를 해야 하는데 불황이면 폐업하는 곳이 많다 보니 이런 일이 늘어나게 된다. 실제 최근에 전국의 소규모 철거용역업체들을 하나로 묶은 플랫폼 사업을 하는 '더순(www.theshoon.com)'은 비즈니스모델의 혁신성을 주목받았다. 이 기업은 싱가포르와 홍콩에서 초청받아 발표한 적이 있다.

익히 알려졌지만 간판가게도 잘된다. 업종이 바뀌면 간판을 새로 달아야 하기 때문이다. 매년 8만 개의 가게가 창업을 한다. 결과적으로 8만 개의 간판이 새로 만들어지는 셈이다. 폐업 대행업도 역시 폐업하는 가게들을 정리해주는 사업이다. 불황일수록 더 유리한 업종이다. 여기에 중고집기나 비품사업으로 보폭을 넓히면 다양한 수익모델을 만들 수 있다.

이러한 폐업자들을 위한 O2O(Online to Offline, 오프라인을 위한 온라인)기반의 플랫폼 사업도 공유모델로 개발하면 급성장할 가능성이 있다. 건물주의 경우 공실인 유휴공간을, 점포의 경우 영업이 부진한 시간대에 비어 있는 스페이스를 공유하여 또 다른 수익을 만들도록 지원하는 모형이다. 국내에서는 사무실 일시 대여를 전문으로 하는 스페이스셰어(spaceshare.kr)가 있고, 일본에서는 샵카운터(shopcounter.jp)가 가게 공유를 전문으로 세력을 확장하는 등 공간 마켓플레이스 사업이 세계적으로 바람몰이 중이다. 불황이 길어질수록 이같이 사회적 물리자본이 늘어날 것이기 때문에 공유비즈니스는 날개를 달 것으로 보인다.

다소 엉뚱하지만 불이 나버려야 할 상품만을 싸게 가져와서 판매하는 화재상품 매장도 잘된다. 화재보험에 가입된 가게에서 화재나 물난리가 나면 보험사는 보험금을 지급하고, 사고 현장의 물건을 위탁 업체에 넘겨 경매에 부치게 되는데 이 물건들을 낙찰받아 파는 매장들이 생겨난 것이다.

이처럼 소비자들은 불황이 장기화되면 경기가 좋을 때와는 다소 다른 소비행태를 보인다. 장기 불황을 겪은 일본의 사례를 잠시 학습해보자. 일본의 '전국소비실태조사'를 보면 소비자들은 본격적인 장기 불황으로 진입한 1994년에 가계소비 총 지출액(100)에서 백화점 이용률이 9.7%였으나 10년 뒤인 2004년에는 8.1%로 줄었고, 같은 기간 일반소매점도 41.6%에서 31.8%로 크게 줄었다.

반면에 디스카운트스토어는 3.6%에서 9.8%로, 슈퍼마켓은 29.4%에서 32.8%로 늘어났다. 같은 기간에도 큰 변화가 없는 업종은 생활협동조합(5.6%→5.5%)이었다. 1인당 사용금액도 1994년에는 5,400엔이었던 디스카운트스토어 혹은 양판 전문점에서의 지출금액이 2004년에는 약 1만3,000엔으로 2배 이상 늘어났다. 여러 각도에서 봐도 일단 비싼 곳보다는 보다 싼 곳으로 이동했음을 알 수 있다. 다만 협동조합은 탄탄한 조합원들이 받쳐주고 있어서 큰 변화 없이 안정적으로 운영됐음을 보여준다.

그렇다고 무조건 싸게만 팔면 잘될까? 하지만 여기에는 조건이 있다. 기능과 품질은 유지하되 가격만 낮춰야지 품질까지 떨어뜨리면 아무리 싸도 사지 않는다. 이런 현상을 트렌드 용어인 '메스티지(Mass-prestige)'로 표현할 수 있는데 대표적인 사례가 유니클로, H&M, 자라 같은 SPA 제품들이다. 이들 브랜드들은 대부분 저성장기에 크게 성장했다는 공통점이 있다.

PB(Private Brand)상품도 같은 맥락인데 장기 불황을 겪은 일본에서도 PB상품은 인기가 대단했다. 당시 똑같은 규격, 똑같은 양의 제품 네 가지를 구매했을 때 PB상품을 담은 장바구니가 36% 저렴했다는 연구 보고서도 있다.

외식업으로 보면 요즘 상종가를 치고 있는 저렴한 뷔페와도 맥이 닿아 있지만 일본과 다른 점은 이런 저가 뷔페를 대기업 3사가 장악하고 있다는 것이 문제다.

정리해보자. 일반적으로 불황일 때는 창업을 두려워하는 경우가 많다. 시장상황이 좋지 않으니 당연한 심리일 수 있다. 하지만 낚시를 할 때 밤새 줄기차게 넣고 빼지 않으면 월척을 낚을 수가 없듯이 성장기를 기다렸다가 창업하면 좋은 기회는 이미 날아가고 없을 수 있다.

불황이 장기화될수록 창업해서 큰돈 벌려는 욕심보다는, 사회 참여의 수단으로 가볍게 시작하는 것이 오래 가는 지름길이다. 단지 불황 때문이 아니라 선진사회로 올라갈수록, 경제구조가 안정되어 있어서 무리하면 오히려 소비자들의 신뢰를 얻기 어렵다.

우리나라 실질소득은 10여 년 전부터 계속 낮아지고 있다. 장기 불황을 겪은 일본의 경우와 견주어봐도 앞으로 더 나아질 것 같지 않다. 소비자들도 어쩔 수 없이 싼 것을 선택할 수밖에 없을 것이다. 따라서 이제부터는 좀 더 멀리 보고 차분하게 대응해서 가치 창업에 무게중심을 두고 도전해야 할 것이다.

'김영란법'은 자영업 매출에 어떤 영향을 미쳤을까?

최근 자영업계에서 가장 큰 화두는 '부정 청탁 및 금품 등 수수의 금지에 관한 법률', 즉 '김영란법'이었다. 공직자 혹은 공직에 준하는 사람들의 부정한 거래를 막겠다는 취지로 제안된 이 법안의 대상은 공무원을 비롯해 공직 유관단체 임직원 160만 명, 교직원 70만 명 그리고 언론사 임직원 20만 명 등 250만 명이며 이들의 배우자까지 포함하면 그 대상자는 약 400만 명에 이른다.

갑을 관계에서 부정한 거래를 청산하고 사회 정의를 바로 세우겠다는 취지의 이 법안은 입법과정에서부터 자영업이 논란의 중심에 섰다. 공직자에게 제공되는 금품의 금액을 식사, 주류 등 음식물은 3만 원, 선물은 5만 원, 부조금과 경조사비는 10만 원의 상한선으로 규정했고 이들 항목 가운데 음식물과 선물이 자영업 매출을 크게 떨어뜨릴 것이라는 일부의 우려 때문이었다.

아니나 다를까, 시행 3년차에 접어들면서 일부 언론에서 김영란법 시행 이후 자영업이 대부분 어려워졌고 이에 따른 폐업도 속출하고 있다고 보도하고 있다. 이러한 여론(?)을 감안해서 국민권익위원회도 이 법의 일부 보완을 검토하고 있다고 한다.

과연 그럴까? 사실관계를 확인하기 위해 김영란법으로 영향을 받을 만한 주요 업종을 심층 분석했다. 먼저 대상 업종으로는 객단가가 비교적 높은 업종 5개와 객단가가 상대적으로 낮은 업종 5개를 추려내서 김영란법이 시행된 시기를 전후해서 매출이 어떻게 달라졌는지 검토했다.

이 법은 2016년 9월 28일부터 시행됐다. 때문에 1차로 시행 이전의 매출, 그러니까 2015년 8월과 2016년 8월 매출을 비교했다. 김영란법과 전혀 상관없는 시기의 매출 변화를 먼저 알아보기 위함이다. 다음으로는 시행 이후 첫 달 매출, 그러니까 2016년 10월 매출이 2015년 10월과 얼마나 변화가 있는지를 확인했고, 김영란법의 영향을 가장 많이 받을 만한 서울 지역을 분석 대상으로 한정했다.

결론부터 말하면 객단가가 3만 원대 이상의 비싼 업종들은 매출이 소폭 하락했지만, 객단가가 낮은 소위 1만 원 전후의 업종들의 매출은 전년도 같은 기간보다 오히려 올랐다. ●

업종별로 세분화해서 살펴보자. 우선 막창구이 전문점은 김영란법 시행 후 첫 달인 2016년 10월에 5,760만 원의 평균매출을 올렸다. 시행 1년 전, 그러니까 2015년 10월 매출은 4,570만 원이었다. 법 시행 이후

● 서울지역 객단가 상위 업종 매출비교

업종	시기	점포수 (개)	평균매출 (원)	상위 20% 매출(원)	매출중위값 (원)	하위20% 매출(원)
막창구이	2015년 8월	137	39,719,548	110,225,802	25,645,208	7,267,802
	2016년 8월	122	47,444,907	120,738,022	34,446,005	11,629,227
	2015년 10월	126	45,742,368	122,573,272	32,793,744	9,582,456
	2016년 10월	125	57,581,320	150,469,461	39,749,993	12,307,825
골프용품	2015년 8월	176	36,648,133	119,913,235	17,802,148	3,807,642
	2016년 8월	163	40,089,678	126,494,460	21,449,065	4,764,492
	2015년 10월	175	47,199,391	155,623,258	23,294,146	4,771,536
	2016년 10월	167	50,061,957	162,644,225	24,000,466	6,464,540
불고기 전문	2015년 8월	198	32,138,301	96,247,113	18,286,885	4,111,903
	2016년 8월	193	32,398,742	95,060,097	19,817,917	4,002,095
	2015년 10월	194	30,611,210	90,425,997	17,882,528	4,333,337
	2016년 10월	193	32,402,699	93,110,413	18,098,421	4,428,629
참치전문	2015년 8월	598	36,954,385	98,023,191	21,975,817	6,584,744
	2016년 8월	595	40,772,656	107,054,584	24,272,298	7,252,432
	2015년 10월	603	35,766,966	95,004,908	21,573,514	6,773,577
	2016년 10월	599	34,416,970	88,899,651	20,886,245	6,439,058
일식	2015년 8월	1,378	48,499,652	142,925,473	26,816,808	7,658,042
	2016년 8월	1,683	49,492,132	145,669,942	27,818,915	7,698,576
	2015년 10월	1,464	52,653,287	156,735,703	28,932,637	8,364,700
	2016년 10월	1,708	49,422,526	142,004,289	28,722,910	8,346,852

오히려 1,200만 원 가까이 매출이 늘어났다. 이 법의 영향을 받지 않았던 시기보다 성장 폭이 다소 줄긴 했지만 과거의 매출변화 패턴과 크게 다르지 않았다.

접대가 빈번한 골프용품점도 마찬가지다. 골프 치러 가는 것과 골프용품을 사는 것과는 별개일 수 있겠지만, 매출로만 비교해보면 시행 1년 전 월평균 4,700만 원이던 것이 시행연도 10월에는 5,000만 원으로 소폭 올랐다. 김영란법 시행과 관계없이 전년 대비 일정하게 매출이 성장하고 있음을 보여준다.

물론 법인카드 사용비율은 9%가량 낮아졌지만, 골프의 대중화와 골프웨어의 일상복 대체 효과 등이 매출하락 요인을 상쇄한 것으로 보인다. 실제로 골프인구는 2014년에 530만 명이었는데 2년이 지난 2016년에는 600만 명으로 70만 명이 늘어났다.

반면 참치 전문점과 일식집은 매출이 다소 줄었다. 고가(高價)식당으로 분류되는 참치 전문점은 시행 전년 10월에 점포당 월평균 매출이 3,580만 원이던 것이 시행 후 첫 달인 2016년 10월에는 3,440만 원으로 전년 대비 140만 원이 줄었고, 일식집은 5,270만 원에서 4,900만 원으로 월 370만 원 떨어졌다. 그러나 구간별 매출에서 상위 20% 점포의 매출이 다소 떨어졌을 뿐 중위매출은 변화가 없었다. 즉 고가형 점포들은 다소 타격을 받았지만 소규모 점포들은 영향이 크지 않았음을 보여준다.

김영란법이 오히려 식문화를 바꾸는 데 긍정적인 영향을 끼친 부분도 적지 않다. 시간대별 매출을 분석해보면 밤 9시 이후 매출이 다소 떨어진 반면에 초저녁 매출은 오히려 늘어났다. 늦은 밤 매출이 줄어든 것은 객단가가 높은 대부분의 업종에서 고르게 나타난 현상이다. 즉 '저녁이 있는 삶'을 되찾게 해주는 효과를 덤으로 얻게 된 것이다.

자영업종 가운데 객단가가 낮은 업종들을 살펴보자. 예상대로 고급 주점들은 매출이 떨어졌지만, 그 고객 중 일부는 오롯이 소주방과 포장마차 업종으로 전이됐다. 시행 전년 10월, 서울 지역에서 영업 중인 2,064개 포장마차의 평균매출은 시행연도 10월에 600만 원이 늘어난 5,100만 원에 이른다. ●●

같은 기간 프라이드치킨집도 6,900만 원에서 7,900만 원으로 1,000만 원 가까이 늘어난 것으로 미루어 매출이 비싼 육고기와 주류업종에서 가벼운 치킨점으로 상당 부분 유입됐을 것으로 추정된다. 설렁탕이나 라면, 김밥과 같은 분식집 그리고 한식집 등은 예년의 상황과 크게 다름 없이 물가상승분만큼 따라 움직이는 수준이다. 참고로 치킨 전문점의 평균매출이 높아 보이는 이유는 점포의 대형화와 주류판매 등이 포함되었기 때문인데 현실적으로는 중위값을 참고하면 좋다.

연령대별 고객 비율도 별반 차이는 없지만 일부 업종에서 다소 변화가 감지된다. 중저가 업종 이용자 가운데 20대 비중은 큰 변화가 없으나 30대는 외식 비율이 소폭 낮아졌고, 40대는 헬스클럽 이용자 비중이 늘었다. 과거 IMF 금융위기 때도 헬스클럽과 외국어학원 등의 매출이 상대적으로 올랐던 점을 감안하면 비싼 외식을 줄이는 대신 불안한 미래를 위해 체력단련비를 늘렸기 때문이 아닌가 생각된다.

앞에서 살펴봤듯이 김영란법으로 인해 자영업 시장은 객단가가 높은 일부 업종을 제외하고 큰 영향을 받지 않았다. 중저가 업종은 오히려 매출이 늘었다. 자영업자들의 이야기를 종합해보면 여러 변수들, 예

●●서울지역 중저 객단가 업종 매출비교

업종	시기	점포수 (개)	평균매출 (원)	상위 20%매출 (원)	매출 중위값 (원)
설렁탕집	2015년 8월	434	49,535,843	149,025,375	25,811,411
	2016년 8월	452	56,205,052	168,251,555	33,334,287
	2015년 10월	454	51,175,964	153,488,193	26,175,668
	2016년 10월	454	58,607,098	169,553,717	37,460,540
소주방 · 포장마차	2015년 8월	2,036	43,038,733	128,097,653	23,800,355
	2016년 8월	1,972	47,109,659	141,452,240	24,660,609
	2015년 10월	2,064	45,015,075	133,583,765	24,374,013
	2016년 10월	2,002	50,986,569	151,317,965	28,798,882
후라이드 · 양념치킨	2015년 8월	5,521	70,647,169	209,879,642	24,684,442
	2016년 8월	5,341	78,883,225	231,530,948	26,497,416
	2015년 10월	5,472	69,084,088	205,036,059	24,069,778
	2016년 10월	5,287	78,529,790	226,731,313	26,987,661
라면 · 김밥 · 분식	2015년 8월	7,698	18,298,701	56,783,039	9,280,179
	2016년 8월	7,926	20,863,260	63,658,839	10,583,125
	2015년 10월	7,778	18,362,928	55,983,536	9,751,384
	2016년 10월	8,000	20,434,262	61,205,223	10,862,812
헬스클럽	2015년 8월	1,289	20,302,092	68,468,674	9,232,837
	2016년 8월	1,478	20,928,123	70,265,633	9,668,884
	2015년 10월	1,305	20,563,139	68,389,154	9,166,683
	2016년 10월	1,434	20,751,188	69,162,160	9,289,712
일반한식 · 백반	2015년 8월	29,726	30,026,872	100,515,781	13,314,942
	2016년 8월	29,015	31,933,963	105,343,434	14,828,026
	2015년 10월	29,876	30,423,699	100,951,452	13,827,952
	2016년 10월	28,883	32,759,985	106,543,901	15,600,169

컨대 낮은 성장률에 국정농단사건, 고령화와 취업난 등이 오히려 소비를 위축시킨 측면이 강한 것이지 김영란법이 원인이라고 단정하는 것은 옳지 않다는 의견이 지배적이다.

일부 언론 보도에서 고급 일식집이나 한정식집을 취재하여 자영업 전체를 대변하는 듯이 보도했지만, 실제로 일반 자영업종에서는 오히려 매출이 늘어났다는 점에서 김영란법을 창업의 걸림돌로 생각할 필요는 없을 것 같다.

가정문화의 재생, 홈매니지먼트 (Home Management) 사업

얼마 전, 페이스북에 "가정에서 잔기술이 필요한 서비스가 있으세요?"라는 질문을 올렸다. 주요 댓글을 보면 전선 깔끔하게 다듬기, 하수구 뚫기, 화분 분갈이, 전등 갈기, 버릴 가구 입구에 내려주기, 화장실 청소, 주방기구 내부 청소, 베란다 정리, 옷장 정리 등 다양한 의견이 올라왔다. 대부분의 댓글은 여성이었고, 연령대는 다양했다. 이렇듯 부분적인 서비스도 이제 필요한 시대가 온 것이다.

홈 메니지먼트(Home Management), 우리말로 '가정경영' 혹은 '가정관리' 정도로 해석할 수 있는데 가정생활의 향상을 위하여 필요한 시간관리, 자산관리, 가족관리, 가정생활설계 등 가정경영을 위한 제반 서비스를 대신해주는 영역을 말한다. 홈매니지먼트 사업은 크게 두 가지 유형으로 구분할 수 있다. 그 하나는 단순 가사노동 서비스 부문인 하우스키핑(housekeeping)과 정신적 가치서비스인 하우스홀드(household) 영역이 그것이다.

하우스키핑은 가치 있는 시간소비를 기대하는 주부들의 일을 대신해주는 영역을 말하는데 단순한 근육노동은 다른 사람에게 맡기고 그 시간을 자아계발이라는 가치소비에 투자하겠다는 욕구를 충족시켜주는 사업유형이다. 반면 심적 서비스 영역인 하우스홀드(household) 업종으로는 재테크를 지원하는 자산관리(asset)서비스업, 환자를 위한 '가정 출장 의료서비스업', 자녀와 운동을 같이해주는 '코치맨(Coachman)' 파견과 같은 업종을 들 수 있다.

이러한 서비스 업종이 출생한 배경에는 오직 물적 가치를 추구하면서 경쟁만이 존재하던 팍팍한 인생들이 IMF와 카드 대란, 서브프라임 모기지 사태 등 커다란 풍랑을 겪으면서 최종 안식처는 가정이라는 소중한 가치에 대한 깨달음이 있다. 또한 사회와 직장에서 경쟁이 심화되면서 자기계발이 더욱 필요해진 사람들이 단순한 일은 다른 사람에게 맡기고 그 시간을 더 가치 있는 일에 사용하고자 하는 욕구가 생기게 된 것이다.

대표적인 업종이 대행업과 대여업이다. 대행업으로는 청소대행업, 장보기대행업, 예약대행업, 구매대행업, 심부름대행업 등 다양한 특화된 업종들이 있다. 이 가운데 특히 청소대행업은 미국에서 상종가를 기록 중이다. 서비스마스터, 재니킹 등의 브랜드는 수년 전부터 꾸준히 창업 베스트 업종으로 소개될 정도이며, 이들 업체 중 일부는 청소용역을 다시 여덟 가지 분야로 특화해서 가맹점 모집에 들어간 곳도 있다.

대여업으로는 장난감대여업, 의료장비대여업, 게임기대여업 등이 있고, 심부름센터는 우리나라처럼 불륜 뒷조사 등을 하는 것이 아니라 주부의 잔심부름이나 전기배선, 페인트칠과 같은 잡무를 지원해주는 업종으로 자리 잡았다. 최근 고령화가 진행되면서 가정의 모든 잡일을 직접 하기 어렵게 되자 '맥가이버형' 사회적기업이 나오기도 했다.

또 다른 하우스키핑 관련 업종으로는 욕실리폼업, 카펫클리닝, 출장요리사 파견업, 홈메이드 파견업, 보안(security) 서비스 등이 있다. 아직 충분하지는 않지만 로봇청소기도 가정관리 상품으로 포함할 수 있는데, 영화 〈아이로봇〉에서 볼 수 있듯이 머지않은 장래에 로봇이 가사노동의 상당 부분을 담당하지 않을까 생각된다.

해외에서는 새로운 영역의 가정관리 서비스업들이 다수 나와 있다. 심적 서비스 영역인 하우스홀드(household) 업종으로는 미국 '캘리포니아 클로젯(Califonia Closet)'으로 대표되는 맞춤가구업, '토이저러스'나 '파터리 반키즈((Pottery barn kids)'와 같은 어린이가구 전문점, 독거노인을 돌봐줄 파트너를 주선하는 팰로우십(Fellowship) 서비스업, 가정회계 서비스, 심지어는 진료비 검증서비스업, 하우스 유지보수(house maintenance)까지 다양하게 많다.

일부 지역이긴 하지만 최근 미국에는 "집사(Butler)"를 채용하는 가정도 늘고 있다. 집안의 뒷일을 처리해주는 사람인데 운전, 전화수신 같은 단순 업무에서 신문 클리핑, 생활정보검색 및 가공, 공공업무 대신하기 등 지식이 필요한 일까지 맡아 해주고 있다. 일종의 홈케어(Home care) 전문가라고 할 수 있다.

가사서비스 영역에서는 자녀교육이나 노인돌봄 같은 사업도 많다. 학원이 아닌 가정에 출장하여 서비스해주는 영역, 즉 가정교사나 요양보호사의 프리미엄 서비스 등이 여기에 해당된다.

자녀교육과 관련해서는 1998년에 설립된 미국의 '패스트랙키드(FasTracKids)'와 같이 취학 전 아동의 지능계발 교육사업이 좋은 비즈니스모델이다. 커리큘럼은 예술, 천문학, 생물학, 지학, 문학 등 다양하게 있는데 주입식 교육이 아니라 발표력과 대화능력 그리고 리더십에 중점을 둔다.

일본의 태양보육원은 교과 준비수업이 아닌 자연학습을 위주로 교육하고 있는데, 1년씩 대기할 정도로 인기가 높다. 맨발로 눈 위를 걷게 해서 신발의 소중함을 알게 하거나 한 끼 정도 굶겨서 부모님의 사랑을 깨닫게 하는 등의 감성교육 시스템이라 할 수 있다.

요즘 꽤 잘나가는 미국의 '세이프 매터즈'는 어린이 안전서비스업체다. 이 사업은 부모와 상담을 통해 어린이 안전에 대한 모든 조치를 취해주는 사업모델이다. 예를 들면 서랍과 식탁모서리, 전열기와 룸의 전기코드 등을 점검하거나 표백제나 세제가 어린이 손에 닿을 위치에 있는지, 계단이나 창문 등이 안전한지 등에 대해 세심하게 체크해준다.

일본에서는 노인돌봄이나 반려견 돌봄사업도 하루가 다르게 새로운 업종들이 나타나고 있다. 노인케어 관련 업종으로는 말벗 되어주기, 외출 동행해주기, 공과금 납부 대신해주기 등을 종합적으로 서비스하는 업체도 있고 일부만을 특화해서 사업화한 경우도 있다. 또한 노인도시락 배달업이 안정 업종으로 자리 잡은 지 오래고, 노인들의 치아 건강을 감안한 노인샌드위치배달업도 인기 업종으로 자리 잡았다. 특히 노인유치원은 8배수 투자자 모집이 하루 만에 끝날 정도로 인기 업종으로 등극했다.

10여 년 전, 재일동포 한 분에게서 노모가 서울에 사시는데 대여섯 살 아래 사정이 어려운 혼자 사는 할머니를 소개해줄 수 있느냐는 부탁을 받은 적이 있다. 노모와 함께 살다가 돌아가시면 1억 원을 주겠다고 조건이었다. 생각해보면 말 잘 통하고 서로 도우면서 친구처럼 서비스받을 수 있는 이 방법이 좋겠다는 생각이 들었다. 바로 지금 일본에서 잘되는 업종인 노인 동거인 주선업(Fellowship)이다.

반려견과 관련해서는 강아지 운동대행, 강아지 목욕탕, 여행 중 위탁돌봄 사업 등을 들 수 있다. 특히 여행기간 중 강아지 위탁돌봄 사업은 일본 하네다공항 길목과 홍콩 외국인 거주지역 등에서 확인했는데 비싼데도 예약이 대체로 한두 달 전에 마감될 정도로 인기였다. 우리나라도 공항 가는 길목에서 도전해볼 만한 아이템이다.

그렇다면 지금 우리나라에서 도전하면 좋을 비즈니스모델은 어떤 게 있을까? 이제는 가정의 사소한 일까지도 외부에 맡기는 경우가 많아질 것이다. 우선 시간제 프리랜서 일자리로 냉장고 정리 전문가를 육성, 파견하는 사업이 필요하다.

홈메이드에 일부 포함되어 있긴 하지만 전문성이 부족하고 최소한 한나절을 사용해야 하기 때문에 소비자는 부담이 된다. 이런 기준을 2시간 단위로 끊으면 소비자 부담이 줄고 그만큼 일자리도 늘어나는 일석이조의 효과가 있다. 예컨대 가사도우미의 서비스 금액이 한나절에 4만5,000원이라고 하자. 그런데 냉장고 정리를 3만 원에 해준다면 수요가 상당할 것으로 생각된다. 더불어 시간당 수익은 상대적으로 높아진다.

홈 메니지먼트를 강력한 마케팅 수단으로 도입한 사례도 많다. 스타벅스가 출시한 홈파티(Home party)는 집에 많은 손님이 왔을 때 커피와 간단한 패스트푸드를 세트화해서 배달해주는 마케팅으로 인기를 얻고 있고, 일본의 조식배달업체인 '디너 서비스(Dinner Service)'는 주부들이 귀찮아하는 칼로리 요일 식단을 짜서 재료를 배달해주는 마케팅으로 창업 3년 만에 700여 대의 배달차를 둘 정도로 급성장하고 있다.

웬만큼 가사에 관심 있는 여성이라면 미국의 '마샤 스튜어트(Martha Stewart)'를 기억할 것이다. 마샤는 미국여성들이 '살림의 여왕'으로 인정하는 방송인이자 사업가다. 그녀는 처음에 요리나 가드닝 등 간단한 살림 아이디어로 교양프로그램에 출연했다가 유명세를 타서 창업했다. 지금은 욕실 리노베이션, 하우스케어까지 확장해서 굴지의 기업가로 변신했다. 가사지원에 대한 주부들의 욕구와 시장규모를 예측할 수 있는 좋은 사례다.

우리나라도 언급한 어린이케어(Child Care), 노인케어(Silver Care) 그리고 애견을 돌봐주는 애견케어 시장, 특히 고소득층의 프리미엄 시장은 점점 확대될 것으로 보인다. 따라서 홈메니지먼트(Home management)사업은 앞으로 근육서비스업보다 심적 서비스 모델로 접근한다면 아주 유망할 것으로 보인다. 이제 우리의 미래는 물질 소유보다 시간 소유가 더 중요한 시대가 될 것이기 때문이다.

불안사회를 구제할
재난·안전비즈니스

한동안 지진 공포가 온 나라를 뒤숭숭하게 하더니 요즘에는 하루가 멀다 하고 북핵 문제로 떠들썩하다. 게다가 각종 범죄와 가정폭력에 이르기까지 사회범죄도 점점 포악해지고 있다. 여기에 어린이 안전사고와 음식에 이르기까지 재난과 안전문제가 초미의 관심사로 떠오르고 있다.

미국 산업심리학자 메슬로우의 5단계 욕구이론을 보면 인간에게 가장 기본적인 욕구가 먹고 마시는 생리적 욕구이고, 다음이 안전에 대한 욕구다. 우리 국력으로 보면 이 단계는 1980년대에 이미 졸업하고 지금은 최상위 단계인 자아실현의 욕구단계까지 왔다고 볼 수 있는데, 최근 들어 갑자기 재난·안전에 대해 걱정하고 있으니 시계가 거꾸로 가고 있는 느낌도 든다.

사회적 불안을 해소하기 위해서 필요한 사업이 재난·안전사업이다. 이와 관련해서 두 가지 작은 사업 아이디어를 제시하고자 한다. 그 하나는 안전교육사업이고, 다른 하나는 안전용품 전문점이다.

우선 안전교육에 대한 얘기부터 해보자. 안전의 사전적 의미는 '위험이 생기거나 사고가 날 위험이 없음'이다. 안전을 위협하는 주요 요인은 자연재해, 교통, 화재, 노동, 범죄 등 거의 모든 분야에 산재해 있다. 따라서 안전교육사업이란 안전한 생활을 할 수 있도록 필요한 지식을 주고 태도나 행동을 바람직한 방향으로 바꾸어나가는 교육을 주업으로 하는 사업으로 정의할 수 있다.

안전교육은 크게 세 가지 유형으로 나눌 수 있다. 첫째, 안전이 무엇인지 모르는 사람을 위한 안전지식교육. 둘째, 알지만 할 수 없는 사람, 즉 머리로는 아는데 기능이 부족한 사람을 위한 안전 기능교육. 그리고 알고 있지만 하지 않는 사람, 즉 안전태도교육 등으로 구분한다. 사실 세 가지로 분류했지만 이것은 안전 선진국에서 적용이 가능한 분류이고, 우리나라는 기본 교육부터 착실하게 해나가야 할 상황이다.

일본은 '안전은 생활'이라고 할 정도로 철저한 교육을 하고 있다. 물론 자연재해가 빈발하는 나라라서 더욱 그렇겠지만, 어린이 교육 프로그램을 보면 확실히 다르다. 어린이들에게는 3단계 프로그램으로 교육을 하고 있는데 기본적으로 안전·방범용품을 사용하는 기술교육이 있고, 다음단계로 아이가 스스로 위기를 극복할 수 있도록 하는 능력개발 프로그램이 있다. 더 나아가 사람들과 안전하게 공생하는 데 필요한 소양교육 등을 매일같이 가르치고 있다.

　나는 우리나라와 대비되는 점이 많은 일본의 어린이 안전교육 프로그램을 볼 때마다 안타까운 생각이 든다. 뉴스를 보면서 느끼는 것이지만 유괴사건이 발생하면 전문가가 "모르는 사람이 길을 물어오면 일단 그 자리를 피하라", 엘리베이터에서 일어난 폭행사건을 보도할 때 경찰이 나와서 "모자 쓴 남자가 같이 타면 다음에 타라"는 등 상대를 잠재적 범죄자 취급하는 데만 집중한다. 그러다 보니 자꾸 서로를 의심하게 되고 벽을 쌓게 되어 더 큰 사회문제를 야기하게 된다. 앞서 언급한 것처럼 공생하는 소양교육도 대단히 필요하다.

　다시 본론으로 가서, 일본의 한 유치원 홈페이지를 들어가면 '우리 학원의 안전교육지침'이란 것이 실려 있다. '고정놀이기구 사용방법을 철저히 매일 반복해서 지도합니다', '실내온도, 환기, 수건, 식기 등도 매일 수시로 체크합니다', '유괴에 대응해서는 거절하는 방법과 도움을 요청하는 방법을 교육합니다' 등 매뉴얼이 갖춰져 있다. 심지어는 부모도 자녀와 함께하는 안전교육 프로그램을 필히 이수해야 하는 유치원도 많다. 이처럼 어릴 때부터 철저하게 교육을 받다 보니 몸에 배어 있어 사고가 나도 희생이 크지 않다. 반면 우리나라는 산업안전관리사, 소방안전교육사 등과 같은 국가자격증이 있긴 한데 일상의 소소한 생활안전을 교육하는 전문가는 많지 않다.

　예를 들면 지금 중학교 신입생을 대상으로 자유학년제가 시행 중인데, 이들 학생들에게 안전체험교육을 실시하거나 유치원생을 위한 변변한 체험교육장도 거의 없다. 이러한 사업을 하기 위한 첫 번째 조치로 생활안전교육을 제대로 할 수 있는 전문가양성 사업이 선행되어야 한다. 필요하다면 '생활안전지도사'나 '생활체험지도사' 같은 자격증도 만들어야 한다. 더 나아가 협회로 발전시키면 경력단절 여성의 일자리도 늘릴 수 있다.

안전용품 전문점도 필요하다. 자연재해나 재난이 있을 때 우리는 어디 가서 무엇을 사야 할지도 잘 모른다. 또 황사가 자주 일어날 때 막상 인증된 황사마스크를 사려고 해도 살 곳이 별로 없다. 전문가들은 일반 천 마스크는 황사를 걸러주는 효과가 미미하기 때문에 인증마스크를 사라고 할 뿐이다.

가정에서의 안전문제도 적잖게 발생한다. 아이들이 젓가락을 가지고 놀다가 감전되는 사고도 종종 있고, 세탁기 안에 들어갔다가 못 나오는 사고도 더러 있다. 만약 전기소켓 안전커버나 세탁기 이중 잠금장치를 채웠다면 이런 사고를 미연에 방지할 수 있을 것이다. 하지만 이러한 안전용품만 모두 모아놓고 판매하는 전문점이 없다.

일상생활에서 필요한 안전용품들은 이 외에도 많다. 아파트에 불이 났을 때 내릴 수 있는 로프, 정전됐을 때 필요한 헤드라이트, 전쟁이나 자연재해 때 사용할 수동식 라디오와 호루라기, 구급 세트, 물티슈, 마스크, 라이터 등 수도 없이 많다. 안전사고의 44.6%는 집 안에서 일어나는 만큼 안전용품은 밖에서만 필요한 것이 아니다. 집에서 필요한 또 다른 안전용품도 전기콘센트 안전커버, 모서리커버, 다용도 이중잠금 장치, 소화기 등 너무 많다.

어린이뿐 아니라 고령화로 인한 목욕탕 낙상사고는 앞으로 더욱 빈번하게 일어날 것이다. 미끄럼 방지패드도 필요하고, 치매성 노인을 위한 위치추적장치도 필요하다. 이렇게 다양한 용도의 안전용품을 우리집 주변, 가게 한곳에서 살 수 있다면 참 편리할 것이다.

현재 대부분의 업종들은 상품 종류별로 주로 묶여서 하나의 업종이 됐다. 각종 문구류를 모으면 문구점, 명품브랜드만 보아서 판매하는 편집매장, 면류만 모아서 파는 분식집. 지금까지 이런 식의 동종상품 업종이 주를 이루었다면 앞으로는 기능으로 묶은 점포, 테마로 묶은 점포들이 필요한 시점이 올 것이다.

예컨대 베드샵(bed shop)에서는 침실에서 필요한 모든 것을 팔고, 욕실가게(bathroom shop)에서는 비누, 수건, 샴푸는 물론이고 상품코드가 전혀 다른 수증기가 끼지 않는 욕실시계, 욕실에서 읽기 좋은 책 등을 파는 일종의 콜라보레이션샵이 새로운 트렌드로 떠오를 것이다. 같은 맥락에서 안전용품 전문점도 일상의 안전과 관련한 상품과 체험도 병행하는 샵으로 콘셉트를 가져간다면 좋은 사업모델로 발전할 수 있을 것이다.

꽤 지난 영화지만 미국의 재난영화 〈딥 임펙트〉의 한 장면이 아직도 가슴속에 남아 있다. 행성 충돌로 맨해튼에 거대한 해일이 밀려오자 피할 수 없음을 직감한 노인 부부가 서로를 묶고 담담하게 죽음을 맞이한다. 하지만 이렇게 피할 수 없는 재난은 10% 미만일 뿐, 사고 대부분은 교육만으로도 상당 부분 예방할 수 있는 인재다.

결론적으로 재난과 사회안전, 가정안전 등 다양한 문제에 대해 전문가 양성을 통해 조직화하는 방안도 좋겠다. 안전체험 교육장, 관련 용품을 판매하는 전문점 등도 필요한 시기가 왔다.

테마카페, 지금은
어떻게 해야 성공할까?

테마카페 효시는 비행기카페다. 1958년 군용기 부조종사였던 데이비드 콤프톤 2세(David Compton Tallichet Jr.)가 제대 후 창업한 후 전파된 업종이다. 그 아버지가 중고 군용기를 수집해서 대여하는 사업을 했는데 한국전쟁 때의 미그제트기, 일본의 항복을 이끌어낸 B-29 폭격기 등이 나오는 영화의 대부분은 그의 아버지가 복원한 비행기라고 한다. 군용기카페가 성공하고 나서 LA국제공항에 새카페(Bird restaurant)가 생겼고, 유령을 테마로 한 '지킬 & 하이드' 레스토랑도 오픈해서 2012년까지 영업했다.

우리나라는 1990년대 중반에 다양한 테마카페들이 등장했다. 대부분 외형 중심의 하드웨어를 갖다놓거나 인테리어 콘셉트를 인기 주제로 하는 경우가 많았다. 예컨대 양평의 비행기카페, 파주의 범선카페,

일산의 기차카페처럼 흔하지 않은 대형 구조물의 내부를 카페로 개조해서 주로 식당영업을 했다.

이렇듯 초기 테마카페는 주로 외형으로 승부했지만 여의치 않았다. 이후 나타난 유형은 콘텐츠를 무기로 뛰어들었다. 장흥의 군대레스토랑, 이대 앞 사주카페 등이 그것이다. 그 가운데 그나마 명맥을 유지하고 있는 카페는 사주카페인데, 취업절벽 시대를 사는 청년들의 한숨을 먹고 산다.

최근 창업자들 사이에 테마카페에 대한 관심을 보이는 상담자가 부쩍 늘었다. 실제로 일부 지역에서 테마카페가 고개를 들고 있다. 저성장시대가 지속되면 차별화전략이 가장 강력한 경쟁력이라 보기 때문이다. 그렇다면 어떤 유형의 카페가 전도유망할까? 이를 추론하기 위해서는 뒤를 잠시 돌아보는 것이 좋은 방법이다. 마치 운전할 때 백미러를 잘 봐야 안전운행이 가능하듯이.

과거 우크라이나 서부 트루스카베츠에 사후세계(Eternity)를 뜻하는 '관(棺)식당'이 있었다. 식당 외부 모양이 가로 20센티미터×세로 6센티미터의 관으로 돼 있고, 입구에는 조화들이 줄지어 세워져 있는 그야말로 장례식장의 분위기를 그대로 살렸다. 레스토랑 내장재는 '죽으면 흙으로 돌아간다'며 모두 흙으로 돼 있고, 메뉴도 영혼, 죽음이 연상되는 이름들인데 대표 메뉴로는 '천국에서 만나자(Let's meet in paradise)'가 있고, '9일 샐러드', '40일 샐러드'라는 메뉴도 있다. 아마도 장례기간과 연관이 있는 것 같다.

'튀는 것보다 더 강력한 마케팅 수단이 없다'는 모토로 공포나 엽기를 주제로 한 레스토랑들이 이 외에도 꽤 있다. 2005년 미국에서 오픈한 '심장마비 그릴(heart attack Grill)'은 병원을 테마로 한 레스토랑이다. 웨이트리스는 간호사, 고객은 환자로 호칭하며 음식 주문을 처방한다. 마치 병원처럼 환자가 주문하면 처방전을 환자 손목에 차게 했는데 공교롭게도 이 회사 직원 두 명이 연달아 심장마비로 죽게 되자 2010년 폐업했다. 병원 레스토랑은 싱가포르 클락키(Clark Quay)에서도 '금빛(Aurum)'이란 상호로 영업 중이다. 여타 테마 레스토랑보다는 잘되는 편이어서 대만에만 벌써 3개나 생겼다.

엽기의 극치로 보이는 사례가 있다. 바로 타이베이에 있는 화장실 레스토랑이다. 입구에는 남녀 구분을 해주는 캐릭터가 그려져 있고, 변기 모양의 버너에서 음식을 끓여 먹는 시스템이다. 음식 모양새는 대부분 변 모양이어서 비위가 약한 사람들에게는 입맛부터 버린다. 그런데도 벌써 7개의 가맹점을 오픈했고 중국과 싱가포르까지 뻗어갔다. 그런가 하면 종업원들이 간수로 손님을 죄수 취급하며 영업하는 교도소카페도 14개나 있다. 이들 카페는 여전히 인기 카페 명단에 올라 있다.

루마니아 나포카에는 드라큘라 레스토랑이 있고, 비슷한 콘셉트로 일본 긴자에는 흡혈귀 레스토랑이 있다. 어두운 조명 아래 다소 음침한 분위기를 연출해놓고 투박한 모양을 한 메뉴들을 흡혈귀 종업원들이 거친 태도로 내다준다. 하지만 영화나 테마공원에서 익히 겪었던 터라 여행객들 외에는 그다지 손님이 많지 않다.

베이징에는 불빛 없는 어둠 속에서 영업하는 암흑 레스토랑이 있다.

빛이라고는 조명을 단 종업원들의 헬멧이 전부다. 세계 최초라며 요란한 홍보를 하고 있지만, 스킨십을 즐기는 젊은이들 외에는 별로 찾지 않는다. 식사하기가 불편하고 위생 상태를 알 수 없기 때문이다.

태국에 있는 콘돔 레스토랑도 엽기이긴 마찬가지다. 벽면에는 각종 콘돔으로 장식물을 설치하고 종업원은 콘돔을 뒤집어쓰고 서빙한다. 머리카락이 흘러내리지 않아서 그나마 다행이지만 더운 나라여서 종업원들에게는 고역일 듯하다.

영화배우 척 노리스가 다녀갔다고 해서 유명해진 날것(Rude)만 파는 레스토랑도 시카고에 있다. 오리고기를 주 메뉴로 하고 있지만 육고기의 상당수는 여기서 먹을 수 있다. 식재료는 다르지만 우리나라의 일부 채식 레스토랑도 콘셉트는 흡사하다. '날것'으로는 스시를 빼놓을 수가 없다. 한때 우리나라에서도 보도돼서 문제가 됐던 여체(女體) 스시점도 로스앤젤레스의 '하다카스시(Hadaka sushi)'가 효시다. 스포트라이트를 받긴 했지만 성의 상품화로 인해 여론의 뭇매를 맞고 있다.

반쯤 드러낸 상반신에 체크무늬 주름치마를 입고 서빙하는 미국의 맥주 프랜차이즈 업체의 '킬트걸'을 본떠서 우리나라의 한 맥주 프랜차이즈 업체는 여성 종업원들을 내세워 한때 스포트라이트를 받았지만 이내 사라졌다. 전화방, 귀파개 전문점 등 불순한 업종이 곧잘 도입되는 현실이 안타깝다.

다소 은은하고 친근한 레스토랑 테마도 있다. 일본 도큐플라자 1층에 있는 '닌자' 레스토랑은 닌자 캐릭터로 인테리어와 소품을 꾸몄다. 한때 각종 만화 주인공을 활용한 테마 가라오케로 단맛을 봤던 일본이라서 캐릭터가 여러 업종에 접목되고 있는 듯하다.

우리나라에서도 1999년경 신촌에 교도소카페가 오픈했는데 1년도 안 되어 문을 닫았다. 장흥에 있는 군대카페는 4~5년 운영되다가 숙박업소로 업종을 전환했다. 그 기간도 일반 손님이라기보다 당시에 유행하던 서바이벌 동아리 회원들이 많이 이용했기 때문에 다소 숨이 길었다.

그나마 자리를 잡은 테마카페로는 ESPN 스포츠채널이 운영하는 스포츠바(ESPN zone)와 캘리포니아에 있는 테마레스토랑으로 1994년 영화 〈포레스트 검프(Forrest Gump)〉에서 영감을 얻어 창업한 시푸드 테마카페인 부바검프(Bubba Gump) 정도인데 새우를 주제로 한 이 시푸드 테마카페는 꽤 잘나가는 프랜차이즈업체로 성장했다. 테마카페라기보다 새우 전문점이 더 어울린다.

이렇게 다양한 테마카페가 등장했건만 대부분 실패한 이유는 어디에 있을까? 주제를 '외형에 두느냐', '콘텐츠, 즉 내용에 두느냐'에 따라 결과가 달라진다. 대부분이 음식 맛이나 서비스 질보다 관광성 수입에 초점이 맞추다 보니 단골 확보에 실패했다.

앞으로 테마카페 트렌드는 콘텐츠에 충실해야 유리할 것으로 보인다. 색다르다는 것은 일반적이지 않다는 말이고, 일반적이지 않다는 말은 쉽게 잊혀질 수도 있다는 말과 맥이 닿아 있다. 때문에 너무 현실과 동떨어진 아이디어로 접근하는 것 또한 바른 방향이 아니다.

언젠가 페이스북에서 테마카페에 대한 아이디어를 논한 적이 있는데 어떤 이가 "이별카페가 잘될 것 같지 않느냐"고 의견을 냈다. 하지만 너무 흥미, 토픽성에만 의존하지 않는 것이 좋다. 카페를 겸한 코칭, 심리, 멘토링과 같은 테마로 접근한다면 길게 갈 수 있을 것으로 생각된다. 다시 말하면 호기심을 이끌어서 일시적으로 주목을 끌 것이 아니라 필요에 의해 반복적으로 찾아올 수 있는 테마가 가장 효과적이라는 뜻이다.

테마 레스토랑이 성공하기 위해서는 스포츠 레스토랑처럼 일시적이 아닌 연속성이 있는 테마로 선택해야 하며, 허브 레스토랑처럼 관련 소품을 판매하는 등의 부가상품을 개발해 기본 매출은 마니아들이 견인해줄 수 있는 아이템이어야 한다.

또한 대상고객 구간을 명확하게 설정해야 할 필요가 있다. 대상고객에 따라 마케팅의 차별화나 메뉴의 전문성을 살릴 수 있기 때문이다.

최근에는 부산에서 시작된 낚시카페, 반지를 만들 수 있는 반지카페, 일자리 공유 카페, 심리상담카페 등이 떠오르고 있다. 이 가운데 심리상담카페는 협동조합을 구성한 다음 해당 지역 교육청의 지정을 받으면 여러 전문가가 함께 공유할 유망한 테마카페로 자리 잡을 수 있을 것이다.

커스토머 메이드(Customer made)로 성공한 기업들

커스토머 메이드(Customer-made)는 '경험 많은 창조적 소비자와 긴밀한 협력을 통해 기업이 기술과 자본을 활용하여 생산하는 제품'을 뜻한다. 나는 필요에 의해 몇 차례 주문해 사용하고 있다. 외장하드의 충격을 예방하기 위해 두꺼운 폐가죽으로 꽃무늬를 달아 만들어보기도 하고, 안경집에 볼펜을 끼워넣을 수 있도록 특별 주문을 해서 사용 중이다. 1966년에 만들었다는 '비틀즈(Beatles)'의 조지 해리슨의 기타처럼 나중에 경매감은 아닐지라도 상당히 실용적이란 사실은 두말할 나위가 없다.

'맞춤형'을 검색하면 편안, 어울림, 아늑함 등의 단어가 따라 붙는다. 그만큼 기성제품보다는 고객 만족도가 높다는 것을 의미한다. 게다가 이러한 과정을 통해 사전에 프로모션 효과를 덤으로 얻게 된다는 것도 장점이다. 이렇게 개인적인 필요에 의해 만들기도 하지만 고객을 위한 가치제안 차원에서 기업들이 도입한 효과적인 방법 중 하나가 바로 커스토머 메이드 생산방식이다.

창의적인 콘텐츠를 가진 지금의 청년세대인 'Generation C' 세대, 즉 콘텐츠 세대의 출현은 그동안 기업들이 일방형 서비스에 익숙해져 고객의 욕구를 충족시켜주지 못한 점에 자극을 준 셈이다. 바로 이들이 고객이자 생산자로 참여하고 있기 때문이다.

세계적인 게임 선도업체인 일본의 세가(Sega)는 대외적인 게임개발자 네트워크를 운영하고 있다. 이들에게 일정하게 소액의 개발비를 지원해주고 아이디어를 공모한 다음, 채택이 되면 그에 상응하는 대가를 지불하는 시스템이다. 그 덕분에 개발팀을 별도로 두지 않고도 세계를 주름잡는 멋진 게임을 개발해서 업계를 평정하고 있다.

'소니'는 감독과 사진가들에게 국한했던 의견수렴을 "디지털 사진기는 전문가만의 것이 아니다"라는 기치 아래 홈씨어터 디렉터와 DVD 제작자에게도 아이디어를 얻고 있다. 이렇게 얻은 아이디어가 채택되면 일정비율로 아이디어값을 지불하기도 한다.

단순하고 간결함을 의미하는 미니멀리즘이 콘셉트인 '무지(Muji)'도 수시로 디자인을 공모해 제조한다. 특정 장르를 요구하지 않으면서 방안에서 이용할 수 있는 어떤 아이디어라도 수용하는 국제공모전인데 무지 제품 아이디어의 30%가 여기에서 나온다.

스포츠 브랜드 '아디다스'도 유사한 디자인 네트워크를 가지고 있다. 고객들의 취향에 맞을 만한 디자인을 여럿 개발해놓고 품평회를 연 다음, 이들의 의견을 수렴하여 그에 어울리는 디자인으로 재개발하는 발빠른 마케팅으로 역시 업계의 선두를 유지하고 있다. 이름하여 리모델링 운동화.

언급한 사례들은 21세기 메머드 트렌드인 자기중심(Egonimics)의 키워드가 맞춤화(Customization)에서 커스토머메이드(Customer-Made)로 이동하고 있음을 잘 보여준다. 생산자가 소비자들의 의견을 수렴하여 그들이 원하는 '바로 그것'을 만들어주는 것이다.

자동차 명품 '푸조(Peugeot)'도 정기적으로 고객 대상의 디자인 공모전을 펼치고 있다. 콘셉트 카 중심의 디자인을 공모하여 획기적인 아이디어를 제공받는 한편 유튜브 등에 디자인을 공개하여 홍보 효과와 함께 고객의 적극적 참여를 유도하고 있다. 이 모두가 커스토머 메이드 제품인 셈이다.

이러한 방식은 우리에게도 익숙한 의류업체인 폴로, 랄프로렌 등도 비슷하다. 이들 업체 가운데 몇몇은 고객이 온라인으로 제품을 구입할 경우 일부 모델의 디자인을 직접 선택할 수 있게 해준다. 고객은 원단 색상 그리고 패턴 등을 스스로의 기호에 맞게 구성해 자신의 필요에 부합하는 제품을 구입할 수 있다.

서울 명동 세종호텔 뒤편에서 양복점을 운영하고 있는 정근호(62) 씨는 단돈 28만 원에 멋진 맞춤양복을 지어준다. 보통 맞춤양복은 150만 원을 호가하는 비싼 옷이지만 정씨가 개발한 시스템오더(system order) 덕분에 가격을 크게 내릴 수 있었다. 예약이 밀려 있음은 두말할 나위가 없다.

이렇듯 커스토머메이드는 의류뿐 아니라 자동차, 게임 심지어는 지식에 이르기까지 다양한 업종에서 도입되고 있다. 미국에서는 구두나 핸드백 등 가죽제품을 업사이클링 해주는 업종이 인기 업종에 속한다. 우리로 보면 일종의 수선점인데, 고객의 요구에 의해 맞춤형으로 수선해준다는 점이 약간 다르다.

어떤 경우는 핸드백의 가죽을 오려내서 구두에 덧씌워 나만의 명품 구두로 만들어주기도 한다. 뾰족한 앞코가 유행일 때 사둔 구두가 유행이 바뀌어 못 신게 되었다면 코 모양만 바꿔주면 되고, 어깨 끈이 없는 클러치백에 잘 어울리는 어깨 끈을 달아주거나 수납공간이 불편한 핸드백 내부를 적당하게 개조해주는 일, 가죽 어깨 끈을 유행에 맞춰 철제 어깨 끈으로 바꿔주는 등의 서비스다. 디자인은 살리면서 색상만 바꿔주는 일은 기본에 속한다.

지식시장에서도 마찬가지. 거의 모든 포털에서 도입한 '마이페이지(my page)'가 그것이다. 구글(google) 성공의 단초도 웹2.0, 즉 맞춤형 페이지라고 봐도 틀리지 않다. 사실 IT분야에서는 맞춤형으로 서비스하는 MSP(managed service provider) 사업체들이 이미 자리를 잡은 지 오래다.

그런가 하면 '사진매거진(jpgmac.com)'은 이용자들이 보내준 토픽성 사진을 골라 출판하는 방법으로 유명해졌다. 일종의 크라우드소싱 방식인데 핀터리스트(pinterest)나 인스타그램(Instagram)과 맥락이 같다. 다만 편집을 매거진 측에서 직접 하는 것만 다르다.

그렇다면 자영업에서는 어떻게 접근해야 할까? 얼마 전 치킨을 프랜차이즈화하겠다고 찾아온 상담자가 있었다. 그는 기존의 업체들이 전혀 시도하지 않았던 새로운 방식으로 닭고기 바비큐를 만들었는데 의외로 인기를 얻게 되자 2호점까지 직영으로 낸 사람이었다. 만일 기존 닭고기 프랜차이즈 업체들이 커스토머 메이드 방식을 도입하여 이들의 아이디어를 샀다면 이 같은 경쟁업체가 나오지 않았을 것이다. 또한 동업종에서도 경쟁우위를 유지하는 데 유리할 것이다. 그러나 열린 경영을 하지 못해 경쟁업체 하나가 출현한 셈이다.

네덜란드의 슈퍼체인 '알버트 헤인(Albert Heijn)'은 영업공간이 비어 있는 로드샵 가게 사진을 올리고 여기에 합당한 아이디어를 공모한 결과 6만여 명에 이르는 고객들로부터 아이디어를 접수받았다. 이 가운데 아이디어가 채택된 700명에게 일부 공간을 사용하도록 지원해준 사례도 있다. 대자본 유통업체가 시도해볼 만한 아이디어로 평가된다.

반찬 전문점에서도 소비자들의 아이디어를 수시로 수렴하여 색다른 반찬을 선보인다면 급성장했던 4~5년 전의 영광을 다시 누리게 될지도 모를 일이다. 이제 바야흐로 커스토머 메이드 시대가 됐다. 어느 업종에서든 상품에 걸맞은 적절한 방법으로 이 같은 방식을 도입한다면 요즘과 같은 저성장기를 슬기롭게 헤쳐 나갈 수 있을 것이다.

불황을 이기는
무드(Mood)마케팅

2017년 봄, 일본 우에노역 근처에 새롭게 들어선 빨래방(ecoLux Laundry)이 하나 있다. 이곳에 가면 기존 빨래방과 확연히 다른 점이 있다. 창업자 부부가 스위스 여행을 하면서 수집해온 다양한 소품으로 인테리어를 하고, 조명은 레스토랑처럼 은은한 빛으로 천장에서 내려오게 설치했다. 푹신한 소파에 앉아서 분위기에 어울리는 클래식 음악을 들으며 책도 읽을 수 있다.

우에노역은 주거지역이 아니라 도심이다. 이 빨래방은 주거지역에서 해야 한다는 관념을 깨뜨리고 도심을 입지로 잡았다. 그 결과 직장 여성들에게 대단한 인기몰이를 하고 있다. 대부분 차가 있기 때문에 세탁물을 가지고 나와 짬을 내서 해 가는 것이다.

세탁 기능은 다른 빨래방과 같은데 도심에 둬도 성공한 이유는 무엇

일까? 바로 감성을 사로잡은 무드(mood) 마케팅 덕분이다. 특히 경기
가 좋지 않을 때 무드는 더욱 큰 힘을 발휘한다. 불경기 때 립스틱을 짙
게 바르거나 짧은 치마를 입는 것도 기분 전환을 하기 위한 작은 몸짓
인 것처럼.

감성을 이끄는 요소로는 크게 네 가지가 있다. 향기, 조명, 온도 그리
고 소리 등이다. 먼저 향기가 어떤 효과를 가져오는지 보자. 한 유명 신
발 브랜드사에서 흥미 있는 실험을 했다. 큰 매장을 둘로 나눈 후 한곳
에는 향기를 나게 하고, 다른 곳에서는 향기 없이 신발을 전시한 후 고
객의 반응을 조사했다. 그 결과 84%의 고객이 향기 나는 방의 신발이
더 멋져 보였다고 대답했다. 향기가 상품의 가치를 높여준 것이다.

심지어 은행이 채권독촉장을 보낼 때 향기 나는 종이로 보내면 무
려 17%나 더 많이 회수된다는 보고도 있다. 뿐만 아니라 요즘 전단지
효과가 1만분의 1이라고 하는데, 일본에서는 향기 전단지를 돌린 결과
1,000장당 1명에게 반응이 오더라는 통계도 있다. 향기로 강화된 기억은
최소한 2주 정도 지속된다는 연구결과도 있는 걸 보면 향기는 그 순간의
효과를 넘어 재방문을 유도하는 효과까지 있다는 생각을 하게 된다.

향기는 고객을 더 오래 머물게 하는 것은 기본이고, 더 오래 기억하
게 하며, 차별화된 상품이미지를 심어주는 효과까지 심어준다. 더불어
냄새 제거와 항균기능도 덤으로 얻게 된다.

익히 알려진 사실이지만, 제과점에서도 커피 향을 내면 더 많이 팔린
다. 원두커피향이 구미를 당기게 해주기 때문이다. 제과점이나 도넛 가

게에서 커피를 같이 판매하는 이유도 그 때문이다. 여성이 좋아하는 향으로는 엔젤(angel), 아나키(anachy) 등이 일반적이다. 엔젤은 미용실에 알맞고, 아나키는 여성의류나 꽃가게 등에 잘 어울린다. 업종에 따라 향을 달리 써야 효과가 있다는 얘기다.

다음으로 조명을 보자. 과거에는 조명은 밝기만 조절하면 된다고 여겼지만 지금은 명암보다 콘트라스트(contrast), 즉 대비가 중요하다. 조명을 통해 고객이 오래 머물게 하는 것은 물론 동선을 유도하는 효과까지 얻을 수 있기 때문이다.

사람들은 밝은 곳과 어두운 곳이 있다면 일반적으로 밝은 곳으로 가려는 심리가 있다. 때문에 수직 조명이나 액센트 조명을 통해 동선을 유도할 수 있다. 이런 용도로 과거에는 할로겐램프를 많이 썼지만, 지금은 LED 조명이 조도까지 조절해줄 수 있어 다양한 조명마케팅이 가능하다.

밝은 조명이 유리한 점포로는 상품정보가 중요한 서점이나 와인샵 등이 있다. 은은한 조명이 필요한 업종은 감성이 중요한 상품, 즉 나이트웨어 용품점이나 향수 전문점 등이다.

남성과 여성의 쇼핑행태도 몇 가지 차이가 있다. 남성은 '밥 먹고 쇼핑'을 하고, 여성은 배가 고파도 '쇼핑하고 밥'을 먹는다. 남성은 척 보면 사지만, 여성은 몇 바퀴 돌고 나서 비로소 산다. 그래서 남자고객이 많이 온다면 밝은 조명이, 여자고객이 많다면 수직 조명이 더 효과가 있다고 알려져 있다. 이렇듯 빛은 공간을 특화시키고 감성을 자극하는 주된 수단이다. 그럼에도 지금까지 일반 점포에서는 조명 효과에 대해 크게 신경 쓰지 않고 있다는 점이 아쉽다.

온도는 어떤가? 온도는 습도와 대사율 등에 직접 영향을 끼치기 때문에 고객들의 기분을 좌우하는 요소다. 마시기 좋은 7~8도가 되면 맥주병에 글자가 선명하게 나타나는 효과로 대박을 친 사례도 있고, 칫솔 바꿀 시기를 칫솔모 색깔 변화로 알려주는 기능을 장착해서 성공한 경우도 있다. 이처럼 표시기(Indicator)를 통해 제품의 사용·교체시기 등을 알려줌으로써 소비자의 만족을 끌어내는 방법을 인디케이터 마케팅(indicator marketing)이라고도 한다.

피자헛에서는 배달할 때 가장 맛있게 먹을 수 있는 75도를 유지하기 위해 '핫박스'를 만들어 배달한다. 온도에 민감한 상품을 파는 와인바는 너무 더우면 매출이 바로 떨어지기 때문에 온도에 무척 신경을 쓴다.

이처럼 상품에 온도기를 적용하는 방법, 용기로 온도를 유지하는 방법, 업종에 따라 실내온도를 맞추는 방법 등 다양한 접근이 필요하다. 일반 가게는 25도를 유지하되 실내외 온도차가 5도를 넘지 않게 하는 것이 매출에 도움을 준다고 할 수 있다.

마지막으로 소리 마케팅을 알아보자. 시간대별·업종별로 음악을 달리해 고객의 구매심리를 자극한다. 내가 제일 듣기 싫은 소리는 커피집에서 원두 가는 소리와 그릇 닦는 소리 그리고 매장에 손님 있는데 청소기 돌리는 소리 등이다. 어떤 사람들은 소음을 즐길 줄 알아야 한다고들 하지만 사운드(sound)가 아닌 소음(noise)은 집중력을 떨어뜨리고 불쾌감을 느끼게 한다.

전통업종을 제외하고 대부분 업종에서는 클래식 음악을 틀어놓는 것이 유리하다. 클래식 음악은 상대의 마을 열게 하는 데 가장 효과적이라는 연구 결과도 있다. 바흐, 모차르트, 베토벤, 라흐마니노프 음악이 선호도가 높다고 알려져 있다. 미국의 유명한 속옷 전문점 '빅토리아시크릿(Victoria secret)'은 런던필하모니 오케스트라의 연주로 고급스러운 효과를 얻었다.

당연한 이야기지만 빠른 음악은 고객을 조급하게 하고, 느린 음악은 여유롭게 한다. 고객이 북적거릴 때는 빠른 음악으로, 한산할 때는 느린 음악이 효과적이다. 1980년대 말부터 주로 백화점이나 패스트푸드점 등에서 시간대별로 고객이 구매심리를 자극하기 위해 여러 음악을 사용했다.

최근 일본의 한 음식점에서는 로고송을 만들어 매장에서 반복적으로 들려주자 자주 오는 손님들이 따라 부르며 SNS에 공유하는 등 폭발적인 인기를 누리기도 했다. 이 로고송의 특징은 재미있는 가사에 누구나 따라 부르기 쉬운 행진곡풍이었다.

돈이 별로 들지 않으면서도 고객의 오감을 자극하는 무드마케팅이 불황 탈출의 수단으로 활용될 시점이 왔다. 메뉴나 상품은 상향평준화되어 있다. 경쟁력을 갖추려면 무드마케팅에 더욱 관심을 가져야 한다.

6장에서는 창업가의 역량을 정형화하는 방법론을 제시하였다. 낙엽 하나가 떨어지면 독수리는 보고, 새는 듣고, 곰은 냄새를 맡는다. 창업가는 하나의 현상을 보고 자신의 특성과 환경에 따라 자신만의 콘셉트를 만들어내야 한다. 사업은 인생의 최종목표가 아니고 삶의 가치를 실현하기 위한 수단이 되어야 한다. 때문에 다르게 해석하고 구조화해서 자신의 캐릭터로 완성해갈 때 비로소 즐기면서 노후를 맞을 수 있다.

chapter 06

빅데이터를 통해 본 창업자 특성에 따른 추천업종

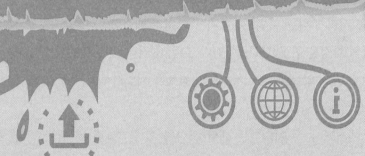

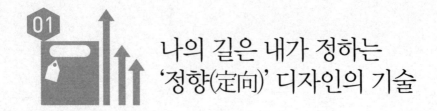

나의 길은 내가 정하는
'정향(定向)' 디자인의 기술

요즘 TV 프로그램 〈복면가왕〉을 보고 있으면 어느 가수가 노래를 부르든 자막이 현란하다. '심장이 멎을 듯한 전율', '몽환의 세계로 끌어들여 가슴 저미게 하는 마력' 같은 지상 최대의 매력적인 시어(詩語)로 시청자들의 감정을 한곳으로 몰아간다. 나는 심장이 멎을 듯하지도 않고, 몽환적 느낌도 없는데 왜 시청자들의 감정을 획일화하려는 것일까? 그냥 내 느낌대로 들으면 안 되는 것인가.

뉴스에서도 유독 거슬리는 대답 하나가 있다. "그런 것 같아요"다. 화창한 봄날 행락객에게 갖다 댄 마이크에는 어김없이 "밖에 나오니 굉장히 좋은 것 같아요"다. 보편적 사실을 묻는 게 아니고 본인의 생각을 묻는 것인데 왜 당당하게 "굉장히 좋아요"로 대답하지 않을까? 밖에 나와서 실제 경치를 경험해 보았으니 확실하게 단정해도 좋을 텐데.

지금 우리 사회는 이렇듯 미디어가 정한 감정을 전수받아 그대로 느끼려는 듯하다. 자신의 생각을 당당하게 표현하는 사람들이 점점 줄어들고 있다. 자연스러운 패러다임의 변화로 볼 수도 있지만 궁극적으로 가치의 중심을 자신에게 두기보다 사회가 정한 기준에 자신을 맞추는 데 익숙해지는 것이 아닐까 싶다.

그래서일까? 상담 온 창업자들의 첫 질문은 대체로 "요즘 뭐가 잘돼요?"다. 질문에 자신은 빠져 있는 것이다. "저는 뭘 하면 성공할까요?"도 같은 맥락이다. 나는 그 질문에 정답을 알려줄 수 없다. 왜냐하면 그 사람을 모르기 때문이다. 설사 안다고 해도 그가 가고 싶은 길이 내 생각과 다를 수 있다.

창업상담을 시작하고 나서 10여 년 동안 나는 정보를 전달하는 데 대부분의 시간을 보냈다. 소위 정답을 내가 정해준 것이다. 그런데 나중에 확인해보니 그 업종을 그대로 창업한 사례도 많지 않았지만, 실패하고 나서 그 원인을 나에게 전가하려는 사람도 있었다. 실패의 원인에는 자기 책임이 빠져 있었던 것이다.

이때 깨달았다. 다른 사람이 정해준 길에는 하드웨어만 있고, 실제 성공에 필요한 마인드웨어(mindware), 즉 열정과 책임감은 빠져 있다. 그래서 이후부터 정보 전달보다 듣는 시간에 더 큰 비중을 두었다. 그 결과 사람들은 말하면서 스스로 자신의 길을 찾았고, 그렇게 얻은 결론으로 당차게 성공하는 경우가 많았다. 그들에게는 자신이 생각해온 업종에 대한 믿음과 확신이 필요했던 것이다.

더 놀라운 사실은 '콕 찍어줘서' 창업한 사람보다 '들어줘서' 결정한 사람이 훨씬 고마워한다는 점이다. 이렇게 남이 정해준 길이 아니라 자기 스스로 정해서 가는 길이 더욱 열정적이고 감동적이다. 사람들은 처음부터 자신의 길을 잘 알고 있다. 그러나 잠시 잊고 있던 것을 누군가가 리마인드(remind) 시켜줘서 활성화되면 지축을 박차고 비상할 확신에다 열정을 덤으로 얻게 된다.

'나의 길은 내가 정해야' 한다. 나는 이를 정향(定向)이라 표현한다. 글자 그대로 자신이 나아갈 길은 스스로 정한다는 의미다. 이렇게 할 수 있도록 도움을 주는 것이 교육이자 상담이라고 생각한다. 나는 교육이란 지식을 전수하는 것이 아니라 스스로 알고 있는 것을 다시 깨닫도록 미션을 주는 것이라고 정의하고 싶다. 2014년 노벨의학상이 발표되던 날, 나는 경기를 일으킬 뻔했다. 존 오키프 교수 등 세 명의 학자가 공동으로 연구한 주제는 '인간에게는 정향을 찾는 능력이 있다'는 것이었는데, 나 또한 오랜 경험을 통해 깨달은 바를 확인시켜줬기 때문이다.

확신을 갖게 된 배경이 있다. 실제로 몇 차례 교육을 실행해본 결과 놀라운 효과를 얻었기 때문이다. 대부분의 수강생들은 일률적으로 한 가지 직업을 갖는 것이 아니라 각자 가고자 하는 방향을 찾아서 서로 다른 직업이나 업종을 선택해나갔다. 즉 수강생이 40명이라면 그들 대부분이 각기 다른 일을 찾았다는 뜻이다. 이들이 갖게 된 일은 커리어디자이너, 해외 역사기획가, 북아트 전문가, 사회적기업가 등 다양했다.

창업이나 새로운 직업에 도전하려는 독자들에게 아직 많이 부족하지만 경험과 실험적 프로그램(정향학교)을 통해서 얻는 내용을 소개하려한다. 이 프로그램은 직업상담사, 경력단절 여성, 청년, 사회적기업 희망자 등 다양하게 시도되었으며, 대부분 제 길을 찾아 안착했다. 교육프로그램을 중심으로 설명하지만 거꾸로 해석하면 독자 여러분이 스스로 어떤 순서와 방법으로 정향을 찾아나갈 수 있을지 가늠해볼 수 있을 것이다. ●

'정향학교'는 크게 다섯 가지 성장단계로 구성한다. '콘셉트 발견하기', '구조 디자인하기', '콘텐츠 채우기', '나의 브랜드 알리기' 그리고 '조직화와 공유' 등이다.

가장 먼저 해야 할 일은 자신의 '콘셉트를 발견하는 일(discovering my concept)'이다. 심리학에서 MBTI, 애니어그램 등 적성이나 성격검사를 할 수 있는 여러 도구가 있다. 그러나 개인적 경험에 비추어 이런 도구에 큰 의미를 두지 않는다. 왜냐하면 너무 일반화된 직업으로만 분류되어 일의 다양성에 답을 주지 못하기 때문이다. 게다가 "So what(그래서 어떻게 하라고)?"이 빠져 있다. 하지만 자신의 역량을 알아가는 과정에서 참고하면 좋을 것이다.

일반적으로 사물에만 콘셉트가 있는 것으로 생각하지만, 사람에게도 다양한 콘셉트가 있다. 쉽게 말하면 잘하는 것과 즐겨 하는 것을 찾아 리스트를 만들어보는 것이다. 나열한 콘셉트 가운데 일이 아닌 놀이도 포함될 수 있고 관심사항도 해당된다. 때문에 많게는 20여 가지 이상도 나올 것이다. 이렇게 나온 콘셉트를 하나씩 검증해나가다 보면 최종적

● 정향학교 교육 프로그램

| 학습모듈 | 학습내용 | NCS능력단위요소 | |
		요소명칭	시간
1. discovering my concept	1-1 mission 찾기	콘셉트 발견하기	40
	1-2 생각의 조각		
	1-3 concept 개발법		
2. designing my structure	2-1 정보서핑의 기술	구조 디자인하기	40
	2-2 trend watching		
	2-3 unique naming		
3. filling my contents	3-1 3다(三多)훈련	콘텐츠 채우기	40
	3-2 아카이브(archive) 구성의 기술		
	3-3 database 구축의 기술		
4. promoting my brand	4-1 human networking의 기술	나의 브랜드 알리기	40
	4-2 네트워크 접점개발 방법론		
	4-3 digital networking의 도구활용법		
5. organizing & sharing	5-1 조직화 방법과 효과	조직화와 공유	40
	5-2 제안서 작성과 접점개발론		
	5-3 나눔의 꼭지점, 동행		

으로 한두 가지 콘셉트로 요약된다. 이런 과정을 통해 결정된 콘셉트를 캐릭터로 만들어야 한다. 콘셉트는 여러 가지가 나올 수 있지만 캐릭터는 누구나 인정하는 딱 한 가지 단어로 표현되어야 한다. 그것이 직종일 수도 있고, 사업일 수도 있다.

다음으로는 결정된 '캐릭터를 구조화(designing my structure)'해야 한다. 일반적으로 캐릭터는 무형이어서 보이지 않기 때문에 유형화, 즉 보이도록 틀을 짜야 한다. 구조화를 하면 전체 그림을 볼 수 있는 눈이 생긴다. 더불어 원인과 결과의 메커니즘을 읽을 수 있고, 각 요소의 특성까지 보인다. 예컨대 콘셉트가 '운전하는 일'이라면 구조화는 어떤 자동차를 운전할 것인가에 초점이 맞춰져야 한다. 트럭인가, 영업용인가 아니면 자가용인가에 따라 구조는 달라지지만 전체를 볼 수 있는 것이다. ●●

그렇다면 구조화는 어떻게 할 수 있을까? 우선 고객모델링과 트렌드 분석이 선행되어야 한다. 즉 같은 영업용이라도 택시를 하면 시장은 넓지만 경쟁이 치열할 것이다. 그렇다면 일반택시가 곧잘 거부하는 애견 운송을 위한 택시를 하거나 여행자가방을 운송하는 서비스 전용으로

●●**정향개발 과정의 예**

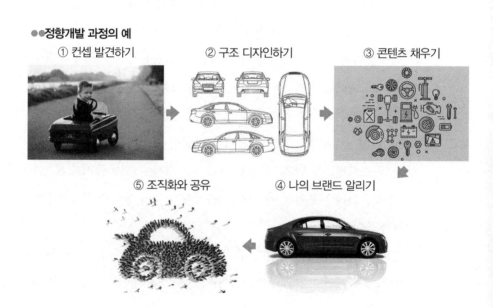

① 컨셉 발견하기   ② 구조 디자인하기   ③ 콘텐츠 채우기

⑤ 조직화와 공유   ④ 나의 브랜드 알리기

생각해볼 수 있다. 이 경우 애견이나 여행자가 원하는 서비스인지 고객모델링이 선행돼야 하고, 더불어 지속가능성을 예측해야 하기 때문에 트렌드 분석이 필요하다.

같은 물건을 보고 손으로 그리면 그림이 되고, 소리로 내면 노래가 되며, 머리로 생각하면 사상이 된다. 낙엽 한 잎이 떨어지면 독수리는 보고, 새는 듣고, 곰은 냄새를 맡는다. 똑같은 아이디어라도 누가 어떻게 받아들이느냐에 따라 전혀 새로운 구조가 되는 것이다.

구조화가 끝나면 그려진 구조에 맞는 '콘텐츠를 채우는 일(filling my contents)'이 필요하다. 자동차로 치면 구조는 껍데기일 뿐, 실제로 엔진과 다양한 액세서리가 채워져야 운행이 가능하다. 만일 지식이 필요한 구조라면 갖고 있는 지식을 어떻게 정형화해야 하며, 부족한 지식을 여하한 방법으로 채울 것인가에 대한 문제를 풀어야 한다.

지식을 얻는 방법은 교육과 경험이다. 그렇다고 지식을 얻기 위해 학교를 다시 다녀야 하거나 생각하는 일들을 모두 경험해야 하는 것은 물리적으로 불가능에 가깝다. 그래서 채택한 방법이 공부가 아닌 지적 유희다. 이미 앞 과정을 통해서 좋아하는 방향을 찾았기 때문에 지식을 얻는 데 스트레스를 받지 않는다. 알아가는 과정이 그저 즐거울 뿐이어서 지적 유희라 표현했다. 좋아하는 음악은 아무리 들어도 질리지 않는 것처럼 좋아하는 일을 하면 지적 유희인 것이다.

지적 유희를 즐기는 방법은 검색엔진을 활용하면 된다. 인터넷에는 2016년 한 해에만 12제타바이트(ZB)의 정보가 업데이트됐다. 1제타바이트는 3메가바이트(3MB) 안팎의 MP3 곡을 281조5,000억 곡을 저장한 용량과 같을 정도로 방대한 양이다. 그만큼 많은 정보가 인터넷에 있기 때문에 취사선택 기술만 익히면 쉽고 빠르게 지식을 채워갈 수 있다.

나는 취사선택을 통해 지식을 확장하기 위해서 '원물결(circle wave)' 학습방법을 오랫동안 써오고 있다. 무슨 학습이론이 아니라 내가 작명한 검색을 통한 학습방법이다. 마치 연못에 돌 하나를 던지면 원을 그리듯 서로 인접해 있는 지식으로 확장해나가는 것이다. 지식도 각각의 콘셉트를 키워드로 해서 계속 원물결 검색을 하다 보면 자연스럽게 인접지식을 효과적으로 습득할 수 있다. 배우는 목적은 표현하기 위한 것인데 계속 배우기만 하면 표현할 기회를 스스로 박탈하는 것이다. 원물결 학습방법은 학습하면서 동시에 표현하는 기회를 갖는 좋은 방법이다.

창업에 필요한 지식을 '공부'하려면 경영, 경제, 마케팅 등 기본학문에다 뇌과학, 통계, 컴퓨터 사이언스 등의 인접학문은 물론, 빅데이터, IT등 시장지식을 따로 공부해서 다시 조합해야 한다. 소위 비정형 점데이터를 정형화하는 힘든 과정을 거쳐야 원하는 지식을 온전하게 얻을 수 있다. 하지만 원물결 검색방법을 쓰면 여러 학문에서 필요한 데이터만 취사선택할 수 있어 시간을 크게 절약하고 가속도를 낼 수 있다.

다음 절차는 '브랜드 알리기(promoting my brand)'다. 아무리 출중한 지식으로 역량을 강화했다 할지라도 세상이 나를 알아주지 않으면 무용지물이다. 입지 산업은 소비자가 지나가다가 눈에 보이면 사주지만 지식은 유형화된 캐릭터를 유통채널이나 대상고객에게 알리지 않으면 어디에 어떤 전문가가 있는지 모르기 때문이다.

이때 필요한 사람이 멘토(Mentor)다. 자신의 방향을 정하고 구조화하고, 콘텐츠를 채우더라도 완성된 캐릭터를 세상에 노출해야 비로소 소비자가 찾아온다. 그런데 구조화한 캐릭터가 대부분 이전에 경험한 시장과 거리가 있기 마련이어서 사회적 네트워크가 취약하다. 그래서 멘토가 필요한 것이다.

예컨대 뭍에서 총총걸음으로 잘 가던 아이도 보폭보다 넓은 돌다리를 만나면 엄마가 손을 잡고 같이 뛰어줘야 건널 수 있는 것과 마찬가지다. 소위 가고자 하는 방향에 있는 선도자를 멘토로 둔다면 데스벨리(Death Vally)도 안전하게 지날 수 있다.

마지막으로 '조직화와 공유(organizing & sharing)'가 필요하다. 일반적으로 지식서비스는 각자도생하기가 어려운 점이 많다. 이럴 때 필요한 것이 조직화다. 가치를 공유할 수 있는 사람들과 조직을 만들면 프로젝트를 만드는 데 용이하고, 전파하기도 상대적으로 쉽다. 게다가 지식을 공유하며 고도화해나가는 데도 도움이 된다. 아무리 잘난 사람도 남과 더불어 하는 사람을 못 이긴다.

중요한 것은 시장의 신뢰도 확보를 위해 노력해야 한다는 점이다. 그러기 위해서는 조직이 세상과 소통해야 한다. 핵심자산이 바로 신뢰이기 때문이다. 신뢰를 얻는 가장 좋은 방법은 직접적인 이익이 수반되지 않는 사회적 역할을 꾸준히 하는 것이다. 예컨대 교육조직이라면 취약계층 어린이를 교육하거나 멘토링을 해주는 방법이 있다. 이렇게 쌓인 신뢰는 자연스럽게 브랜드파워로 이어지며 결국 개인적 이익으로 연결된다.

다시 생각해보자. 한 시점에 만들어진 최적상황인 '이론'이나, 정의된 그 순간까지의 표준이라 할 수 있는 '진리'에만 의존하면 이미 꽂힌 깃발을 기준으로 1열 종대의 1/n로 살겠다는 의미뿐 '나'는 없다. 기준은 보편적이며 객관적이라는 용어로 위장해서 '나'를 강제할 뿐 그 기준에는 '나'가 없는 것이다. '정향(My way)'은 마치 철도와 같다. 일단 서울에서 부산까지 가는 방향을 정하면 방황하지 않고 그 방향을 따라 질주할 수 있다.

만일 부산을 종착역으로 정했다면 방향이 정해진 것이기 때문에 두려움이 없어지고 안정감을 얻게 된다. 굳이 빠르게 가는 KTX만 타야하는 것도 아니다. 무궁화호를 탈 수도 있고, 가다가 쉬어갈 수 있다. 대전에 내려서 살아볼 수도 있다. 그렇지만 이러한 느림도 색다른 가치를 제공하는 삶의 미학으로 작동한다. 이미 정해진 목적지로 가는 방향이기 때문이다.

집중하지 못한다는 것은 선택하지 못했다는 것이다. 선택하지 못했다는 건 판단에 자신이 없다는 것이다. 판단에 자신이 없다는 건 나를 알지 못한다는 것이다. 자신을 알고 나면 방향을 쉽게 정할 수 있고, 두리번거리지 않고 집중할 수 있기 때문에 그만큼 빠른 성공에 안착할 수 있다. 집중은 열정을 불러온다. 막노동꾼으로 서울대에 합격한 장승수는 "어느 정도 열정을 가져야 개룡이 될까?"란 질문에 "열정 때문에 자다가도 벌떡 일어날 정도"라고 했다.

생물학에 '정향 진화'라는 말이 있다. 생물체 속에는 진화요인이 있으며, 생물이 미리 결정된 일정한 방향성을 가지고 진화한다는 학설이다. 인간도 내재된 진화요인이 있으며 방향만 맞으면 목표, 즉 꿈을 향해 꾸준히 진화하게 된다. 우리가 가지려는 직업과 사업 등은 궁극적인 꿈을 이루기 위한 수단일 뿐 목표가 아니다. 따라서 방향을 잘 잡으면 꿈은 직업이나 창업이라는 도구를 통해 자연스럽게 진화하며 완성되어간다. 돈과 권력이 꿈이라면 그것을 움켜쥔 그들은 모두 행복해야 하지만 대부분 그렇지 못하다는 점이 이를 증명한다.

잠시 읽기를 멈추고 유튜브에서 클래식 음악 '볼레로(Bolero)'를 한 번 들어보자. 처음에는 반복되는 리듬(rhythm)에 언뜻 들으면 단조롭게 느껴지지만 여기에 순차적으로 선율(Melody)을 붙이고, 화성(Harmony)을 넣고, 음색(Tone color)을 가하면 끝부분은 장엄한 오케스트라가 된다. 방향만 맞으면 레이어를 하나씩 추가해서 얼마든지 풍요로운 꿈을 이룰 수 있는 것이다.

여행을 좋아하면 자주 떠나게 되고, 자주 떠나면 여행작가가 될 수 있고, 사업을 하고 싶다면 여행사를 차릴 수 있다. 좋아하면 즐기게 되고, 즐기면 잘하게 된다는 것은 진리다. 방향을 먼저 잡아야 하는 이유가 바로 이 때문이다.

356

이러한 꿈을 이루기 위해서는 자신을 신뢰하는 것이 무엇보다 중요하다. 자신의 신뢰는 열정을 생산하며 모든 일은 열정이 지속됐을 때 비로소 이룰 수 있기 때문이다. 이렇게 해서 이룬 성공은 자존감을 높여주며 높은 자존감은 삶의 가치를 한층 귀하게 만들어준다.

대세를 지향하되 순응하지 말고, 자신의 정답은 스스로 정해서 세상의 중심에 서보자. 내가 가진 모든 생각이 나의 아이덴티티(Identity)인데 남이 정한 기준에 맞춰 살아서야 되겠는가.

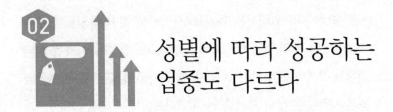

성별에 따라 성공하는 업종도 다르다

자영업 창업자들의 특성 변화는 경기순환지수와 밀접한 관계가 있다. 성장 국면에서는 자신의 성별이나 역량과 무관하게 수익성에 무게를 두고 트렌드에 맞는 업종을 선택하지만, 하향곡선을 그으면 전통업종으로 무게중심이 옮겨가면서 상당히 신중해진다.

요즘처럼 저성장이 지속되면 창업해서 큰돈을 벌기가 어렵다고 느끼기 때문에 최소한의 비용으로 좋아하는 일을 찾는 경향을 보인다. 최근 적성검사나 빅데이터를 기반으로 창업하려는 사람들이 늘어나는 이유는 경기가 회복될 가능성이 적기 때문에 나타나는 자연스러운 현상이다.

그렇다면 남성이 혹은 여성이 창업하면 더 유리한 업종은 없을까? 여러 논문을 종합해보면 남성은 여성에 비해 개방적·능동적·독립적인 반면, 여성은 남성에 비해 관계성·정직·스토리텔링 등의 특성에서 우위를 보인다.

이런 점을 감안해서 '성별에 따른 업종별 성공확률'에 대해서 조명해보고자 한다. 분석을 위한 데이터는 5년 생존율을 기준으로 하였으며, 빅데이터는 (주)현대카드의 도움을 받았다. 생존율은 5년을 기준으로 하였는데, 이는 통상 창업 후 5년이 경과하면 안정권에 접어들었다고 봐도 무방하기 때문이다. 물론 창업의 성공에는 다양한 내·외부 요인이 있지만, 다른 변수는 통제하고 생존기간만으로 분석했다. 분석방법에 따라 결과가 다르게 나타날 수는 있으나 하나의 흐름을 짚어보기에는 충분할 것이다.

우선 남성이 여성보다 유리한 업종으로는 안경점, 중국음식점, 미용실, 일식집, 자동차정비업 등이다. 대부분 기술 기반 업종이거나 노동 강도가 높은 업종에서 유리함을 보여준다. 흥미로운 점은 여성 창업자 수가 절대적으로 많은 미용실 업종에서 남성 창업자가 더 우세하다는 점이다. 남성의 진입 장벽이 높은 업종이어서 충분한 경쟁력을 갖춘 남성만이 미용실 창업에 도전하기 때문이 아닌가 짐작된다.●

5년 생존율이 높은 업종들을 다시 연령대별로 분석해보았다. 그 결과 남성 창업자의 연령대는 모두 40대로 나타났다. 이는 어느 정도의 경력과 체력이 뒷받침되어야 창업에서도 유리함을 알 수 있다. 성공에 목마르고 돈이 절실한 세대여서 처절한 노력의 대가일 수도 있다.

우리나라와 비교적 비슷한 일본에서도 남성 창업자의 비율이 높은

● 남성이 유리한 업종(5년 생존율 기준)

순위	업종	남성(%)	연령대	여성(%)	평균매출(원)
1	안경점	67	40대	38	37,000,000
2	중국음식점	40	40대	20	30,000,000
3	미용실	52	40대	41	17,000,000
4	일식집	38	40대	28	29,000,000
5	자동차경정비	69	40대	45	55,000,000

업종으로는 체력과 기술력이 요구되는 업종이라는 점도 참고할 만하다. 대표적인 업종으로는 건설업(14.6%), 전문서비스업(12%), 정보통신업(6.0%), 금융·보험·부동산업(4.8%) 등이다. 일본은 우리나라보다 젊은 층에서 창업이 활발한 편이다. 그 비중을 보면 30대(39.2%) 비율이 가장 높고, 40대(28.4%), 50대(17.7%), 20대(8.2%), 60대(6.6%) 순이다.

여성이 창업하면 남성에 비해 더 생존율이 높은 업종도 분석해보았다. 창업 후 5년간 생존율에서 여성이 남성보다 상대적으로 높은 업종 순위는 부대찌개 전문점, 죽 전문점, 노래방, 예체능학원 그리고 호프집 등이다. 일반적으로 섬세함과 서비스마인드가 필요한 업종에서 여성의 우위가 두드러진다.●●

일본에서도 비슷하게 나타나 있다. 데이터의 한계 때문에 세분류로 나눠 분석할 수는 없었지만 업태별 소분류로 나눠본 결과 여성 창업자 비중이 높은 업종으로는 소매업, 음식·숙박업, 교육·학습지원업, 생활 관련 서비스업 순이며 그 비율은 40%에 달한다. 특히 남녀 창업자 수에서 차이가 많이 나는 업태는 교육서비스업인데, 전 업종 창업자 가운

순위	업종	여성(%)	연령대	남성(%)	평균매출(원)
1	부대찌개 전문점	67	50대	22	34,000,000
2	죽 전문점	80	50대	65	25,000,000
3	노래방	43	50대	26	20,000,000
4	예체능학원	51	50대	33	13,000,000
5	호프집	30	40대	22	41,000,000

데 여성의 평균비율이 15.9%인데 반해 남성의 교육서비스업 창업자는 2.1%에 불과했고, 소매업에서도 여성이 21.9%이었지만, 남성은 11%에 그쳤다.

반면 남녀 공히 5년 생존율에서 큰 차이가 없는 업종도 있다. 대표적 업종으로는 편의점, 피자·치킨·토스트·아이스크림 전문점, 수산물 판매점 등이다. 이들 업종은 창업자가 직접 관여하는 비중이 상대적으로 낮다는 특징이 있다. 소위 종업원만으로도 운영이 가능한 업종들인 셈이다.

내친김에 성별에 따라 유망한 사업 아이디어를 몇 가지 소개해본다. 우선 여성에게 어울리는 사업으로 '개인요리사(Personal chef) 파견업'을 추천한다. 과거에는 경제적으로 부유한 사람들만 개인요리사를 뒀지만 요즘 들어 미국에서는 맞벌이 부부나 골드미스, 은퇴한 노인들도 개인요리사를 이용한다. 보통 주당 1회 방문해서 상의한 메뉴에 따라 일정 기간 먹을 수 있는 음식을 만들어 냉장고에 보관해준다.

'리퍼럴서비스(Referral Service)업'도 여성 아이템으로 괜찮다. 전문적인 지식이 부족하거나 시간이 없는 소비자들을 위한 일종의 상품 및 서비스 추천 비즈니스다. 미국에서는 의뢰자나 추천 상품 회사로부터 수수료를 받지만 이렇게 하면 소비자의 신뢰를 잃어버릴 수 있기 때문에 소비자에게만 정액제로 받는 것도 한 방법이다.

'심야택배 서비스업'은 남성에게 추천한다. 일본에서 활발하게 전개 중인 사업으로 모든 택배회사의 업무가 끝나는 시간부터 익일 새벽까지 집중 배달해주는 서비스다. 일반 택배의 정시 배달 성공률이 높지 않은 데다 일부 아파트에서는 경비실에서 맡지 않는 경우도 있기 때문에 시도해볼 만한 아이템이다.

'음식점 집기수리업' 또한 남성이 하면 효과가 있을 것이다. 오래전 미국에서 선보인 아이템이지만 우리나라에서도 자영업자들을 대상으로 순회서비스를 하면 돈 들이지 않고도 창업에 이를 수 있다. 단순히 집기비품뿐 아니라 주방시스템 수리도 곁들이면 더욱 효과가 클 것으로 보인다.

남녀를 불문하고 역량이 닿는다면 권하고 싶은 업종도 있다. 최근 중학교 자유학년제 시행 이후 직업체험 프로그램이 수요에 비해 상당히 부족하다. 다양한 업종의 기업을 파트너로 만들어 직업체험 및 견학 프로그램으로 전개한다면 충분히 승산이 있다. 시카고의 '필드트립팩토리(fieldtripfactory)'가 20여 년간 1,200만 명이 넘는 어린이들에게 서비스하고 있는데 참고하면 좋을 듯싶다.

'여행지 샘플서비스업'도 검토해볼 만하다. 여행 갈 때 깜박 잊고 챙겨 가지 못한 소소한 물건을 여행객들에게 무료로 제공해주는 서비스다. 미국의 '마켓커넥션'은 고객커뮤니케이션(Custom communications)이라는 슬로건으로 기업의 잠재고객 발굴과 브랜드 충성도 확보 등을 지원하고 있다. 초기에는 바디워셔, 선크림, 진통제 등이 주류였지만 점점 서비스 영역을 확대해서 지금은 파이넨셜(Financial), 덴탈(Dental), 부동산마케팅 등 다양하게 확장해가고 있다.

창업은 성별에 따라 성패에 차이가 있는 경우도 있기 때문에 업종을 선택할 때는 앞서 언급한 사항을 참고해야 한다. 물론 업력이나 성별로 성공을 담보하기는 어렵다. 하지만 자신감을 충전해주는 데이터로는 충분히 활용해봄직하다.

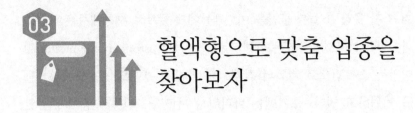

혈액형으로 맞춤 업종을 찾아보자

어렸을 때 한 번쯤은 이성 친구의 성격을 혈액형으로 감별했던 기억이 있을 것이다. 멋진 이성을 보면 스파크(spark)가 일어나는데 A형은 너무 재는 바람에 기회를 잡지 못하고, O형은 준비 없이 저돌적으로 접근해서 이성의 심기를 건드려 실패한다는 등의 흥미로운 이야기가 있었다.

2000년대 들어 우리나라 대기업 CEO들 가운데 혈액형이 B형인 사람이 많다는 보도가 있었다. 이전에는 O형이 많았는데 21세기에 들어서면서 B형 비율이 40% 정도로 높게 나타난 것으로 조사됐다. ABO혈액형을 비율로 보면 우리 국민의 31%가 B형인데, CEO 비율은 40% 정도니까 8~9%나 높다. 혈액형에 따라 경영스타일도 약간씩 차이가 있다. A형은 수성형이고, B형은 혁신형, O형은 공격형으로 크게 나뉜다.

이건희 회장은 AB형으로 필요에 따라 수성과 혁신의 양날을 다 쓰는 스타일이고, 고 정주영 회장은 '닳지 않는 건전지'라는 별명으로 불릴 만큼 불도저식 경영스타일이니 영락없는 O형이다. 사장 가운데 O형이 많았던 2000년대 이전에는 수직적 조직사회여서 O형의 카리스마가 먹혔지만, 21세기 들어서면서 수평적 사회로 바뀌면서 B형의 감성과 창의력이 먹히고 있는 것이다.

'땅콩회항사건'도 지금의 수평적 사회에서 20세기 수직적 경영스타일을 그대로 유지하다 보니 사단이 난 경우라고 생각한다. 만일 20년 전에 이런 일이 일어났다면 대수롭지 않은 일로 묻혔을지도 모를 일이다.

컨설팅 경험에 의하면 창업도 혈액형과 상당한 관계가 있다. A형은 신중한 타입으로 준비과정이 너무 길어서 자칫 기회를 놓치기 쉽고, O형은 호탕한 성격이 많아서 덜렁대는 경향을 보이기 때문에 다른 혈액형의 조언이나 참모가 필요한 사업을 하면 유리하다.

먼저 B형부터 들어가 보자. B형의 성향은 사람들에게 호감과 친근감을 주며 언변이 뛰어나므로 각종 모임이나 단체에서 훌륭한 역할을 해내는 장점이 있다. 한 가지 일에 몰두하면 그 이외의 일에는 전혀 눈길을 주지 않으며 기어이 끝을 봐야 하지만, 자기중심적이기도 하다.

자유스러움을 좋아하고, 속박당하는 걸 싫어한다. 속박을 싫어하기 때문에 생각이 유연하고 발상이 기발하고 뛰어나다. 자신이 흥미 있는 분야에서는 뛰어난 창조력을 발휘하는 편이며 집념이 강하고 관찰력도 뛰어나다.

B형에게는 지식 기반 서비스업이나 아이디어가 필요한 분야, 예를 들면 경영학으로 한정해서 본다면 재무 HR 쪽보다는 마케팅이 더 잘 어울린다. 인터넷 기반 업종이라면 물건을 파는 쇼핑몰보다는 정보를 가공하고 분석해서 서비스하는 콘텐츠 제공업 같은 업종을 하면 잘할 수 있다. 일반적으로 B형은 저녁형 인간일 가능성이 높기 때문에 혼자 앉아서 쓰고 분석하는 일에 집중을 더 잘한다. 입지 업종으로는 학원 같은 교육서비스업, 간판광고업, 갤러리카페, 서점 등의 업종이 잘 어울린다.

다음 A형을 보자. 막간을 이용해서 A형은 왜 A형으로 이름이 붙여 졌을까? 처음 혈액형을 발견해서 논문으로 발표했던 사람이 자기 혈액형을 A형이라 명명하고 나머지는 B, C로 붙였다. 뭐든 새로운 걸 개발하면 그 이름은 개발자 마음대로 붙일 권리를 갖게 된다.

본론으로 다시 돌아가서 A형의 남성은 돌다리도 두드려보고 건너는 타입이다. 매사에 세밀하게 계획을 세우고 신중하게 행동하며 현실을 잘 이해하고 책임감 있게 일하는 타입이다. 나아가 규칙이나 매뉴얼대로 지키려는 노력도 한다.

그런 만큼 자신에게도 엄격하기 때문에 부지불식간 타인에게도 같은 수준을 요구해서 아랫사람이 피곤할 수도 있다. 때문에 A형은 매뉴얼대로 잘하면 서로 불만 없는 가맹점 창업이 유리하다. 특히 미용실이나 자동차경·정비업, 세탁편의점 등이 잘 어울릴 수 있다. 요즘 핀테크 영향으로 금융권에서 상당수가 명예퇴직을 했는데, 이들 가운데 꽤 많은 수가 카센터 창업을 준비하고 있다. 카센터를 창업하는 데는 두 가지 이유가 있다. 하나는 금융권에는 꼼꼼한 A형 비중이 많은데, 배운 대로만 하면 되는 업종이라 잘할 수 있을 것이라 생각한 것 같다. 다른 하나는 그동안 머리 쓰고 살아서 이제 좀 몸으로 때우는 일을 하고 싶다는 속내도 있다.

이번에는 AB형을 살펴보자. A형과 O형이 결혼하면 A가 우성, O가 열성이어서 A형이 될 확률이 높지만, A와 B가 결혼하면 둘 다 우성이기 때문에 일반적으로 AB형이 된다. 그래서인지 AB형에게는 양면성이 있다. 현실적으로 생각하다가도 갑자기 비현실적인 면으로 돌아선다거나, 좋게 생각하다가도 갑자기 반대의견을 내기도 한다. 반면 감성이 풍부한 이상주의자여서 시인 가운데 AB형이 많을 것으로 예상된다.

AB형은 변화를 주어야 하거나 트렌드에 민감한 업종에 관심을 가지면 좋다. 의류소매나 액세서리 전문점이 가장 잘 어울리고 음식점으로는 샤브샤브, 빙수 전문점, 에스닉(ethnic)푸드 등이 적격이다.

마지막으로 O형을 알아볼 차례다. 미국 역사상 존경받는 인물 중 하나인 아이젠하워 대통령이 장군으로 근무했을 때의 일이다. 차를 몰고 파리로 가던 중 전방에서 위급한 병사에게 O형의 피가 필요하다는 소식을 듣고 아이젠하워는 곧바로 진료소로 찾아가 줄 서서 헌혈했다. 그 일로 대통령이 된 건 아니겠지만 최소한 그는 호통치고 지시하는 O형이 아닌, 앞장서는 O형이었다는 점은 확인된 셈이다.

미국, 영국, 이탈리아, 브라질이 O형 비율이 높은 국가들이다. 우리나라는 A형이 가장 많고, O형은 28%로 가장 적다. O형 남성은 자신의 목표를 확고하게 가지고 있으면서 끊임없이 목표를 향해 전진하는 타입이다. 남의 힘에 의존하지 않고 특유의 정신력으로 어려움도 극복해 나가려는 의지가 강하다.

이러한 특성을 감안하면 O형은 유행에 민감하거나 도입 초기의 업종보다 확장성을 염두에 둔 업종이 유리하다. 예를 들면 김치찌개 전문점을 하나 차려서 잘되면 직영점을 더 늘리는 식의 프랜차이즈로 확대할 수 있는 업종이 어울린다는 뜻이다. 그리고 가급적이면 1인 창업보다 종업원이 필요한 업종을 하는 것이 낫다. 여건이 되지 않으면 협업하는 것도 좋은데 상대가 B형이면 아주 잘 맞다.

그러나 혈액형과 성격관계가 과학적으로는 검증되지는 않았다. 혈액형에 따라 다른 성향이 나타나는 것이 실제로 유전적 혈액형에 의한 것인지 아니면 자신이 "그 혈액형이다"라는 인식 때문에 그렇게 행동하는 것인지에 대해서도 아직 밝혀지지 않았다. 그러나 우리나라와 일본, 중국 등 주로 아시아 국가에서는 혈액형 성격 분류가 존재한다.

따라서 창업할 때 혈액형이 무엇이냐가 중요하다는 이야기를 하려는 건 아니다. 최소한 자신이 어떤 성향인지 알면 창업 방향을 정할 때 많은 도움이 된다는 취지로 이해하면 좋겠다. 생애주기가 늘어난 만큼 이제는 단기간에 돈만 잘 벌면 된다는 생각보다 삶의 가치에 기반을 둔 창업을 해야 하기 때문이다.

04 직장인에게 유리한 업종들

우리나라 직장인들에게 설문조사를 해보면 83%가 "퇴직 후에 창업을 하겠다"고 한다. 그럴 수밖에 없는 것이 미국이나 유럽과는 다르게 우리나라는 전직을 하기가 참 어려운 환경이다. 의미 있는 사례가 하나 있다. 1990년대 말 IMF 구제금융 여파로 대규모 명예퇴직이 이루어지던 시절, 미국의 아웃플레이스먼트(Outplacement) 전문업체, 즉 전직 지원서비스업체들이 우리나라에 들어왔다. 글자 그대로 직장을 바꾸려는 이들에게 새로운 직장을 구해주는 일을 하는 곳이다.

그런데 기대와는 다르게 이 업체들은 명예퇴직자들에게 새로운 일자리를 연결해주지 못했다. 미국과 우리나라의 고용시장 환경이 달랐던 것이다. 실제로 미국은 재취업 비율이 70%인 반면 우리나라는 거꾸로 70%가 창업으로 방향을 틀어야 하는 구조다. 그러다 보니 우리 직장인들은 퇴직 후에 자천타천으로 창업을 할 수밖에 없는 상황인 것이다.

창업은 경험이 상당히 중요한데 직장인들은 경험 없이 창업하려다 보니 생존율이 낮을 수밖에 없다. 그러나 빅데이터 분석 결과 직장인이 창업하면 유리한 업종을 찾아낼 수 있었다. '창업 후 5년간의 생존기간'을 가지고 '창업 전 직업'을 넣어서 분석했더니 흥미로운 결과가 나왔다.

자영업을 했다가 다시 창업한 사람보다 직장생활을 하다가 창업한 사람에게 유리한 업종이 일부 있었다. 대표적인 업종으로는 미용실, 족발·보쌈 전문점, 호프집, 냉면 전문점, 유아교육학원 등으로 나타났다.

이 가운데 족발·보쌈 전문점은 직장인의 5년 생존율이 64%인데 반해 재창업자는 38%로 낮았다. 냉면집은 직장인이 50%였고, 재창업자는 25%에 불과했다. 특히 유아교육학원은 직장을 그만두고 바로 창업한 사람이 무려 71% 생존율을 보인데 반해 재창업자는 34%에 불과해 더블스코어로 차이가 날 정도로 직장인 창업자가 선전하고 있는 업종으로 분류됐다.

그 원인을 해석하기는 쉽지 않지만, 단품 음식업종에서 직장인 생존율이 다소 높게 나타난 것으로 미루어 한 가지 메뉴로 승부를 거는 것이 유리해 보인다. 미용이나 유아교육 같은 스킨십이 필요한 서비스업종에서도 직장인이 조금 유리한데, 바로 직전까지 고객이었기 때문에 그 감각을 잘 살리기 때문이 아닌가 싶다. 마치 대학교 1학년 학생이 고등학생을 가장 잘 가르치는 것과 같은 이치다.

이처럼 직장인이 창업해서 유리한 업종이 생각보다 많다. 긴장과 열정이 살아 있고, 직장에서의 경험들을 그대로 접목할 수 있어서 나타난 결과로 보인다. 참고로 이 데이터는 현대카드를 분석한 산출물이다.

직장인이 창업하기 전에 꼭 알아두어야 할 사항이 있다. 아무리 직장인에게 유리한 업종이라 할지라도 사업의 성패는 인칠업삼(人七業三), 즉 창업자가 어떻게 하느냐에 따라 결정되기 마련이다. 때문에 다음의 여섯 가지 핵심내용을 새겨둬야 할 것이다.

첫째, 지금 받고 있는 연봉과 가치를 비교하지 마라. 창업해서 얼마나 벌고 싶으냐고 물으면 대부분 "지금 월급만큼은 벌어야죠"라고 말한다. 그러나 지극히 상식적인 말이지만 창업과 동시에 절대로 그렇게 벌 수 없다. 직장에서는 업무를 효율적으로 하기 위해서 일부 역할을 맡았을 것이고 그 제한된 역할을 효율적으로 해냈기 때문에 회사가 벌어들인 이익 중 자신의 가치, 즉 연봉이 결정된 것이다.

반면 지금 창업한다면 업무적으로 보면 아직 초보이기 때문에 비교 대상이 아니다. 야구로 비유하면 현재 직장의 연봉은 타율이고, 창업 후 벌게 되는 수입은 안타다. 타율이 높다고 안타를 늘 잘 치는 것은 아니다.

둘째, 자신이 해야 할 일의 범위를 규정하면 안 된다. 일반 회사에서는 각자 역할이라는 것이 있다. 직장인은 그 직업에 오랫동안 일하면 담당할 역할이라는 것이 생기고 그 속에서의 효율성을 추구하는 DNA

가 완성된다. 이렇게 타성이 된 DNA가 창업 후에도 스스로 일할 범위를 한정하게 하면 문제가 커진다.

창업을 하면 매일같이 생각지도 못한 역할을 해야 한다. 직장에서는 근로기준법에 따라 일하면 되지만, 창업가는 법 이전에 생존의 문제에 직면한다. 모든 책임은 오롯이 자신의 몫인 것이다. 창업에서 책임감이 요구되는 것은 이 때문이다.

셋째, 최선만이 최고는 아니다. 어떤 일에서 가장 최선의 방법이라면 당연히 좋겠지만 상당수는 차선을 택해야 하는 경우가 많다. 가장 좋은 때를 기다린다는 것은 하지 않겠다는 말과 같다. 최신형 컴퓨터를 사려고 했다가 몇 달 후에 기능이 더 좋은 컴퓨터가 출시된다고 사지 않는다면 영영 컴퓨터는 만지지 못하게 되는 것과 마찬가지다.

현대사회는 속도전이다. 비록 차선을 선택했더라도 일단 시작하면 자연스럽게 최선으로 다듬어진다. 즉 창업에서 완벽함(final cut)은 존재하지 않는다. 일단 가다 보면 소비자나 파트너가 가르쳐준다. 그걸 받아들여 개선해나가면 된다.

넷째, 오늘 해야 할 일은 오늘 끝내야 한다. 좀 식상하게 들릴지 모르지만 변치 않는 진리다. 나도 초등학교 때부터 줄곧 배웠던 것이 '오늘 일을 내일로 미루지 말자'인데, 지금도 여전히 지키고 있다. 일이 많을 때는 우선순위를 둬서 한다는 것만 달라졌다. 사업에서 내일은 존재하지 않는다는 각오가 필요하다.

사실 직장에 다닐 때는 역할이 한정되어 있기 때문에 다음 날 업무를 봐도 문제점이 바로 드러나지 않을 수 있지만, 사업은 단 하루만 걸러도 바로 문제가 될 수 있다. 그렇다고 완벽할 필요는 없다. 보통 완벽이라고 하면 '빈틈없이 준비하는 것'으로 해석하는데 사업에서는 그날 할 일을 그날 하는 게 완벽이다.

다섯째, 자신의 역할을 일정한 프레임에 가둬놓지 마라. 이 말은 생각을 유연하게 하라는 의미다. 직장에서는 자신의 역할이 대부분 정해져 있다. 사장이나 회사가 주는 사명만 다하면 인사고과에 유리하다. 그러나 사업할 때는 소비자가 원하면 언제든지 바꿔야 한다.

투자도 "얼마까지만 하겠다"고 데드라인을 정해놓으면 성공하기 어렵다. 전혀 예상치 못한 난관에 부딪히면 추가로 투자해야 할 일이 생긴다. 이때 머뭇거리면 나락으로 떨어진다. 해보지 않고 머리로 안다고 하는 것은 허구다. 아무리 글을 잘 쓰는 시인이 장미꽃을 묘사한다고 해도 직접 만져보고 가시에 찔려본 사람보다 장미를 더 잘 알 수 없다.

사람이 변하는 것은 행동으로 개시한 그 순간부터다. 사업도 행동하는 순간 앞으로 나아가는 것이다. 실패를 두려워해서도 안 된다. 말을 잘 타려면 몇 번이고 떨어져봐야 하고, 골프를 잘 치려면 오비(OB)를 내봐야 요령을 알게 된다. 창업 또한 마찬가지다. 과거와 달리 지금은 실패해도 재기할 기회가 아주 많다. 협업을 하거나 크라우드펀딩을 받아 재기할 수도 있고, 다양한 정책자금을 지원 받을 수도 있다. 따라서 실패를 염려하고 망설이지 않는 게 좋다.

여섯째, 최선을 분산해서 사용하지 마라. 예컨대 살을 빼려는 여성들은 대부분 70%는 다이어트를 하고, 30%는 운동을 해서 뺀다고들 한다. 그러나 다이어트에 100%, 운동에도 100%를 투자하지 않으면 소기의 목적을 달성하기 어려운 것과 같은 이치다. 사업에서 해야 할 일은 늘 100% 최선을 다해야 한다.

우리는 늘 성공한 사람에게만 배우려고 한다. 하지만 실패한 사례가 더욱 중요한 가치를 지닐 때가 많다. 오늘 당장 성공이력서와 실패이력서를 써보면 어디서 더 강한 메시지가 나오는지 금방 깨닫게 될 것이다. 그 메시지 그대로 밀어붙이면 틀림없이 성공한다.

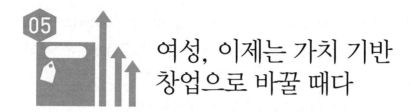

여성, 이제는 가치 기반
창업으로 바꿀 때다

여성 창업자 수가 크게 늘고 있다. 2016년, 한 해 동안 상담한 사람들을 분석해봤더니 70%가 여성이고, 그중 45~55세가 전체의 70%를 차지했다. 2000년대 들어서부터 여성의 상담 비중이 다소 높았지만 2016년처럼 비율이 큰 차이를 보이지 않았다. 내 통계뿐 아니라 국세청이 매년 발간하는 '국세통계연보'에서도 여성 창업자는 자영업, 벤처, 가맹점 할 것 없이 전 업태에서 고루 늘고 있다.

그 이유는 어디에 있을까? 잠시 옛날이야기를 해보자. 인터넷이 처음 도입된 1990년대 중반에 이메일 계정을 가진 남성과 여성의 비율을 조사한 적이 있다. 1998년에 70:30이었던 것이 불과 3년 후인 2001년에는 여성이 53%로 남성을 앞질렀던 사실에 적잖이 충격을 받았던 기억이 있다. 최근 로그분석 사이트인 'Flurry'에 의하면 게임하는 사람 중 전통 게이머 비중은 남성이 60%로 높지만, 모바일 게임에서는 여성이 53%로 앞선다. 두 경우를 보더라도 여성은 새로운 문화에 민감하게 반응하지만 남성은 다소 둔하다. 바람이 한 번 불면 남성에게는 미풍으로 그칠 수 있지만, 여성에게 가면 광풍이 되기도 한다.

그렇다면 여성 창업자가 늘어난 것도 이런 이유에서일까? 첫 번째 시점은 1998년, IMF 금융위기 때다. '내가 아닌 외부요인에 의해' 순식간에 몰락할 수 있음을 보여준 사건으로 생계가 다급해진 주부가 창업에 뛰어든 제1의 여성창업 물결이다. 출퇴근 자동차도 유류비를 아끼려고 일반교통을 이용한 덕분에 상당수 줄었다. 그런데 곧이어 등장한 김대중정부가 IMF 졸업을 발표하자, 언제 그랬냐는 듯 거리에는 다시 자동차로 가득 찼다.

잠시 고통을 잊을 만하니까 2003년 카드대란이 터졌다. 역시나 아내들은 제2의 창업물결에 쓸려나가야 했다. 연거푸 몰아친 물결에 소비자들은 지갑을 닫았고 자영업 시장은 얼어붙었다. 이전에는 언제나 창업자 수가 누적 폐업자 수보다 많았지만 이 즈음부터 엇비슷해지기 시작했다. 창업을 겁내기 시작했다는 뜻이다. 얼마 지나지 않은 2008년에 아픈 곳을 한 방 더 맞았다. 이름하여 '미국발 서브프라임 모기지 사태'로 제3의 여성창업 물결이 완성된 셈이다. 준비 없이 나가면 뻔히 죽는 줄 알면서도 생계 때문에 도전해야 했던 여성창업의 잔혹한 현대사다.

그러한 위기의 순간마다 '명퇴' 걱정에 불안한 남편은 본의 아니게 아내를 밖으로 밀쳐내야 했고, 그동안 돈 벌어주던 남편에 대한 미안함으로 아내는 미리 창업해서 바닥을 다져놓고자 노력했다. 고학력 여성들은 여성의 사회 참여를 통해 가치를 높이고 자아계발을 하기 위해서라고 둘러댔지만, 실상은 떠밀려 창업지수가 높아진 측면이 강하다. 비자발적 창업자가 많았다는 뜻이다.

이는 여성의 업종 선택을 분석해보면 쉽게 이해할 수 있다. 과거 30~40대 여성은 제과점, 아이스크림점, 커피 전문점처럼 비교적 있어 보이는 업종을 선택하는 경향이 많았다. 하지만 창업의 물결이 칠 때마다 대부분이 죽 전문점, 떡볶이집, 김밥집, 우동집 같은 한식점이나 분식집으로 방향을 수정했다. 이러한 업종은 소위 생활밀접 업종으로 '있어 보이거나 우아한' 일이 아니다. 50대 여성도 크게 다르지 않다. 가장 선호하는 업종은 해장국집, 감자탕집 같은 탕류 한식 음식점이다.

이렇게 열악한 환경에서 여성은 어떤 업종에서 생계에 도움을 받았을까? 어느 업종을 창업해서 얼마나 오래 지속했느냐를 성공의 기준으로 본다면 여성의 5년차 생존율은 일반 자영창업이 29%, 프랜차이즈 창업이 46%로 프랜차이즈로 창업하는 것이 오래 견디는 것으로 나타났다. 여성으로서 창업 준비에 한계가 있을 수밖에 없기 때문에 시스템을 지원하는 프랜차이즈 창업에서 높은 업력이 나온 것으로 풀이된다.

이들 가맹점 창업자 중에서는 브랜드 인지도가 높을수록 오래 견디는 것으로 나타났다. 대표적인 업종이 아이스크림점, 제과점, 편의점, 미용실 등이다. 물론 오래 견뎠다고 해서 다른 업종에 비해 수익률이 높다는 것과는 다른 문제지만, 빅데이터 분석 결과는 이러하다.

또 다른 특이점이 보인다. '빅5 커피 전문점'에서는 매출 기준으로

5위 안에 드는 브랜드는 단 2개뿐이었다. 아무리 브랜드가 유명해도 평판이 안 좋으면 급격하게 하락하는 경향이 있기 때문이다. 업종을 선택할 때 무조건 유명 브랜드만 선택하는 것도 자제해야 한다는 점을 일깨워주는 통계다. 그렇다면 대한민국 대표 업종이자 IMF 때 최고의 수혜 업종인 치킨 전문점은 어떨까? 이 업종은 배달이나 주류가 끼어 있어 남성 창업의 비중이 높은 업종인데, 돈은 여성창업자가 더 많이 번다. 단골 관리의 섬세함이 남성과의 경쟁력에서 앞선 것으로 풀이된다.

빅데이터 분석을 통해 매출추이를 짚어보자. 우선 여성이 관심을 가장 많이 갖는 '빅3 업종' 가운데 하나인 커피 전문점은 2013년에 월평균 매출이 2,160만 원이었는데, 2014년에는 1.6% 오른 2,190만 원으로 나타났다. 반면 점포 수는 13%나 많아져서 경쟁이 심화되고, 매출이 다소 떨어졌다.

제과점은 매출이 5.1% 오른 4,700만 원이었고, 점포 수는 반대로 1% 떨어진 7,000개(브랜드 기준)로 나타나 미약하지만 상승세를 이어갔다. 아이스크림 전문점은 월평균 매출이 3,500만 원으로 전년 대비 12%를 더 올렸지만 점포도 3.3%가 더 오픈해서 평년작을 유지했다.

그 외 주로 여성이 창업한 주요 업종을 보면 화장품 전문점은 월평균 매출이 2,400만 원으로 전년과 비슷했지만 점포 수는 10%가 줄었고, 미용실은 평균 800만 원 매출로 평년작이었지만 점포 수는 7%나 늘어서 갈수록 떨어질 것으로 예상된다. 액세서리 전문점은 매출이 7% 오른 반면 점포 수는 16%가 줄어 창업해도 무방할 것 같다. 점포당 예상

매출액은 1,900만 원대로 추정된다.

비만·피부관리샵도 여성 업종으로 인기는 있지만 매출이 계속 떨어져서 문 닫는 곳이 많다. 이렇듯 여성이 창업하면 유리한 업종들이 있지만 저성장기로 접어든 만큼 안심할 수는 없다. 특히 전 업종에서 생존율이 갈수록 낮아지고 있고, 소비가 늘어날 기미도 보이지 않는다.

이제는 다른 각도에서 창업을 준비해야 할 시점으로 보인다. 즉 가치 기반 창업이다. 맹목적으로 돈만 벌기 위한 창업보다는 일에 가치를 얹은 업종을 개발해보라는 의미다. 듣기 싫을 만큼 많이 들었을 '재미있는 일, 하고 싶은 일'을 찾아보자는 거다. 재미있는 것에는 기록이 있다. 재미를 찾아가다 보면 기록이 생기고, 기록이 자산이 된다. 좀 과하게 표현하자면 실패하더라도 의미 있는 기록 하나 정도는 남는 게 있어야 하지 않겠는가.

어느 나라를 여행하다가 꽂힌 음식이 있다면 그 나라의 전통업종(ethnic food)을, 가족애를 가치로 삼고 싶다면 가족끼리 먹을 만큼 재료를 사서 직접 구워 먹을 수 있는 셀프쿠킹 레스토랑을, 아파트 베란다를 이용한 꽃집, 손뜨개 인형교육사업, 엄마와 함께하는 영어요리교실, 주인 옷으로 강아지옷을 만들어주는 업사이클링 사업처럼 사회적 가치와 함께 하다 보면 어느 날 갑자기 보게 될 또 다른 자신의 모습에 감격하게 될지도 모른다.

일반적으로 여성은 남성에 비해 상대적으로 정보와 결정에 약하다. 그러다 보니 자신이 직접 취합한 정보를 기반으로 창업하기보다 지인들의 성공한 업종을 답습하는 경향이 아주 강하다. 오래전이지만 한 여성 상담자가 도서대여점을 하겠다고 찾아왔다. 이 업종은 '끝물'이니 다른 업종을 해보라고 추천했지만 "친구가 수원에서 잘하고 있다"면서 굳이 창업하겠다고 했다. 그 결과 3개월 만에 문을 닫았다.

위의 사례에서 여성의 창업 성향에 대해 두 가지 특성이 확인됐다. 누군가가 앞장서고 난 다음 뒤따라간다는 점이고, 객관적 정보보다 지인의 정보가 우선한다는 점이다. 아마도 이 여성은 "도서대여점이 유망하니 창업하세요"라는 대답을 듣고 싶어했을 것이지만, 타이밍이 늦었다. 언필칭 비즈니스는 타이밍이다. 어느 시점에 창업하느냐에 따라 결과가 크게 달라진다. 그래서 결정을 최대한 빨리 해야 하는 것이다.

다시 강조하지만 창업가, 특히 여성은 삶의 가치를 이룰 수 있는 업종으로 가야 롱런할 수 있다. 일하는 데 보람을 느낀다면 다소 적게 벌더라도 즐거운 마음으로 대처할 수 있다. 비즈니스는 늘 경기와 트렌드라는 물결을 타기 때문에 즐겁게 일하다 보면 다시 회복되기도 하고 노력 이상으로 횡재하는 일도 많다.

지금까지는 남과 비교해서 더 올라서기 위해 상당한 노력을 해야 하는 시대였지만, 이제는 주변의 평가에 현혹되지 않고 자신의 꿈과 가치에 충실하면서 살아가는 시대다. 인생에서 가장 슬픈 일은 "할 수도 있었는데", "했어야 했는데", "해야만 했는데" 하지 않고 지나온 세월 때문에 벌어진다. 가치에 기반을 둔 일을 찾는 것이 그래서 중요하다. 이제 생각을 바꿀 때다.

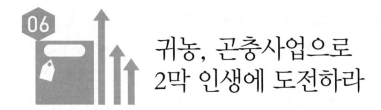

귀농, 곤충사업으로
2막 인생에 도전하라

　최근 유엔 식량농업기구(FAO)에서 육고기 대체식량으로 곤충자원을 소개하면서 곤충이 유용한 생물자원으로 관심을 모으고 있다. 때맞춰 우리나라 농업부문에서 고부가가치 산업 가운데 하나로 곤충산업을 꼽았다. 베이비부머의 은퇴시기와 맞물리면서 귀농자들에게도 새로운 비즈니스모델로 관심을 끌고 있다. 시장규모도 2015년 3,000억 원에서 2020년에는 7,000억 원으로 조금씩 커지는 추세다.

　곤충은 지구상에 약 130만 종이 서식하고 있는데, 종(種)이 다양한 만큼 이를 자원화할 잠재적 가치도 크다. 현재까지 연구된 곤충의 쓰임새는 크게 여섯 가지로 구분해볼 수 있다. 우선 '문화곤충'으로 학습용 혹은 애완용으로 쓰이는 곤충이다. 다음은 '천적곤충'으로 원예작물에 해충방제용 곤충이다. '식용·약용곤충'은 글자 그대로 먹거나 약품용으로 사용되는 곤충으로, 대표적으로 누에번데기나 메뚜기가 있다. 나머지는 '사료용 곤충', '환경정화용 곤충' 그리고 '화분매개 곤충' 등이다.

정리하면 곤충은 의약품과 화장품의 원료로, 해충을 방제하는 익충으로, 가축이나 조류의 먹이로, 양식 어류의 사료로, 어린이를 위한 학습이나 애완용으로, 그리고 관광자원 등 여러 용도로 활용되고 있다. 시장도 점차 커지고 있어서 다양한 종의 대량사육이 필요하다.

일반인들은 지금까지 꿀벌과 누에를 제외하고, 대부분의 곤충을 해충으로 인식해서 방제의 대상으로 생각하는 경향이 있다. 그러나 농촌진흥청 산하 국립농업과학원 곤충산업과에서 산업용 곤충을 집중 연구하고 있는데, 앞서 이야기한 대로 곤충을 다양한 쓰임새로 거듭나게 할 것으로 보인다. 이렇게 연구된 자료를 바탕으로 다양한 귀농 비즈니스 모델이 나타날 것으로 기대된다.

식량자원용 곤충을 잠깐 보자. 과거에 식품으로 인정된 곤충은 메뚜기와 번데기, 백감장(하얀 누에)뿐이었지만 얼마 전 정부는 갈색 거저리와 흰점박이꽃무지, 애벌레(굼벵이)도 먹거리로 인정한 바 있다. 앞으로는 장수풍뎅이 애벌레, 귀뚜라미 성충 등도 인체의 유·무해 여부를 판단해 식품허가를 결정할 예정이다. 나아가 쌍별 귀뚜라미, 퍼밀웜 등 곤충 7종을 식품으로 사용할 수 있도록 관련정책을 추진하고 있어 곤충 식용화에 탄력을 받을 것으로 예상된다.

여치, 하늘소, 땅강아지, 매미, 지네 등 한약재로 활용할 수 있는 곤충을 포함한 절지동물(무척추동물)에 대해서도 대량생산 기술을 확보하기 위한 연구들이 진행 중인 점도 곤충 사육사업의 전망을 밝게 해주는 요인이다.

문화곤충 시장도 점차 확대되고 있다. 지금까지는 주로 어린이 체험 학습장 혹은 각 지자체가 정기적으로 개최하는 다양한 곤충축제 등에 활용됐다. 그러나 앞으로는 체험 목적 외에도 애완용으로 시장이 더욱 넓어질 가능성이 크다. 사실 문화곤충은 곤충을 산업으로 이끈 견인차 역할을 했다. 이 분야의 대표적인 곤충으로는 장수풍뎅이, 사슴벌레·나비류 등이 있는데, 요즘은 꽤 많이들 생산해서 쇼핑몰이나 대형유통업체에서도 쉽게 구할 수 있을 만큼 판로가 구축돼 있다.

국립농업과학원이 최근 발행한 '곤충사육안내서'에는 언급한 세 가지 외에도 배추흰나비, 호랑나비, 애반딧불이, 남방노랑나비 등 다양한 종이 소개되어 있다. 사육환경을 감안해야겠지만 틈새시장을 겨냥해서 키우면 더욱 경쟁력이 있을 것으로 보인다.

그렇다면 곤충 사육을 위해 가장 먼저 해야 할 일은 무엇일까? 우선 곤충사육계획서를 짜는 일이다. 사육 목적에 맞는 적정한 사육규모를 결정하고, 그에 따른 사육방법, 먹이 공급계획, 시설 준비 등을 계획해야 한다.

덧붙여 사육하고자 하는 대상곤충 종의 선정, 그 곤충의 생태적 특성에 대한 이해, 사육방법에 대한 기술적 검토 등이 충분히 이루어져야 한다. 또 사육곤충의 환경에 미치는 영향에 대한 사항들도 사전에 검토하여 곤충의 대량 사육으로 인한 부작용을 미연에 방지할 수 있어야 한다.

장황하게 설명하다 보니 "관심은 있지만 어려울 것 같다"고 생각할지 모르겠다. 이 많은 계획을 초보자가 준비하려면 힘들 수밖에 없다. 이 럴 땐 간단한 방법이 있다. "곤충사업 할 분들, 오세요. 교육시켜드리고 지원해드립니다" 하며 유치에 신경을 쓰는 기초단체가 있다. 대표적인 지역이 전남 곡성과 강원도 영월, 경남 산청, 경북 예천 등인데 이곳에 가면 며칠간 무료로 교육 받을 수 있다.

우리나라의 곤충산업이 어디까지 왔는지 잠시 들여다보자. 얼마 전 한 대형업체가 라면 수프에 쇠고기가루 대신 갈색거저리를 일부 넣는 방안을 검토한다는 소식이 있었다. 갈색거저리 유충의 단백질 함량은 쇠고기, 닭고기와 비슷하고 돼지고기보다는 두 배 더 많다. 게다가 미네랄과 불포화지방산 함량도 높다. 실제로 국립농업과학원이 갈색거저리 애벌레로 만든 피자, 파스타, 죽, 주스 시식회를 열었는데 반응이 상당히 좋았다.

식용으로 '뒤영벌'도 있다. 뒤영벌은 토마토와 가지 등 꿀이 적은 가짓과 채소에 수분용으로 방사되는 벌이다. 본래 땅속에 사는 야생벌이지만 실내에서 인공 사육하는 데 성공해서 다량 사육되고 있다. 이렇게 곤충은 화분매개로체로서, 식용이나 약용으로, 혹은 학습용으로 다양하게 필요하다. 뿐만 아니라 무당벌레나 솔잎흑파리먹종벌과 같은 천적곤충까지 필요한 곳이 많다.

최근 한 대학생이 메뚜기분말로 만든 쿠키를 출시해서 인기리에 판매하기도 했다. 이런 성공사례에서 유추해본다면 메뚜기분말로 쿠키를 만들거나 갈색거저리로 마카롱을 만들 수 있다는 생각도 든다. 이렇듯 공공시장뿐 아니라 개인소비 시장까지 두루두루 확대되고 있어 남보다 앞서 관심을 갖는다면 더욱 유리할 수 있다.

FTA 체결 이후 식용 곤충에 대한 관심이 쏟아졌지만, 우리의 식용곤충의 역사는 길다. 《동의보감》에는 매미, 메뚜기, 풍뎅이 등 수십 가지가 약용으로 사용되었다는 기록이 있고, 조선시대 연산군은 귀뚜라미, 메뚜기 등의 뒷다리를 양기회복제로 먹었다고 알려져 있을 정도다.

멀리 돌아가지 않더라도 현재 일본에서는 민간차원에서 곤충요리 연구회가 활발하게 활동하고 있다. 이 모임에서 새로운 메뉴를 개발해 '곤충음식 포장마차'를 운영하기도 한다. 곤충을 테마로 한 카페들도 론칭하고 있다. 일본의 락스타(www.rock-star.xyz)에서는 여름벌레 전채 요리(1,980엔), 애벌레 믹스너트(780엔), 애벌레 경단 단팥죽(980엔) 등이 인기메뉴다.

식용곤충을 연구하는 국립농업과학원의 최지영 박사는 "곤충은 탄수화물, 단백질, 지방이 골고루 들어 있어 거의 완전한 식품이며 계란과 유사한 형태로 영양 성분이 구성돼 있다"고 말한다. 아직 곤충사육 농가를 위해서 특별히 지원해주는 자금은 없지만 사육하겠다고 하면 사육에 필요한 교육과 정보 등을 간접적으로 지원하고 있다. 귀촌해서 곤충사육을 해볼 생각이 있다면 국립농업과학원 곤충산업과(063-238-2992)에서 여러 정보를 얻을 수 있다.

역세권 창업의
허와 실

자영업 창업자들은 일반적으로 유동인구가 많은 "역세권에서 창업하면 잘될 것이다"고 믿는 속성이 있다. 역세권 대로변에 최대한 바짝 붙기 위해 무리하게 투자했다가 순식간에 침몰하는 경우를 곧잘 보게 된다. 실제로 역세권에는 아무 업종이나 갖다놓으면 잘되는 것일까?

상권과 업종 간 상관관계를 이해하기 위한 몇 가지 개념에 대한 정의부터 하는 게 순서일 듯하다. '상권(trade area)'이란 "일정한 지역을 중심으로 재화와 용역의 유통이 이루어지는 공간적 범위"를 말한다. 그 범위는 학자들에 따라 다르지만 일반적으로 '한 지점을 기준으로 반경 500미터 이내'로 규정한다. 나는 상권에 대한 선행이론과 30년간의 컨설팅 경험을 바탕으로 상권의 범위는 업종에 따라 달리 규정해야 한다고 생각하지만 일반적 정의와 같이 '반경 500미터'를 기준으로 본다. 비슷한 용어로는 '입지(location)'가 있다. 점포가 들어설 그 지점을 콕 찍어서 입지라고 한다.

업종이 한곳에 몰려 있어야 잘되는 업종을 '집재(集在) 업종', 흩어져 있어야 유리한 업종을 '산재(散在) 업종'이라고 표현한다. 집재 업종과 산재 업종에 대한 분류가 필요한데, 과거에는 경험으로 판단할 수밖에 없었지만 지금은 빅데이터 분석을 통해 어느 정도 합리적 판단을 할 수 있게 됐다.

새삼스럽지만 역세권은 위에서 언급한 상권의 정의에서 '공간적 범위'가 역을 기준으로 한다고 해서 역세권이라고 한다. 전국적으로 보면 상권이 크게 형성된 광역 역세권은 160여 개가 있고, 서울에만 보면 2016년을 기준으로 총 289개가 있다.

'역세권은 무슨 업종이든 잘될 것이다'라는 문제를 제대로 설명하기 위해서 상권 개념을 조금 풀어서 소개해야 할 것 같다. 상권은 크게 세 가지 유형으로 구분할 수 있다. 점(point)과 선(line), 그리고 면(plane)이다.

역세권과 같이 유동인구가 많아야 잘되는 업종을 '선(line) 업종'이라 한다. 상품의 차별성이 크지 않고 접근성이 중요한 업종이 여기에 해당한다. 대표적인 업종이 편의점이다. 편의점에서 판매하는 3,500여 종의 상품은 대형마트는 물론 슈퍼마켓에서도 대부분 찾아볼 수 있는 상품들이다.

편의점에서 무심코 사 먹게 되지만, 대형마트보다 훨씬 비싼 제품도 많다. 콜라, 사이다, 소주 같은 음료수는 개당 500원이나 비싸지만 소비자들은 주로 편의점을 이용한다. 이렇게 약간의 가격 차이보다 접근성이 좋아서 찾게 되는 업종이 유동인구가 중요한 업종들이다. 이런 '선 업종'으로는 편의점 외에도 화장품 전문점, 분식집, 죽 전문점 등 꽤나 많다.

일반적으로 창업자들은 유동인구를 맹신하는 경향이 있다. 그러나 유동인구는 결코 능사가 아니다. 좀 더 논리적으로 접근해보자. 유동인구가 많아서 잘된다는 것은, 길 가다가 눈에 띄면 그 순간에 사거나 먹을 수 있는 상품들인 경우다. 만일 길을 걷다가 침대가 좋아 보여서 덥석 사고, 노트북 디자인이 멋있어 보여서 바로 사지는 않는다. 이것을 소비습관에 따른 용어로, 침대처럼 여러 제품을 비교해보고 구입하는 상품을 '선매품'이라 하고, 노트북과 같이 기술적인 문제를 짚어보고 구입하는 상품을 '전문품'이라고 한다.

상식적으로 이런 업종이 역세권 중심에 자리를 잡았다고 해서 굳이 비싸게 주고 구입하지는 않을 것이다. 이런 소비 특성이 있다 보니 선매품이나 전문품은 뭉쳐 있어야 잘되는, 소위 집재 업종으로 분류할 수 있다.

그렇다면 음식점은 사정이 다르지 않을까? 결론부터 말하면 전혀 그렇지 않다. 내구재는 물론이고, 음식점도 마찬가지다. 허기를 느낀 사람들이나 시간에 쫓겨 얼른 먹고 가야 하는 사람들은 가는 길에 보이는 음식점에 들어가 끼니를 때우지만, 여유 있는 사람들이나 미식가는 이런 행동을 하지 않는다.

만일 강남역과 영등포구청역에서 같은 업종으로 영업해서 매출이 비슷하게 나온다면 어느 지역에 창업하고 싶을까? 당연히 창업비가 적게 드는 영등포구청역 상권에 점포를 내는 게 돈을 더 많이 버는 비결임은 두말할 나위가 없을 것이다.

실제로 두 곳에 있는 도가니탕 전문점을 빅데이터로 들여다보니 모두 월평균 매출이 5,000만 원 정도 됐다. 만약 유동인구가 이 업종의 매출에 결정적인 요인이라면 강남역 도가니탕집은 영등포구청역 도가니탕집보다 40배는 더 많이 벌어야 한다. 왜냐하면 강남역 유동인구는 하루 평균 20만 명이 넘고, 영등포구청역은 5,000명에 불과하기 때문이다. 하지만 임대료나 권리금 등은 유동인구가 많다는 이유로 강남역이 훨씬 비싸다. 이쯤해서 궁금한 점이 생길 것이다. 그렇다면 이 두 역세권에 있는 편의점의 매출은 얼마나 차이가 날까? 분석 결과 강남역은 월평균 3억2,000만 원, 영등포구청역은 7,000만 원이었다. 5배에 가깝다. 유동인구는 40배나 차이 나지만 실제 매출은 5배가 안 되는 수준이다. 편의점과 도가니탕집을 비교해보면 확실하게 두 업종이 선호하는 상권의 특징이 드러난다. 어느 상권을 선택하느냐는 업종에 따라 다를 수밖에 없다는 점이 명확해진다.

가벼운 가공식품이나 기호품, 죽이나 빙수 같은 가정대용식(HMR)형 음식업종은 유동인구에 민감하다. 앞에서 언급했지만 편의점은 이러한 편의품 3,500여 가지를 갖춰놓고 접근성이 좋은 곳에서 판매하기 때문에 다소 비싸더라도 소비자들이 구매하게 되는 것이다. 그렇다고 해서 편의품업종은 무조건 역세권에서 잘된다는 것은 옳은 생각이 아니다. 역세권도 역세권 나름이다.

시장용어로는 '뜨는 상권', '지는 상권'이라 표현하는데 아무래도 지는 상권보다는 뜨는 상권으로 들어가야 돈을 좀 더 벌게 된다. 어느 상권이 뜰 것인지, 어느 상권이 지고 있는지 빅데이터를 여러 알고리즘으로 분석해서 추론해보았다. 몇 가지만 간략하게 정리해보자.

첫째, 유입인구 수가 점차 증가하고 있다. 이는 소비자들에게 대상 상권의 매력도가 높아지고 있다는 반증이다. 때문에 갈수록 늘어날 가능성이 있다. 둘째, 점포 크기가 점점 넓어지는 경향을 보인다. 유입인구가 늘어나고 그에 비례해서 고객도 늘게 되므로 공간을 늘려서 매출을 더 올려보려는 시도 때문일 수도 있고, 경쟁브랜드가 '기대기 전법'으로 인근에 입점하면서 규모면에서 경쟁 브랜드를 압도해 보고자 하는 의도로도 풀이된다. 이렇듯 경쟁이 치열해지는 것은 대상 상권이 성장세가 뚜렷할 때 나타나는 현상 중 하나다.

셋째, 다른 유사 상권에 비해 이색 업종, 신업종이 많이 들어선다는 점이다. 이런 업종들은 신규로 론칭하는 브랜드들이 대부분이다. 안테나샵, 소위 1호점이 이 업종의 성패를 좌우하기 때문에 무리를 해서라도 성장하는 상권에 입점하려 한다.

넷째, 성형외과, 치과, 피부과 등 병원 수가 계속 늘어나고 있는 상권은 뜨는 상권이 분명하다. 느낌으로 파악되겠지만 이들 진료기관들은 비보험 비율이 현저하게 높고, 특히 젊은 층을 대상으로 한다. 때문에 이들 계층이 많이 몰리는 상권에 집중할 수밖에 없다.

다섯째, SNS에 방문 인증샷이 많이 올라온다. 활동적인 사람들의 약속장소로 자주 이용된다는 점은 이들의 인적 네트워크로 확산될 개연성이 많다. 때문에 지속적으로 유입인구가 늘게 된다.

이러한 다섯 가지 현상이 복합적으로 나타나면 확실하게 뜨는 상권으로 보아도 무방하다.

창업자들은 유동인구를 맹신하는 경우가 많은데, 업종에 따라 다르다는 점을 꼭 알고 있어야 한다. 제시한 다섯 가지 방법으로 기간을 두고 관찰해서 대상 역세권이 뜨는 상권인지 판단한 뒤 입점하면 창업의 성공확률은 그만큼 높을 것이다.

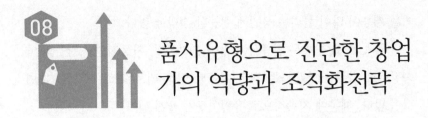

08 품사유형으로 진단한 창업가의 역량과 조직화전략

미리 밝히지만 이 글은 과학적으로 검증된 것이 아니다. 그러나 지난 30년간 상담과 멘토링을 하면서 창업자의 특성을 가장 빠르고 효과적으로 알아보기 위해 내가 나름 설계한 것이다. 따라서 전적으로 신뢰하지 않아도 된다. 다만 현대 창업의 흐름은 협업이 절대적으로 필요하고 지식보다 경험이 중시되는 시대인 만큼 한 번쯤 귀 기울여도 손해 보지는 않을 것이라 확신한다.

창업자의 특성은 크게 여섯 가지 품사로 구분할 수 있다. 크게는 명사형와 동사형 그리고 형용사형과 접속사형이다. 좀 더 깊이 분류하면 동명사형과 조커(Joker)형을 추가할 수 있다. 이 구분은 창업자뿐 아니라 조직화가 필요한 경우에도 유용하게 활용될 수 있다. ●

● 품사로 보는 창업가 유형

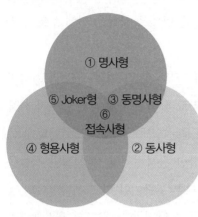

① 명사형
고정관념과 과거에 기준을 둔다.
검증된 기존직종이나 업종에서 일을 찾는다.

② 동사형
창의력과 열정이 살아 있다.
새로운 직업이나 업종을 찾지만 접속사가 필요하다.

③ 동명사형
기존경험에 기준을 두되 생각에 유연성이 있다.
기존직업이나 업종에 변화를 스스로 찾는다.

④ 형용사형
신뢰하는 사람과 동행할 때 힘을 받는다.
누구라도 일단 결정하면 빛을 내주는 역할을 한다.

⑤ Joker형
과거회귀형이며 능력은 있으나 혼자 일을 벌이지 못한다.
현실에 만족하나 마음 한켠에서는 허전함이 있다.

⑥ 접속사형
대인관계가 원만하고, 정점을 찾는 데 능하다.
조직화를 필요로 하며 상호 연계에 능력을 발휘한다.

　우선 명사형과 동사형을 중심으로 설명해본다. 두 분류방법을 명확히 이해한다면 나머지 품사는 저절로 알게 된다. 명사형은 카리스마리더십이 강하고, 위험감수와 사업지향성 등의 특성을 보인다. 성격은 외향적이며 개방적이고, 낙관적이며 자기효능감이 강한 긍정심리자본을 가졌다. 반면 동사형은 자기계발과 내적통제 능력 그리고 문제해결 능력이 뛰어나다. 소위 뇌가 말랑말랑하다는 뜻이다.

　동사형의 성격은 성실성과 신경성을 동시에 보인다. 긍정심리자본으로 희망과 자기효능감, 일 만족감 등이 다른 품사형보다 앞선다. MBTI 검사를 해보면 십중팔구는 INFP, INTJ 혹은 ISTP 타입일 것이다.

　여행을 가서 누군가가 사진을 찍어달라고 부탁했을 때 상반신 인물을 중심으로 찍으면 명사형, 배경 중심으로 찍으면 동사형 인간이다. 명사형은 도드라진 개체에 관심이 많은 반면 동사형은 전체 구조에 관심을 더 갖기 때문이다.

만일 커피숍에서 리필하려고 할 때 "커피 한 잔 더 주세요"라고 하면 명사형이며, "조금만 더 주실래요?"라고 하면 동사형이다. 아이가 사물을 가리키며 "이게 뭐야?"라고 자주 묻는다면 명사형이고, "어떻게 해야 하지?"라는 식의 설명을 유도했다면 동사형이다. 불친절한 사람을 보고 "저 사람은 본질적으로 심성이 나쁜 사람이야"라고 생각한다면 명사형이고, "저 사람 오늘 기분이 안 좋은 날인가 보네"라고 생각했다면 동사형 인간이다.

또 다른 관점에서 구분해보자. 개와 원숭이, 바나나가 있다. 이 가운데 두 개를 묶어보라. 만일 개와 원숭이로 묶었다면 당신은 명사형이며, 원숭이와 바나나로 묶었다면 동사형이다. 명사형은 개체의 속성, 즉 동물이라는 키워드로 묶지만, 동사형은 상호 연관성을 갖고 묶기 때문이다. 와인과 맥주와 치즈 중 두 개를 분류할 때도 와인과 치즈를 묶으면 역시 동사형이다.

물에 던진 스티로폼이 떠 있는 것을 보고 "스티로폼이 가벼워서" 떠있다고 생각하면 명사형이고, "물의 부력에 의해 스티로폼이 떠받쳐 있다"고 생각하면 동사형이다. '한 송이 국화꽃을 피우기 위해 봄부터 소쩍새는 그렇게 울었나 보다'에 공감한다면 동사형이고, "국화꽃은 원래 예쁜데 별걸 다 갖다 붙이네"라고 생각하면 명사형이다. TV 연속극을 볼 때 출연자들의 얼굴을 주로 보면 명사형이지만, 출연자 주변의 배경에 무엇이 있는지 관심 있게 보면 동사형이다.

그림을 그릴 때 자신이 앉는 자리에서 움직이지 않고 구도를 잡아 그리면 명사형이고, 마치 하늘에서 내려다본 것처럼 그림을 그리면 동사형이다. 명사형은 이처럼 직선을 중시한 반면 동사형은 곡선을 생각한다. 명사형은 속성을 분리, 분해해서 정리하는 습성이 있는 반면 동사형은 상호 연관성에 더한 관심이 있다.

위의 사례를 읽어보면 스스로 명사형 인간인지 동사형인지를 알게 될 것이다. 이제 나머지 품사형을 보자. 동명사형은 언급한 명사형과 동사형이 융합된 특성이 있다. 일반적으로, 1인 기업 창업자들에게 이런 특성을 볼 수 있다.

형용사형은 체질적으로 보스를 받쳐주는 역할을 잘한다. 형용사형은 내적 통제와 과업 완수 그리고 신용, 순응과 성실을 갖췄다. 접속사형은 대인관계와 목표설정에 능하며 희망과 낙관적인 경향을 띤다. 축구로 치면 미드필더인 셈이다.

조커(Joker)형은 넓고 얕은 역량을 가진 사람에게 나타나는 유형이다. 야구로 치면 대타 역할을 하는 선수다. 때에 따라서는 역량을 잘 발휘하지만, 독자적으로 승리를 견인하기는 어렵다. 조직에서는 필요하지만 소수의 창업팀이라면 조커형은 합류시키지 않는 게 좋다.

그렇다면 품사 유형에 따라 어떤 사업과 어떤 역할이 잘 어울릴까? 먼저 명사형은 혼자보다 조직을 통해 사업을 하는 것이 좋다. 무엇보다 중요한 점은 동사형을 필히 파트너로 품고 가야 한다는 점이다. 조금 더 큰 조직이라면 형용사형을 찾아 중간 역할을 시키는 것이 보다 안전하다. 추천 업종으로는 제조업과 유통업, 생활서비스업 등이다.

동사형은 지식서비스나 사회서비스업에서 탁월한 역량을 펼 수 있다. 만약 경제, 경영, 심리, 통계 등 네 분야 중 하나를 선택하라고 한다면 명사형에게는 경영이, 동사형에게는 경제와 심리가 더 유리하다. 통계는 분석부문에서는 동사형이, 해석부문에서는 명사형이 더 어울린다.

접속사형은 프레젠테이션과 로비 등에 역량이 있기 때문에 조직에서는 대외적인 업무를 하는 것이 좋다. 창업에서는 협력 파트너가 다양하게 필요한 업종에서 두각을 보일 것이다. 따라서 무역이나 유통업, 입찰로 영위하는 사업 등에 유리하다.

읽는 동안 이미 느꼈겠지만 자신이 어떤 유형인지 금방 알았을 것이다. 나의 부족한 역량을 누군가를 통해 보완해야 할지 떠오르는 사람도 있을 것이다. 앞으로 창업시장은 통합과 융합이 절대적으로 필요하다. 독야청청하기 어려운 시대이다. 제아무리 뛰어난 축구선수 호날두도, 메시도 패스해주는 조력자가 없으면 골을 넣을 수도, 경기에 이길 수도 없다. 서로의 역량을 잘 파악하고 협업해서 창업한다면 어떤 업종이라도 거뜬히 승리할 수 있을 것이다.

09 장수기업이 자영업에 주는 교훈

장수기업, 기업하는 사람이라면 이 말을 가장 듣고 싶어 할 것 같다. 아니, 우리나라에 장수기업이 손꼽을 만큼 거의 없어서 부러운 단어일 수도 있다. 장수기업에 대한 정의는 사전에 나와 있지는 않지만, 일본에서는 앞세대의 뒤를 이어 다음세대가 그 일을 이어받아 하는 기업으로 정의한다. 그런데 두 세대라도 30~40년밖에 차이 나지 않는 경우가 많아서 기본적으로 100년 이상 생존한 기업을 장수기업으로 인정해주는 추세다.

세계에서 가장 오래된 장수기업은 578년 창업한 일본의 콘고구미(金剛組)사. 백제인이 일본에 건너가 설립한 것으로 알려졌는데, 문화재 복원과 수리를 전문으로 종업원 130여 명을 둔 작은 기업이다. 한국은행 자료에 따르면 이 회사처럼 1,000년이 넘은 장수기업이 세계에 여덟 곳이 있는데 그중 일곱 개가 일본, 나머지 하나가 독일에 있다.

창업 200년 이상 된 장수기업은 41개국에 5,586개가 있는데 대부분이 역사가 긴 아시아와 유럽에 포진하고 있다. 그 가운데 56.3%인 3,146개가 바로 일본에 있다.

우리나라는 어떤가? 우리는 200년 이상은 없고, 100년 이상은 단 세 개의 회사가 존재하다. 지금의 종로4가쯤인 배오개 다리 근처에서 '박승직 상점'으로 시작된 두산(1896년), '가스활명수'로 유명한 동화약품(1897년) 그리고 대한민국 대표 간장기업을 자임하는 몽고식품(1905년) 등이다. 서울 동대문 광장시장의 상가 임대업체 '광장'이라는 회사도 1911년 창업했지만, 제조업으로는 언급한 3개뿐이다.

참고로 1960년대 100대 기업 중 지금까지 100대 기업 안에 들어 있는 기업은 삼성, 현대자동차, LG전자 등 채 10개가 안 된다. 그만큼 기업을 오래하기가 어렵다는 뜻이다. 하지만 우리나라도 지금 기업들의 상당수가 이대로 존재한다고 가정하면 50년 후에는 약 300~400여 개 기업이 '100년 기업'으로 등록되지 않을까 기대해본다.

자영업에서는 100년 이상 된 가게를 찾아볼 수 있을까? 공식적인 기록상으로는 우리나라에 없다. 일본은 양갱 하나로만 300년 이상 이어온 가게가 있고, 라멘 전문점 등도 3대째 이어오는 가게들이 즐비하다. 하지만 우리는 인터넷에 '장수음식점'을 검색하면 전북 장수군에 있는 이런저런 음식점 이름만 나올 뿐이다.

다소나마 업력이 긴 가게들로 위안을 삼자면 1945년 해방둥이 국수

집인 '명동할머니국수', 1947년에 오픈한 '명동교자', 역시 명동에 있는 설렁탕 전문점 '미성옥(1950년)' 등이 있다. 지방에서는 부산 중앙동에 있는 '백구당'이 1959년에 창업해서 3대째 이어오고 있다. 이들 가게는 가업형이다. 기업형 음식업으로는 1979년에 론칭한 프랜차이즈기업 '롯데리아'가 40년째 유지해오고 있다.

장수기업이란 명칭은 어쩌면 신만이 내릴 수 있는 기록일지도 모르겠다. 이렇듯 규모가 크든 작든 사업을 오래 한다는 것은 그만큼 어려운 일이다. 실제로 인간이 하는 자영업의 업력을 보면 "사업이 참 어렵구나"라는 걸 실감하게 된다.

최근 자영업 주요 업종 41개의 생존기간을 분석해본 결과 의료업종을 제외한 자영업의 평균수명은 3.7년에 불과했다. 음식업은 3.3년, 서비스업은 2.8년밖에 되지 않았다. 음식업에서는 횟집이 5.2년으로 가장 길었고, 한식이 4.8년, 냉면 전문점이 4.2년으로 그 뒤를 이었다. 반면 생존기간이 가장 짧은 업종은 커피 전문점이었는데 1.9년에 불과하다. 카페가 많아서 그렇기도 하지만 2010년 이후 점포수가 급속하게 는 것도 생명주기가 짧아진 이유이기도 하다.

약간 비켜서 가보자. 커피 전문점을 보면 생각나는 것이 있다. 요즘이야 외국 브랜드들이 많아서 영어간판이 주류지만 옛날에 가장 흔한 다방 이름은 '약속다방'이다. 이 글을 쓰다가 궁금해서 서울 인근을 중심으로 검색해보니 93개가 있다. 그중 아직도 서울 한복판, 중구 중림동에 약속다방이 있다. 왜 찻집 이름으로 '약속'이 많을까? 얼마 전까지만 해도 찻집은 만남의 장소로 활용됐기 때문이다. 그런데 지금의 찻집은 약속이라기보다 소통의 장소로 더 활용되고 있다. 앞으로는 생각의 장소로 더욱 진화하지 않을까 싶다. 뜬금없이 찻집 얘기를 꺼낸 이유는 생존기간이 짧은 업종이어서 소비자들의 찻집에 대한 욕망에 따라 콘셉트와 상권이 달라져야 한다는 점을 말하고 싶기 때문이다.

다시 생존기간으로 돌아가보자. 소매업으로는 여성의류 전문점이 8.2년으로 가장 길었고, 주유소가 6.7년, 꽃집이 6.6년이다. 반면 편의점은 2.3년으로 단명한 것으로 분석됐다. 편의점은 전국에 3만5,000개가 있는데 우리나라 읍·면·동이 3,500여 개니까 한동네당 10개가 넘는다는 계산이니 많아도 너무 많다. 그럼에도 최근 가장 창업을 많이 한 업종이 편의점이다. 내가 사는 아파트는 한강과 접하고 있지만, 반경 1킬로미터 이내에 6개나 있다. 망하고 나가면 어김없이 편의점이 들어온다. 상권에서 가장 불리한 입지는 산, 강, 다리, 하천이 경계가 되는 곳이라는 건 상식이다. 본사가 이런 기본을 모르는 바는 아닐 텐데.

이번에는 서비스업을 보자. 의료업종을 빼고는 미용실이 가장 긴 평균 4.8년으로 분석됐고, 노래방과 피부관리실이 3년을 조금 넘기는 수준이었지만 비교적 수명이 긴 업종으로 분류됐다. 요즘 젊은 여성의 창업 아이템으로 인기 있는 네일케어샵은 2년으로 상당히 짧았는데, 최근 많이 창업했기 때문으로 풀이된다. 얼마 전 〈뉴욕타임스〉 기사에서 뉴욕에만 8,000여 개가 넘는 네일샵이 있다니 앞으로 우리나라도 더욱 더 늘어나지 않을까 싶다. 그 외 여성들에게 인기 업종인 어린이영어학원과 은퇴자들이 관심을 갖는 세탁소는 2.5년 정도로 비교적 짧았다.

규모와 업종을 불문하고 업력이 일천한 우리나라는 장수기업이 많은 나라에서 배워야 할 점들이 참으로 많다. 해외 장수기업들의 몇 가지 장수전략을 정리해본다.

첫째, 본업을 중시했다. 우직하게 한 우물을 팠다는 뜻이다.

둘째, 신용을 생명처럼 중시했다. '치즈통행세'나 '보복출점' 등으로 위기를 맞고 있는 가맹본부들은 장수기업에 들기 어렵다는 의미다.

셋째, 투철한 장인정신이 있다. 장인정신을 이야기하려고 보니 과거 수출 컨설팅을 해주면서 경험했던 기억이 새롭다. 의류를 수출하는 우리나라 회사였는데 일본 바이어를 초청해서 상담하던 중 양복 호주머니를 뒤집어보더니 그냥 나가버렸다. '오바로꾸'가 엉망이어서 신뢰할 수 없다는 것이었다. 보이지 않는 곳까지 완벽하게 처리하는 장인정신은, 그래서 필요하다.

마지막으로 곤충전략이다. 일본에서는 기업을 키우는 전략을 코끼리 전략이라 하고, 축소전략을 곤충전략이라고 한다. 코끼리는 몸집을 키웠지만 인도와 아프리카에만 존재하는 희귀동물이 됐고, 곤충은 몸집을 작게 한 덕분에 지구상의 3/4을 차지하면서 육해공에 건재하고 있다는 뜻에서 유래했다. 몸집 불리기보다 내실을 다져야 한다는 강한 메시지다.

업종은 다르지만, 자영업을 하려면 장수기업이 보여준 생존전략에서 많이 배워야 한다. 기업은 크든 작든 경영메커니즘이 비슷하다. 자영업도 그 기본은 크게 다르지 않다. 음식점이 어느 정도 잘되면 프랜차이즈로 전환해서 큰돈을 벌어보려고 한다. 하지만 프랜차이즈로 전환한 순간 그 맛을 유지하기 어려워 대부분 코끼리처럼 멸종 위기를 맞는 경우가 많다.

가끔 유명 음식 프랜차이즈점이 손님을 홀대해서 문제가 되기도 하고, 원산지를 속여 이익을 높이려고 했다가 오히려 큰 손해를 보는 경우도 있었다. '소탐대실(小貪大失)'은 바둑기사들에게만 적용되는 전략이 아니다. 결론적으로 본업에 충실하고 고객을 속이지 않는 도덕성 그리고 함께 하려는 진정성이 최고의 장수조건이 아닌가 싶다.

크라우드펀딩
(Crowd funding)으로
자금 확보하기

크라우드펀딩(crowd funding)은 창의적인 아이디어를 갖고 있는 사람이 온라인 펀딩업체를 통해 다수의 투자자로부터 십시일반 사업자금을 조달할 수 있는 새로운 자금조달 방식이다. 미국 등 주요 선진국들은 우리보다 먼저 시행해왔다. 비슷한 용어로 크라우드파이낸싱(Crowd Financing), 소셜펀딩(Social Funding) 등이 있는데 모두 같은 개념이다.

비즈니스모델이나 빛나는 상품아이디어가 있는데 초기자금 때문에 창업을 하지 못하고 있다면 크라우드펀딩을 이용해봄직하다. 기존에는 투자를 받으려면 담보가 필요하거나 어느 정도 매출을 확보해야 가능했지만, 크라우드펀딩을 이용하면 이런 문제를 손쉽게 해결할 수 있다.

세계 최초로 크라우드펀딩 시스템을 론칭한 사이트는 '인디고고'로

2008년 1월에 시작했다. 가장 활성화된 사이트는 '킥스타터'로 2009년 4월에 시작됐다. 그로부터 3년 후인 2012년 3월, 미국 오바마정부 때, 신생벤처육성지원법(JOBS Act, Jumpstart Our Business Startups Act)이 발효되면서 크라우드펀딩이 제도권 안으로 들어왔다. 이후 이탈리아가 2012년 10월, 영국이 2013년 10월에 제도화했고 일본에서는 2014년 5월에 금융상품거래법이 국회를 통과했다. 이들 국가는 크라우드펀딩을 활성화하여 마이크로엔젤 육성을 통해 벤처 붐을 노리고 있다.

국내에서는 첫 지분투자형 플랫폼 '오픈트레이드(otrade.co)'가 문을 열었고, 첫 번째 프로젝트인 벤처기업 '온오프믹스'는 개시 후 49명의 투자자로부터 목표금액 2억 원의 3배가 넘는 자금을 받는 기염을 토했다. 대출형으로는 국내 첫 대출형 플랫폼인 '머니옥션'과 최소 5만 원부터 투자에 참여하는 '팝펀딩' 등이 있다.

이처럼 펀딩유형에 따라 선도하는 업체들이 다르다. 유형을 보면 투자형, 대출형 그리고 후원·기부형 등이 있다. 지분 등 증권을 지급한다는 조건이면 증권형, 이자를 지급한다면 대출형 그리고 상품이나 서비스를 제공한다면 후원형이라고 볼 수 있다. ●

유형을 선택할 때는 언급한 바와 같이 어떤 조건으로 재원을 조달할 것인지에 따라 중개플랫폼을 선택하면 된다. 무엇보다 '어느 플랫폼에 어떤 투자자들이 많은지'가 핵심이다. 코드가 비슷한 사람들이 많이 모인 장터에서 파는 것이 유리하기 때문이다.

투자자의 유형을 보면 여유자금으로 유망한 신생기업에 투자해서 고

유형	자금모집방식	보상방식	주요사례
후원·기부형	후원금·기부금 납입	무상 또는 비금전적 보상	주로 예술, 복지분야사업자금 조달 시 활용
대출형	대부	유상(이자지급)	긴급자금 등이 필요한 수요자가 자금조달시활용 (대부업체 중개)
투자형	출자(지분취득)	유상(이익배당)	창업기업 등이 자금조달시 활용

수익을 얻고자 하는 사람들은 대체로 투자형 플랫폼에 모여 있고, 안전하게 이자를 받고 싶은 소액 투자자들은 대출형 플랫폼에 많으며, 얼리어답터나 사회적 가치를 중히 여기는 사람들은 후원·기부형에 많이 가입돼 있다. 따라서 크라우드펀딩을 하려면 플랫폼별 회원의 특성을 잘 파악해서 도전하는 것이 좋다.

펀딩을 원하는 기업도 크라우드펀딩을 통해 얻고자 하는 것이 무엇인지 명확하게 판단한 후 플랫폼을 결정해야 한다. 예컨대 투자형으로 받고 싶지만 주주가 많아지면 간섭도 늘어난다. 이런 특성이 싫다면 투자형이 부담될 수 있다. 대출형은 별다른 부담 없이 빠르게 금전을 확보할 수 있는 장점이 있지만, 은행 대비 상대적으로 높은 이자와 안정성을 위한 담보물 확보가 관건이 될 수 있다. 후원형은 일단 프로토타입을 만들어서 소비자들의 반응을 미리 살펴보고 양산할지를 결정할 수 있어 전략적으로 선택하기에 좋다.

기업이 크라우드펀딩으로 금전을 모을 때 일반적으로 펀딩 가능한 금액규모가 투자형 > 대출형 > 후원형 순으로 크다. 펀딩 규모에 따라 현실적인 유형을 선택하는 것이 좋다는 뜻이다. 물론 펀딩 성공금액이 꼭 이러한 순서라고는 할 수 없지만, 이 순서에 따라 법적인 규제가 강화되기 때문에 주의할 필요가 있다.

성공사례는 꽤 많다. 투자형의 경우, 2016년 1월 25일 제도 시행 이후부터 지금까지 약 225개 회사가 354억 원 정도를 펀딩에 성공했다. 성공사례는 기업 펀딩뿐만 아니라 영화에서도 많이 있다. 이런 경우는 프로젝트파이낸싱(PF)이라고 한다. 〈연평해전〉, 〈귀향〉, 〈인청상륙작전〉, 〈판도라〉 등이 모두 크라우드펀딩으로 진행된 사례다. 물론 그 유형이 조금씩 다르긴 하다. 〈연평해전〉이나 〈귀향〉은 후원·기부형으로 진행해서 영화티켓, 시사회 참여, 엔딩크레딧 등의 보상으로 끝났지만, 〈인천상륙작전〉, 〈판도라〉 등은 투자형으로 진행되어 투자자들이 수익을 나누어 가진 사례다.

펀딩 목적에 따른 플랫폼을 분류해서 추천해보자. 분류작업은 크라우드펀딩 전문가인 강윤구 변호사(pthreeche@gmail.com)의 자문을 받았다.

투자형 펀딩을 원한다면 오픈트레이드(otrade.co)나 텀블벅(tumblbug.com), 와디즈(www.wadiz.kr) 등이 유리하다. 소상공인 대출이라면 펀다가 앞선다. 사회적 가치를 우선하는 업체라면 오마이컴퍼니(www.ohmycompany.com), 비플러스, 제트크라우드 등이 편하다. 출판이나 세미나에 초점을 맞춰 펀딩을 하고 싶다면 퍼블리(publy.co)가 성공 확률이 높다. 이들 업체에 대한 정보는 한국P2P금융협회에서 확인해볼 수 있다.

다시 강조하지만 크라우드펀딩을 받을 때 무엇보다 주의할 점은 자금조달 목적을 명확히 해야 한다. 크라우드펀딩은 P2P방식인 만큼 SNS를 통해 대중에게 전파되는 속도가 아주 빠르다. 때문에 잘못하면 펀딩에 실패함은 물론 이미지를 오히려 떨어뜨리는 결과를 초래할 수도 있다. 하지만 초기투자의 어려움으로 창업이 망설여진다면 크라우드펀딩을 활용해보는 것이 좋다.

본 장의 내용은 문재인정부의 선거캠프와 청와대의 '국정과제 관리 계획' 보고서를 기초로 작성하였고, 이후 창업 관련 여러 부처가 새롭게 발표한 주요 지원내용과 나의 의견을 추가하였다. 벤처, 소상공인, 사회적경제 부문에 이르기까지 창업과 관련된 정부 지원 내용은 모두 정리하였으므로 자신의 창업환경과 조건에 따라 정보를 취사선택한 다음 해당기관에 문의하면 창업에 직접적인 도움이 될 것으로 믿는다.

부록

미리 보는 문재인정부의
창업 지원정책

미리 보는 문재인정부의 창업 지원정책

문재인정부가 중소기업청 설립 21년 만에 중소벤처기업부를 출범시키면서 창업가들의 기대가 커지고 있다. 그동안 9개 부처에 300여 개가 넘는 지원기관으로 흩어져 있던 유사 사업들을 효율적으로 조정하고 창업활성화를 통한 일자리 창출에 역점을 두기 위한 승격인 만큼 중복 없이 유효적절한 지원을 해줄 것으로 믿기 때문이다.

그렇다면 문재인정부가 추진하는 창업지원 정책은 어떤 것들이 있을까? 아직 세부적인 계획은 나오지 않았으나 대선 당시 캠프의 '일자리보고서'와 2017년 7월 20일에 발표한 '국정과제 관리계획' 등을 토대로 향후 창업지원 정책들을 미리 예측해보고자 한다.

우선 벤처창업을 적극 지원할 것으로 보인다. 이미 확보된 2017년 일자리 예산 17조5,000억 원 가운데 약 13%인 2조2,000억 원에다 11조 원에 이르는 추경예산의 일부까지 추가하면 그 금액은 더욱 늘어날 것으로 보인다. 여기에 2022년까지 벤처펀드 5조 원을 조성해서 벤처기업 약 4만 개를 육성하려는 목표를 세워두고 있다.

특히 4차 산업혁명 시대에 대응하기 위해 신산업 분야의 과감한 규제 완화와 성장 단계별 밀착형 창업 지원이 이루어질 것이다. 집중 육성 분야 가운데 스타트업이 도전 가능한 분야는 인공지능(AI), 사물인터넷 (IoT), 빅데이터 기반산업, 드론산업 등이다. 이 같은 지능정보화 산업 분야는 일정기간 규제 없이 사업할 수 있도록 '규제 샌드박스(Sandbox)'를 도입한다.

벤처창업 활성화를 위한 또 다른 조치로는 벤처기업 지정요건을 완화하고 IPO, 즉 주식시장 공개상장 문턱도 낮출 것으로 예상된다. 또 벤처진입을 지원하기 위한 전진기지로 기존의 25개 창조경제혁신센터를 국민 아이디어 공모를 통해 창업 허브(HUB)로 전면 개편해서 '민간주도형', '민관협력형', '정부지원형'으로 유형화한 다음 체계적이고 실효성 있는 지원을 하게 된다.

전에 없던 새로운 정책으로 사내 벤처 육성을 이끌어보겠다는 의지도 갖고 있다. 사내 벤처 육성제도의 정책적 접근은 양질의 일자리 창출 방법으로는 더 없는 혁신정책이 될 것 같다. 성공적인 사례는 많다. 과거 데이콤의 대리로 재직 중 소사장제를 통해 인터파크를 창업한 이기형 회장의 성공사례를 보면 기업이 벤처를 육성해 분사(Spin-off)하는 방식이 일자리 창출에 얼마나 큰 기여를 할 수 있는지 알 수 있다.

1995년, 인터파크 분사 당시 데이콤 직원 수는 800명에 불과했으나, 현재 인터파크의 직원 수는 2,500여 명에 이르고 있다. 2000년에 인터파크가 사내 벤처로 다시 분사시킨 G마켓(2009년, 이베이코리아에 매각)의 직원도 650명이나 될 정도로 사내 벤처 육성이 양질의 일자리 창출에 일등모델임이 확인된 바 있다. 이러한 효과에 힘입어 인터파크는 사내 벤처 육성프로그램인 'I-벤처'를 전사적으로 지원하고 있는데 이러한 제도가 대기업과 중견 벤처기업에서 시행된다면 일자리 창출 효과는 더욱 커질 것으로 예상된다.

우리나라 창업기업 10개 중 4개가 창업 후 1년 안에 폐업하고 있는데, 경제협력개발기구(OECD) 주요국 중 창업기업 생존율이 가장 낮다. 이 통계가 주는 메시지는 돈만 대줄 것이 아니라 자립할 수 있을 때까지 지속적으로 육성해줘야 한다는 의미이기도 하다.

소상공업 활성화와 가맹점 보호정책도 구체화되고 있다. 이를 위하여 2019년부터 소상공인의 카드수수료 부담을 덜어주기 위해 수수료를 내리겠다는 방침이다. 또한 성실사업자를 대상으로 교육·의료비의 세액공제 한도를 늘리고, 2018년부터 1인 사업자의 고용보험료를 30%까지 지원할 예정이다. 아울러 현재 105만 명인 노란우산공제 가입자는 2022년까지 160만 명으로 늘릴 계획이다.

자영업을 위한 조치로는 생계형 적합업종을 지정해서 "이 업종들은 대기업이 하지 마라"고 강제할 것으로 생각된다. 여기에 건물주들의 젠트리피케이션을 해결하기 위한 계약갱신청구권 행사 기간을 현행 5년에서 10년으로 연장할 것으로 보인다. 하지만 상가는 주택과 달리 인테리어 비용이 많게는 수억 원까지 들기도 해서 기존 5년이 자영업자를 보호하는 데 짧다는 지적이 있었다. 더불어 현재 9%인 보증금·임대료 인상률 상한도 낮추기로 하고 인상률 상한 조정을 위해 정부가 2017년 12월까지 시행령을 고치기로 했다.

소상공인 창업자금 지원금액도 점차 늘어날 것으로 보인다. 2017년 3월 말 현재, 지역신용보증재단에서는 100만 개 기업에 19조 원가량 대출했고, 신용보증기금에서는 20만 개 기업에 43조 원을, 기술신용보증기금에서는 7만2,000개 기업에 21조 원을 이미 지원했지만 추경을 통해 추가지원이 이루어질 전망이다.

그 외에도 성장 가능성이 높은 '혁신형 소상공인'을 집중 육성한다거나 각자의 역량을 상호 보완해서 창업에 이를 수 있도록 소상공인 협업화도 지원계획에 들어 있다. 이러한 정책 선순환을 유도하기 위해서 소상공인 전용, 기술공유 플랫폼 구축계획도 포함됐다.

이전과 달리 창업환경은 혼자 하기에는 버거워지고 있다. 앞으로 협업화는 창업의 필수조건이 될 것이다. 그래서 기술개발이나 마케팅을 공동으로 전개하거나 공동창업을 할 수 있는 장소를 제공하는 등의 지원을 해주겠다는 의도다.

가맹점 창업자는 보호정책 위주가 될 것이다. 이미 공정거래위원회가 주요 가맹본부의 원가 공개를 요구하고 나섰는데 이는 가맹점들에게 지워진 부당한 유통마진을 자발적으로 줄여달라는 의사표시다. 이러한 과정을 통해 그동안 유통수익 중심으로 운영되던 프랜차이즈 시스템을 미국이나 일본처럼 로열티 위주로 바꾸겠다는 계산이 깔려 있다.

국내에서도 '짐보리'나 '한솥도시락'과 같은 브랜드들은 론칭 당시부터 로열티 중심의 기업운영을 해오고 있어서 문제가 되지 않을 수 있으나 'BBQ'나 '놀부'처럼 유통마진 중심으로 경영해온 대부분의 가맹본부들은 체질개선이 필요한 시점이다. 일부 가맹본부들이 법적인 하자를 들어 원가 공개를 거부하고 있지만, 결국 가맹점 보호라는 대의를 거스를 수 없을 것으로 보여 가맹점 창업자들은 미국과 같은 로열티 5~8% 수준의 가맹계약이 가능할 것으로 보인다.

청년창업자를 위한 정책도 있다. 은퇴자와 청년 간 협업을 지원하겠다는 내용이다. 청년의 반짝이는 아이디어와 은퇴자의 경험과 노하우를 상호 협력하면 보다 안전하게 성장할 수 있다는 기대가 깔려 있다. 실제로 시장에서도 이런 욕구가 상당한 데다 청년층과 은퇴자들의 일자리를 동시에 만들 수 있다는 점에서 실효적 정책이 될 가능성이 커 보인다.

또한 청년들에게는 전통시장에 문화, 체험, 쇼핑이 결합된 '복합 청년몰' 100여 곳을 조성해서 지원할 계획도 잡혀 있다. 다만 이 정책은 이전에 지원했다 지속성장에 실패한 서울 '유진상가'나 광주 '대인시장' 등의 실패 원인을 분석해서 보완방안을 마련해야 할 것이다. 국세청 자료에 따르면 2016년도 청년(15세~34세) 창업은 22만6,000개로 전체 창업의 22.9%에 이른다. 청년들이 혁신적 아이디어만 있으면 초기자금 확보가 용이하도록 크라우드펀딩 활성화도 유도할 것으로 보인다.

사회적기업, 협동조합, 마을기업 등 소위 사회적경제 사업에도 적잖은 지원예산이 배정될 것으로 보인다. 사회적기업의 경우 2017년 지원예산은 총 700억 원에 불과하지만, 정부가 청와대에 사회적경제 비서관을 둘 정도로 적극적인 데다 SK, 현대와 같은 대기업의 협조가 예정되어 있다. 실효적 지원체계 구축을 위해서 현재의 민간 지원기관 체계를 지원센터로 전환하는 계획도 병행할 것으로 보인다.

실패한 창업가의 재기를 돕는 정책도 나온다. '삼세번 재기지원 펀드'가 그것인데 소위 패자부활전의 다른 표현이다. 미국 실리콘밸리에서는 한 벤처기업인이 평균 2.8회 창업하는 것으로 나타났는데 실패한 횟수가 많을수록 성공확률도 그만큼 높아진다는 연구결과도 있다.

패자부활을 도우려는 배경에는 크게 두 가지 이유가 있다. 그 하나는 창업해서 실패할 경우, 대부분 취약계층으로 전락해서 복지예산이 늘어나게 된다. 이런 복지예산을 미리 창업자금으로 지원해서 부활시켜보자는 의미가 있고, 다른 하나는 최초 창업보다 두 번째 창업이, 두 번째보다 세 번째 창업의 성공률이 높아 결과적으로 지원대비 고용효과가 있다는 점을 주시한 것이다. 즉 지원자금을 매몰비용으로 보지 않는다는 뜻이다. 이를 위하여 패자부활펀드 3,000억 원에 올해 2,000억 원을 더 조성할 것으로 보인다.

이렇듯 문재인정부는 일자리 창출을 위한 생산적 수단으로 창업을 적극 지원할 것으로 예상된다. 이 기회에 정책지원을 마중물 삼아 혁신업종 창업에 도전해보기를 바라는 마음이다. 다만 창업은 업태에 따라서 생태계가 다르고, 대상에 따라서도 창업환경에 차이가 있다. 때문에 자신의 역량과 창업방향을 미리 점검해보고 맞춤형 지원정책을 찾아야 할 것이다.

북오션 부동산 재테크 도서 목록(2017.11.)

부동산/재테크/창업

경제경영〉투자 재테크〉부동산 경매
ISBN 9788967993405
박갑현 지음
2017.11.17. | 14,500원
264쪽 | 152×224mm

월급쟁이들은 경매가 답이다
1,000만 원으로 시작해서 연금처럼 월급받는 투자 노하우

경매에 처음 도전하는 직장인의 눈높이에서 부동산 경매의 모든 것을 알기 쉽게 풀어낸다. 일상생활에서 부동산에 대한 감각을 기를 수 있는 방법에서부터 경매용어와 절차를 이해하기 쉽게 설명하며 각 과정에서 꼭 알아야 할 중요사항들을 짚어준다. 경매 종목 또한 주택, 업무용 부동산, 상가로 분류하여 각 종목별 장단점, '주택임대차보호법', '상가건물임대차보호법'에서 경매와 관련되어 파악하고 있어야 할 사항 또한 꼼꼼하게 짚어준다.

경제경영〉투자 재테크〉부동산
ISBN 9788967993283
나창근 지음
2017.06.16. | 15,000원
296쪽 | 152×224mm

꼬박꼬박 월세 나오는 수익형부동산 50가지 투자비법

이 책은 성공적인 수익형 부동산 투자를 이끄는 나침반과 같은 역할을 한다. 현재 (주)리치디엔씨 이사, (주)머니부동산연구소 대표이사로 재직하면서 [부동산TV], [MBN], [한국경제TV], [KBS] 등 방송에서 알기 쉬운 눈높이 설명으로 호평을 받은 저자는 부동산 트렌드의 변화와 흐름을 짚어주며 수익형 부동산의 종류별 특성과 투자노하우를 소개한다. 여유자금이 부족한 투자자도, 수익형 부동산이 처음인 초보 투자자도 이 책을 통해 확실한 목표를 설정하고 자신 있게 전략적으로 투자할 수 있는 혜안을 얻을 수 있을 것이다.

경제경영〉투자 재테크〉창업
ISBN 9788967993412
이형석 지음
2017.12.22. | 18,500원
416쪽 | 152×224mm

빅테이터가 알려주는 성공 창업의 비밀
창업자 열에 아홉은 감으로 시작한다

이 책은 국내 1호 창업컨설턴트이자 빅데이터 해석 전문가인 저자가 빅데이터를 통해 대한민국 창업의 현재를 낱낱이 꿰뚫어 보고, 이에 따라 창업자들이 미래를 대비할 수 있는 전략을 수립하게 한다. 이 책을 통해 창업자는 자신의 창업 아이템을 어떤 지역에 뿌리를 두고, 어떤 고객층을 타깃화해서 어떤 비즈니스 모델을 정하고, 가치를 만들어 가격을 설정하고, 어떤 전략을 밀고나갈 것인지를 일목요연하게 정리할 수 있을 것이다. 창업, 이제 과학과 통계의 힘을 받고 시작하자.

불확실성 시대에 자산을 지키는
부동산 투자학

요즘 같은 경제적 불확실성의 시대에는 모든 것을 원론적으로 차근차근 접근해야 한다. 특히 부동산에 영향을 주는 핵심요인인 부동산 정책의 방향성, 실물경제의 움직임과 갈수록 영향력이 커지고 있는 금리의 동향에 대해 경제원론과의 접목을 시도했다. 따라서 독자들은 이 책을 읽으면서 부동산 투자에 대한 원론적인, 즉 어떤 경제여건과 부동산을 둘러싼 환경이 바뀌더라도 변치 않는 가치를 발견하게 될 것이다.

경제경영〉투자 재테크〉부동산

ISBN 9788993662153
김태희 지음
2010.02.10. | 18,500원
412쪽 | 152×224mm

바닥을 치고 오르는
부동산 투자의 비밀

이 책은 부동산 규제 완화와 함께 뉴타운사업, 균형발전촉진지구사업, 신도시 등 새롭게 재편되는 부동산시장의 모습을 하나하나 설명하고 있다. 부동산 전문가인 저자는 명쾌한 논리와 예리한 진단을 통해 앞으로의 부동산시장을 전망하고 있으며 다양한 실례를 제시함으로써 이해를 높이고 있다. 이 책은 부동산 전반에 걸친 흐름에 대한 안목과 테마별 투자의 실전 노하우를 접할 수 있게 한다.

경제경영〉투자 재테크〉부동산

ISBN 9788993662023
이재익 지음
2009.04.15. | 15,000원
319쪽 | 170×224mm

그래도 땅이다
불황을 꿰뚫는 답, 땅에서 찾아라

이 책은 부동산 고수로 거듭나기 위한 투자 원칙을 제시한다. 올바른 부동산 투자법, 개발호재지역 투자 요령, 땅의 시세를 정확히 파악하는 법, 개발계획을 보고 읽는 방법, 국토계획 흐름을 잡고 관련 법규를 따라잡는 법, 꼭 알고 있어야 할 20가지 땅 투자 실무지식 등을 담은 책이다. 이 책의 안내를 따라 정부 정책의 흐름을 파악하고 수시로 관련 법체계를 확인하여 합리적인 투자를 한다면 어느새 당신도 부동산 고수로 거듭날 수 있을 것이다.

경제경영〉투자 재테크〉부동산

ISBN 9788993662078
김태희, 동은주 지음
2009.08.15. | 17,000원
368쪽 | 153×224mm

춤추는 땅투자의
맥을 짚어라

이 책은 땅고수가 전하는 땅투자에 대한 모든 것을 담고 있다. 땅투자를 하기 전 기초를 다지는 것부터 실질적인 땅투자 노하우와 매수·매도할 타이밍에 대한 방법까지 고수가 아니라면 제안할 수 없는 정보들을 알차게 담아두었다. 준비된 확실한 정보가 있는데 땅투자에 적극적으로 덤비지 않을 수가 없다. 이 책에서 실질적 노하우를 얻었다면 이제 뛰어들기만 하면 될 것이다.

경제경영〉투자 재테크〉부동산

ISBN 9788996033462
최종인 지음
2008.08.15. | 14,500원
368쪽 | 153×224mm